外国语言文学核心概念与关键术语丛书

庄智象◎总主编

文体学

100核心概念与关键术语

张德禄　贾晓庆　雷　茜◎编著

清華大學出版社
北　京

内 容 简 介

本书致力于梳理近年来文体学理论和应用的发展脉络，在此基础上提炼和筛选出该学科最具代表性的 30 个核心概念和 70 个关键术语。对于每一个核心概念，本书介绍其整体内容，给予清晰定义，探讨其使用范围及有关该理论概念的研究方法和思路，提供真实案例来作进一步说明，并对其理论概念存在的问题和发展前景等进行讨论。对于每一个关键术语，本书都给予了精确的定义和描述。

本书适用于语言文学相关专业的本科生、研究生，从事语言文学相关专业教学的教师和研究人员及广大读者。

图书在版编目（CIP）数据

文体学 100 核心概念与关键术语 / 张德禄，贾晓庆，雷茜编著 .

北京：清华大学出版社，2025. 2. --（外国语言文学核心概念与关键术语丛书）.

ISBN 978-7-302-68430-5

Ⅰ. H052

中国国家版本馆 CIP 数据核字第 2025XQ0685 号

策划编辑： 郝建华
责任编辑： 杨文娟
封面设计： 李伯骥
责任校对： 王荣静
责任印制： 宋 林

出版发行： 清华大学出版社
网 址： https://www.tup.com.cn，https://www.wqxuetang.com
地 址： 北京清华大学学研大厦 A 座 **邮 编：** 100084
社 总 机： 010-83470000 **邮 购：** 010-62786544
投稿与读者服务： 010-62776969, c-service@tup.tsinghua.edu.cn
质量反馈： 010-62772015, zhiliang@tup.tsinghua.edu.cn
印 装 者： 三河市人民印务有限公司
经 销： 全国新华书店
开 本： 155mm×230mm **印 张：** 20 **字 数：** 245 千字
版 次： 2025 年 2 月第 1 版 **印 次：** 2025 年 2 月第 1 次印刷
定 价： 98.00 元

产品编号：093069-01

总 序

何谓“概念”？《现代汉语词典》（第7版）的定义是：“概念：思维的基本形式之一，反映客观事物的一般的、本质的特征。”人类在认识世界的过程中，把所感觉到的事物的共同特点提取出来，加以概括，就成为“概念”。例如，从白雪、白马、白纸等事物里提取出它们的共同特点，就得出“白”的概念。《辞海》（第7版）给出的定义是：“概念：反映对象的特有属性的思维方式。”人们通过实践，从对象的许多属性中，提取出其特有属性，进而获得“概念”。概念的形成，标志着人的认识已从感性认识上升到理性认识。概念都有内涵和外延，内涵和外延是互相联系、互相制约的。概念不是永恒不变、而是随着社会历史和人类认识的发展而变化的。权威工具书将“概念”定义为“反映事物本质特征，从感性或实践中概括、抽象而成”。《牛津高阶英汉双解词典》（第9版）中 concept 的释义是：“concept: an idea or a principle that is connected with sth. abstract（概念／观念：一个与抽象事物相关的观念或原则）; ~(of sth.) the concept of social class（社会等级的概念）; concept such as ‘civilization’ and ‘government’（诸如“文明”和“政府”的概念）。”《新牛津英汉双解大词典》（第2版）对 concept 词条的界定是：“concept: (Philosophy) an idea or thought which corresponds to some distinct entity or class of entities, or to its essential features, or determines the application of a term (especially a predicate), and thus plays a part in the use of reason or language［思想／概念：（哲学）一种观念或思想，与某一特定的实体或一类实体或其本质特征相对应，或决定术语（尤其是谓词）的使用，从而在理性或语言的使用中发挥作用]。”权威工具书同样界定和强调概念是从事物属性中抽象出来的理念、本质、观念、思想等。

何谓“术语”?《现代汉语词典》（第7版）就该词条的解释是：“术语：某一学科中的专门用语。”《辞海》（第7版）给出的定义是：“术语：各门学科中的专门用语。”每一术语都有严格规定的意义，如政治经济学中的“商品”“商品生产”，化学中的“分子”“分子式”等。《牛津高阶英汉双解词典》（第9版）中term的释义是：“term: a word or phrase used as the name of sth., especially one connected with a particular type of language（词语；术语；措辞）; a technical/legal/scientific, etc. term（技术、法律、科学等术语）。”terminology的释义是：“terminology: the set of technical word or expressions used in a particular subject[（某学科的）术语，如medical terminology 医学术语]。”《新牛津英汉双语大词典》（第2版）中term的释义是：“term: a word or phrase used to describe a thing or to express a concept, especially in a particular kind of language or branch of study（专门名词，名称，术语）; the musical term ‘leitmotiv’（音乐术语‘主导主题’）; a term of abuse（辱骂用语；恶语）。”terminology的解释是：“terminology: the body of terms used with a particular technical application in a subject of study, theory, profession, etc.（术语）; the terminology of semiotics（符号学术语）; specialized terminologies for higher education（高等教育的专门术语）。”

上述四种权威工具书对“概念”和“术语”的界定、描述和释义以及给出的例证，简要阐明了其内涵要义，界定了“概念”与“术语”的范畴和区别。当然，“概念”还涉及名称、内涵、外延、分类、具体与抽象等，“术语”也涉及专业性、科学性、单义性和系统性等方面，因而其地位和功能只有在具体某一专业的整个概念系统中才能加以规定，但基本上可以清晰解释本丛书所涉及的核心概念和关键术语的内涵要义等内容。

从上述的定义界定或描述中，我们不难认识和理解，概念和术语在任何一门学科中，无论是自然科学学科还是人文社会科学学科，都扮演着重要的角色，在任何专业领域都起着至关重要的作用。它们不仅是学科知识的基石，也是专业交流的基础。概念和术语的内涵和外延是否界定清晰，描写、阐述是否充分、到位，对学科建设和专业发展关系重大。清晰界定学科和专业的核心概念和关键术语，能更好地帮助我们构建知识体系，明确学科研究对象、研究范围和研究方法，为学科建设和发展提供理论支撑；在专业发展、学术研究、学术规范、学术交流与合作中，为构建共同语言和话语标准、规范和体系，顺畅高效开展各类学术交流活动发挥积极的重要作用。无论是外国语言研究、外国文学研究、翻译研究还是比较文学与跨文化研究、国别与区域研究，厘清、界定核心概念和关键术语有利于更好地推进学科建设、专业发展、学术研究、人才培养、学术交流和国际合作，对于研究生的培养、学术（位）论文的写作与发表而言尤其重要。有鉴于此，我们策划、组织编写了“外国语言文学核心概念与关键术语丛书”。

本丛书聚焦外国语言学、外国文学、翻译学、比较文学与跨文化研究、国别和区域研究等领域的重点和要点，筛选出各领域最具代表性的 100 核心概念与关键术语，其中核心概念 30 个，关键术语 70 个，并予以阐释，以专业、权威又通俗易懂的语言呈现各领域的脉络和核心要义，帮助读者提纲挈领地抓住学习重点和要点。读懂、读通 100 核心概念与关键术语便能抓住并基本掌握各领域的核心要义，为深度学习打下扎实基础。

本丛书的核心概念与关键术语词目按汉语拼音编排，用汉语行文。核心概念 30 个，每个核心概念的篇幅 2000—5000 字，包括“导语”“定义”（含义）、“功能”“方法”“讨论”“参考文献”等，既充分发挥导学、概览作用，又能为学习者的深度学习提供指向性的学习路径。关键术语 70 个，以学习、了解和阐释该学科要义最不可或缺的术语作为选录标准，每条术语篇幅约 500 字，为学习者提供最清晰的术语释义，为学习者阅读和理解相关文献奠定基础。为方便查阅，书后还提供核心概念与关键术语的附录，采用英—汉、汉—英对照的方式，按英语字母顺序或汉语拼音顺序排列。本丛书的读者对象是外国语言文学和相关专业的本科生、研究生、教师和研究人员以及对该学科和专业感兴趣的其他人员。

本丛书的策划、组织和编写得到了全国外语界相关领域的专家、学者的大力支持和热情帮助。他们或自己撰稿，或带领团队创作，或帮助推荐、遴选作者，保证了丛书的时代性、科学性、系统性和权威性。不少作者为本丛书的出版牺牲了很多个人时间，放弃了休闲娱乐，付出了诸多辛劳。清华大学出版社的领导对本丛书的出版给予了极大的支持，外语分社的领导为丛书的策划、组稿、编审校工作付出了积极的努力并做了大量的默默无闻的工作。上海时代教育出版研究中心为本丛书的研发、调研、组织和协调做了许多工作。在此向他们一并表示衷心的感谢和深深的敬意！

囿于水平和时间，本丛书难免存在疏漏和差错，敬请各位读者批评、指正，以期不断完善。

庄智象

2024 年 4 月

前言

在2019年中华人民共和国成立70周年之际，中国英汉语比较研究会联合清华大学出版社策划了“新时代外国语言文学新发展研究丛书”，并在中国共产党成立100周年之际出版，作为对我国建国和建党伟业的献礼。我们三位编著者负责编著的《文体学新发展研究》于2021年在清华大学出版社出版。与此同时，我们又应邀参加了另一套图书“外国语言文学核心概念与关键术语丛书”的编写工作。这两个项目具有天然的联系，第二个项目中的核心概念和关键术语可以反映第一个项目中的理论构架和分析模式等。

第二个项目对编写工作提出了很高的要求：要梳理近年来相关学科理论和实践发展脉络，在此基础上总结并提炼出该学科最关键的核心概念和术语，呈现学科完整知识体系，使之成为了解该学科不可或缺、最权威、科学的便捷通道，并要形成具有影响力的学术著作品牌，进而在学科建设、学术交流、人才培养等方面带来新的推动力，促进我国外语教学科研事业更上一层楼。我们深切感受到责任的重大，同时也感到难度很大。这种难度表现在对核心概念和关键术语的选择上，同时也表现在对所选择的核心概念和关键术语的撰写上。

严格地讲，文体学是一个年轻的学科，从Bally开始提出这个概念到现在只有100多年的时间，但它所涉及的术语浩瀚，这主要是文体学所具有的以下几个特点决定的：（1）寄生性；（2）多义性；（3）多学科性；（4）范围不确定性。

首先，从文体学的寄生性上讲，文体学理论是随着新的语言学理论的产生而产生的，同时，也是随着语言学理论的发展而发展的，也就是说，它实际上在很大程度上是“寄生”在语言学理论之上的，这样，许多语言学术语和概念便成为文体学的术语和概念。自 20 世纪初以来，语言学理论经历了突飞猛进的大发展，从结构主义到转换生成语法、功能主义语言学，再到认知语言学、语用学等不断发展和创新，而文体学理论也同时借助这些语言学理论不断增加新的研究视角和理论模式，如形式文体学、功能文体学、认知文体学、语用文体学等。同时，语言学研究也从领域和方法上向其他方向发展，如人类语言学、社会语言学、心理语言学、生态语言学，以及以方法和方式为基础的语言学理论，如计算语言学、语料库语言学、试验语言学、批评话语分析、积极话语分析、多模态话语分析，还有以应用为基础的语言学，如教学语言学、教育语言学等。随着这些领域被语言学渗透，文体学也借着语言学的扩展而扩展，发展了语料库文体学、计量文体学、教学文体学、批评文体学、女性文体学、多模态文体学等。据此，像语域、情景语境、文化语境、概念隐喻等也成为文体学的重要概念和术语。

其次，从文体学的多义性上讲，虽然文体是一个大家都熟悉的概念，但它具体如何定义是一个难题，这与它的多义性相关。刘世生曾总结了 31 种定义，如文体是选择、文体是披在思想上的外衣、文体是用适当的语言讲合适的事情、文体是功能、文体是用不同的方式讲同样的事情等。文体可以指篇章风格和修饰，可以指体裁类型，可以指语篇产生的效应，以及语篇所表现出来的特性等。还有新开拓的研究领域，会和文体学搭上关系，使其成为文体学的组成部分。20 世纪 90 年代批评话语分析理论如火如荼地发展起来，这个理论研究实际上是文体学的研究领域。文体定义的不确定性扩展了它的核心概念和术语的来源空间。

再次，由于文体学的寄生性和渗透性，文体学的研究对象似乎可以包罗万象，但它们大部分是可以通过其他学科知识或理论得出的。当它的“寄主”语言学可以进入一个新的学科时，文体学就可以借助语言学而进入这个领域，从而产生新的文体学研究领域。例如，语言学进入生态学后，就可以发展一个生态文体学分支，研究生态语言的文体特征和功能。这样就使得文体学的概念和术语扩展到这些新进入的学科内。

最后，从文体学实践范围不确定的角度看，文体学可以借助寄主或相关理论而进入一个应用学科或交叉学科中。文体学本身也是一个实践性、应用性强的学科，致力于发现语篇，特别是文学语篇的特色，包括其美学特点、意识形态、权力关系、独特观点等。但在现代，它很大一部分研究寄生于语言学理论上，使它成为语言学的一个应用和交叉学科。很多探讨以上内容的研究都是用其他学科的理论进行的，如通过文学批评研究美学效果，通过批评话语分析研究意识形态和权力关系，通过体裁分析理论、语篇分析理论、会话分析理论来研究语篇的特点等。这种现象也在很大程度上扩展了文体学概念和术语的来源空间。

这样，要从浩如烟海的文体学概念和术语中选择出 30 个核心概念和 70 个关键术语并非易事。我们根据以上所述，大体选定了几个基本原则进行概念和术语的选择。（1）从核心到外围的原则。首先选择文体学领域核心的概念和术语，然后向外延伸，如“文体”“文体学”“普通文体学”等。（2）从普通到应用延伸。重点选择普通文体学方面的概念和术语，兼顾选择应用文体学方面的术语。（3）从本体向相关学科延伸。首先选择文体学本体的概念和术语，兼顾选择来自其他领域或学科的概念和术语。

上述某些原则也同样可以运用于对概念和术语的写作过程中。每个概念和术语都会涉及很多领域和方面，而要找准每个概念和术语的核心要义是不容易的，同时也是必须做到的。例如，最核心的部分是定义，每个概念和术语的定义一定要准确和精确，限定在核心或中心位置上，兼顾其他特征。必要时，也需要兼顾它们的突出特点或特征。

本书适用于语言文学相关专业的本科生、研究生，从事语言文学相关专业教学的教师和研究人员，以及各高校文科图书馆、综合性社会图书馆的广大读者。

本书由张德禄、贾晓庆和雷茜三位编著者完成，其中张德禄负责全书的整体设计、概念和术语选择的组织工作、写作计划的制订及实施，以及概念和术语编写的审定和全书的审核工作；贾晓庆负责前 15 个核心概念和后 35 个关键术语的编写工作；雷茜负责后 15 个核心概念和前 35 个关键术语的编写工作。

在此特别感谢上海时代教育出版研究中心庄智象教授和清华大学出版社外语分社郝建华编审对本项目的策划和设计，感谢清华大学出版社将本书列入“外国语言文学核心概念与关键术语丛书”出版。感谢同济大学、上海理工大学、西安外国语大学对本项目多方面的支持和帮助。

由于编著者才疏学浅，书中难免会有疏漏和错误，对此，我们自当负全部责任，并敬请学术界同行及广大读者斧正。

张德禄　贾晓庆　雷　茜

2025 年 2 月

目录

核心概念篇

多模态文体学 MULTIMODAL STYLISTICS

多模态文体学（multimodal stylistics）是21世纪初兴起的文体学（stylistics）分支。它是新媒体技术催生的产物，也是文体学研究全面发展的必然结果。现代文体学（modern stylistics）是利用语言学理论系统研究文学语篇意义建构的科学，期望通过对文本词汇语法的分析达到更加科学地进行文本意义解读和文本评论的目的。到20世纪末，文体学已有形式文体学（formal stylistics）、功能文体学（functional stylistics）、认知文体学（cognitive stylistics）、女性文体学（feminist stylistics）、语用文体学（pragmatic stylistics）等众多的文体学流派，同时文体学的研究对象也从原来的文学语篇扩展到了非文学语篇，如新闻语篇、广告语篇、日常对话语篇等。随着新媒体技术的发展，语篇形式越来越多样化，以上文体学理论都无法解释语言符号以外的模态符号参与语篇意义建构的现象，多模态文体学应运而生。

定义

南丹麦大学 Christian Nørgaard 教授首次提出多模态文体学的概念，她认为多模态文体学是一个把文体分析的范围扩大到语言之外的模态和媒介（medium）的崭新的文体学分支（Nørgaard，2010：30），是文体学理论和符号学理论联姻的产物（Nørgaard，2011：255）。Nørgaard 认为印刷版文学作品中的字体、布局、色彩、图像等也参与文学作品意义的建构，所以需要建构一个文体分析框架研究它们的模态语法和它们与语言模态之间的协同关系。虽然她个人把印刷文学作品作为多模态文体学研究对象，但她同时指出网络文学、戏剧文学和电影文学等语类也是多模态文体学研究的范围。此外，现代文体学的研究范围已经从原来的文学语篇延伸到了任何形式的语篇（discourse），所以多模态文体学的研究对象就应该包括各种形式（form）的文学语篇和不同题材的非文学语篇。简单地说，多模态文体学是系统研究文字模态和非文字模态及其协同关系在语篇意义建构和解读中的作用的一门科学。

☙ 多模态文体学研究方法

和其他文体学分支一样，多模态文体学秉承实证主义的哲学立场，采用定性和定量有机结合的研究方法。多模态文体学的定性研究方法包括观察法、直觉印象法和描述法等。多模态文体学文体分析首先需要观察文本使用的模态，依靠直觉印象获得有关文本模态突出特征的"知识"，并对这些特征进行描述。这里需要强调的是，对模态使用特征的描述必须建立在一定的模态语法理论之上。例如，对多模态语篇文体特征的描述使用功能语言学的分析模式，描述语篇的模态突出特征，并研究这些突出特征如何与语篇整体意义相关联而成为前景化特征。除了使用定性研究方法，多模态文体研究也使用定量研究方法。多模态文体分析的量化主要表现在突出模态特征的统计和检索上。目前常用的多模态的语料检索工具包括 MCA（Multimodal Corpus Authoring System）、ELAN（Eudico Linguistic Annotator）、ANVIL（The Video Annotation Research Tool）及 UAM（Corpus Tool）等。MCA 是基于网页的多模态语料库检索工具，可以量化分析面对公众的多模态体裁，如电影、DVD、电视，也可以用来分析大学讲座录像和儿童讲故事录像等（Baldry，2007：173）；ELAN 和 ANVIL 是专门为语言、手势、姿势等模态提供标注和分析的工具，是多模态语篇量化分析的有效工具。此外，UAM Corpus Tool 是一个供研究者免费使用的语言和图像的标注与检索平台，可以完成语言模态和图像模态语法特征的自动和手动标注与检索。

↺ 多模态文体学分析实例

下面以多模态小说《特别响、非常近》（*Extremely Loud & Incredibly Close*，2005）和《女性世界》（*Woman's World*，2005）作为多模态文体分析的对象，展示多模态功能文体分析和多模态认知文体分析的过程和结论。雷茜（2015）在研究印刷版多模态文学作品意义建构的模态符号和分析此类多模态文学语篇特征的基础上，通过对现有的多模态功能文体学理论框架进行补充和完善，建构了一个适用于书面多模态文学作品文体分析的理论框架，并且在框架指导下分析了多模态小说《特别响、非常近》的语言、图像、字体、布局、色彩和模态间关系前景化特征及其在小说意义建构中的作用，发现多模态前景化特征不仅在表达创伤特征、创伤治愈方法和人类反对战争、追求和平的小说主题方面有重要作用，在反映小说的审美主题方面也有突出作用。该研究成功验证了该框架在指导印刷版多模态文学作品文体分析中的有效性，还证明了多模态文体分析在小说主题表达方面的积极作用。此外，雷茜（2017）以Culpeper戏剧人物认知模式为原型，建构了一个多模态文学作品人物认知模型，并以此模型为指导讨论多模态隐喻如何通过图像、印刷版式、色彩和布局在两人命名、外貌描写、言语和思想表达方面与语言隐喻相辅相成建构意义，帮助读者完成图式质疑和重构，最终达到对Norma和Roy两个人物（character）的正确理解，成功展示了多模态文体分析在人物塑造（characterization）中的重要作用。

☙ 讨论

由于理论基础不同，目前的多模态文体学有两个发展方向：一是建立在功能文体学理论基础上的多模态功能文体学；二是建立在认知语言学基础之上的多模态认知文体学。多模态功能文体学的核心是“功能”（function）。概念功能（ideational function）、人际功能（interpersonal function）和语篇功能（textual function）组成语言符号和其他符号共有的意义潜势，讲话者从所有意义潜势中做出的选择（choice）都可能具有文体意义。在多模态功能文体学中，无论是语言特征还是其他模态特征，只要与作者创造的情景语境（context of situation）相关，或与讲话者的交际目的相关，就成为语篇的前景化特征。目前，多模态功能文体学理论研究的重点是模态符号系统的语法建构和多模态文体分析理论框架的建构和应用。Kress & van Leeuwen（1996/2006）建构了系统的视觉语法，是目前图像和布局等模态分析的主要工具；van Leeuwen（2005：137–143；2006：139–155）开发了字体语法，用于描述不同字体的使用特征；Kress & van Leeuwen（2002：343–368）和 van Leeuwen（2011）研究了色彩的表意现象，为色彩解读提供了依据。Barthes（1977：390）认为媒体图像的意义是多重的，需要文字对其过于弥漫的意义潜势加以控制；Kress & van Leeuwen（1996：17）认为图像本身有独立的组织和结构，图像与文字之间的关系是关联性的而绝非依赖性的；Royce（1998：25–49；2002：191–212）提出了“模态间互补性”概念，他指出“在复杂的多模态语篇中，视觉模态和文字模态是互补关系，视觉成分和文字成分的组合能够产生出比单一模态大的语篇意义”。张德禄（2009：27）把出现在多模态话语中的模态关系归纳为逻辑语义关系和表现关系，逻辑语义关系包括详述、扩展和提升；表现关系包括互补关系和非互补关系，互补又包括强化和非强化，非互补包括交叠、内包和语境交互。张德禄、穆志刚（2012）建构了多模态文体学理论框架，并在一则儿童漫画的文体分析中检验了框架的有效性。雷茜（2018）探讨了多模态功能文体学理论建构中的多模态语篇界定、语法建构和语境制约性机制等核心问题。多模态功能文体学的应用研究伴随着理论研究展开，已经涵盖了小说、诗歌、戏剧、儿童绘本等语篇。Nørgaard（2010：115–126，2019）、雷茜（2015）研究了多模态小说的文体（style）；王红阳（2007：22–26）对 Cummings 的视觉诗“l（a”进行了多模态功能分析；McIntyre（2008：309–334）分析了 Ian McKellen 版的电影《理查德三世》（*Richard III*，1591）的多模态文体效果。以上文体分析既检验了现有多模态功能文体学理论指导多模态语篇文体分析的有效性，又能更好地帮助读者理解不同类型多模态语篇的意义建构。

多模态认知文体学是文体学研究发生“认知”转向和语篇多模态性受到关注后的新接面研究，其研究重点是多模态语篇的意义建构和多模态文体的读者认知，使用最多的理论是隐喻理论。目前，多模态认知文体学研究较集中的两个语类是广告语篇和文学语篇。Forceville（1996）提出文字—图像隐喻理论，并分析读者对三则 IBM 广告的解读；在此基础上，Forceville（2006：379–402）提出多模态隐喻的概念，探讨了单模态和多模态隐喻的区分、源域（source domain）和目标域（target domain）间相似性的创建等问题。在 Forceville 和 Urios-Aparisi 合编的论文集《多模态隐喻》（*Multimodal Metaphor*，2009）一书中，研究者们将广告、漫画、手势语、音乐、电影等作为研究对象，从不同的角度分析了多模态隐喻带来的文体效应 / 文体效果（stylistic effect）。Gibbons（2012：86–166）在认知诗学的框架内研究多模态文学语篇：利用文本世界理论研究小说《特别响、非常近》中语言如何构建一个假设的文本世界（text world）；利用指示认知理论研究小说《平地歌剧》（*VAS：An Opera in Flatland*，2004）如何使读者产生阅读中的双重定位，并用概念整合理论（conceptual blending theory）和概念隐喻（conceptual metaphor）研究小说如何将虚构世界和真实感受整合，产生新的主题意义。在国内，赵秀凤（2011：1–10）在对《多模态隐喻》一书进行评论的同时，系统介绍多模态隐喻理论的发展；赵秀凤、李晓巍（2016）研究了绘本中“愤怒”情绪表达和理解中的多模态隐喻，认为色彩、形状和构图等视觉元素的整合能大大提高绘本叙事的情感冲击力。

尽管多模态文体研究在不同视角都初具规模，但是仍然存在以下问题。首先，符号语法不健全。色彩语法不够精确化（Kress & van Leeuwen，2002；van Leeuwen，2011），布局语法有待独立和完善（Kress & van Leeuwen，1996/2006），声音、手势等模态语法研究仍囿于起步阶段。其次，文体分析理论探索不够深入和全面。现有的多模态功能文体分析理论模型仅针对图文结合的静态多模态语篇（雷茜，2015，2018；张德禄、穆志刚，2012）；动态多模态语篇分析的理论有限（张德禄等，2015）。再次，语际文体对比研究未充分展开。现有的多模态文体对比研究局限于英文封面的多模态文体对比（贺赛波，2015；雷茜、张德禄，2015），汉英多模态语篇文体对比研究非常少见（张德禄，2018）。此外，多模态文体分析的主观性明显。尽管多模态文体分析有系统的理论支撑，也有符号语法可以参照，但是不论是多模态功能文体分析，还是多模态认知文体研究，其观察和描述都依靠于文体分析者的主观判断。最后，认知科学方法应用滞后。目前的多模态认知文体研究仍然采用主观印象法和阐释法（Gibbons，2010，2011）。认知科学的新方法，如眼动追踪测试法（eye-tracking test）和事件相关电位法（event-related potentials，ERPs）等都还未能应用到多模态语篇的文体研究中。多模态文体学既受现代科技发展的推动，又与现实问题紧密相关，因此有着广阔的发展前景。未来的多模态文体研究有望在多模态功能文体学理论框架完善、功能—认知结合的文体分析思路的研究、新媒体语篇多模态文体分析、英汉语篇的多模态文体特征对比研究、跨文化交际研究、多模态教学和多模态翻译等领域取得长足进展。

参考文献

贺赛波. 2015. 多模态文体学视域下译本图像研究——以女性成长小说《大地的女儿》中译本为例. 外语研究，(5)：84–88.

雷茜. 2015. 多模态文学语篇的文体建构研究——功能文体学视角. 上海：同济大学博士论文.

雷茜. 2017. 格林海姆·洛雷拼贴小说《女性世界》人物认知研究——多模态认知文体学视角. 北京第二外国语学院学报，(6)：57–68.

雷茜. 2018. 多模态功能文体学理论建构中的几个重要问题探讨. 外语教学，(2)：36–41.

雷茜，张德禄 . 2015. 格林海姆·洛雷拼贴小说《女性世界》两版封面的多模态文体对比研究 . 当代外语研究，(9)：20–26.

王红阳. 2007. 卡明斯诗歌“l(a”的多模态功能解读. 外语教学，(5)：22–26.

张德禄. 2009. 多模态话语分析综合理论框架. 中国外语，(1)：24–30.

张德禄. 2018. 语际功能文体探索——以汉英寓言文体对比为例. 浙江外国语学院学报，(5)：47–56.

张德禄，穆志刚. 2012. 多模态功能文体学理论框架探索. 外语教学，(3)：1–6.

张德禄，贾晓庆，雷茜. 2015. 英语文体学重点问题研究. 北京：外语教学与研究出版社.

赵秀凤. 2011. 概念隐喻研究的新发展——多模态隐喻研究——兼评 Forceville & Urios-Aparisi《多模态隐喻》. 外语研究，(1)：1–10.

赵秀凤，李晓巍. 2016. 叙事绘本中“愤怒”情绪的多模态转—隐喻表征——认知诗学视角. 外语教学,(1): 10–14.

Baldry, A. P. 2007. The role of multimodal concordances in multimodal corpus linguistics. In D. T. Royce & W. Bowcher (Eds.), *New Directions in the Analysis of Multimodal Discourse*. Mahwah: Lawrence Erlbaum, 173–194.

Barthes, R. 1977. *Image-Music-Text*. New York: The Noonday Press.

Forceville, C. 1996. *Pictorial Metaphor in Advertising*. London & New York: Routledge.

Forceville, C. 2006. Non-verbal and multimodal metaphor in a cognitive framework: Agendas for research. In G. Kristiansen, M. Achard, R. Dirven & F. Ruiz de Mendoza Ibanez (Eds.), *Cognitive Linguistics: Current Applications and Future Perspectives*. Berlin: Mouton de Gruyter, 379–402.

Forceville, C. & Urios-Aparisi, E. (Eds.). 2009. *Multimodal Metaphor*. New York: Walter de Gruyter.

Gibbons, A. 2010. "I contain multitudes": Narrative multimodality and the book that bleeds. In R. Page (Ed.), *New Perspectives on Narrative and Multimodality*. London & New York: Routledge, 113–128.

Gibbons, A. 2011. *Multimodality, Cognition, and Experimental Literature*. London & New York: Routledge.

Gibbons, A. 2012. *Multimodality, Cognition and Experimental Literature*. London & New York: Routledge, 86–166.

Kress, G. & van Leeuwen, T. 1996/2006. *Reading Images: The Grammar of Visual Design*. London: Routledge.

Kress, G. & van Leeuwen, T. 2002. Colour as a semiotic mode: Notes for a grammar of colour. *Visual Communication, 1*(3): 343–368.

McIntyre, D. 2008. Integrating multimodal analysis and the stylistics of drama: A multimodal perspective on Ian McKellen's *Richard III*. *Language and Literature, 17*(4): 309–314.

Nørgaard, N. 2010. Multimodality and the literary text: Making sense of Safran Foer's *Extremely Loud and Incredibly Close*. In R. Page (Ed.), *New Perspectives on Narrative and Multimodality*. London & New York: Routledge.

Nørgaard, N. 2011. The happy marriage between stylistics and semiotics. In S. C. Hamel (Ed.), *Semiotics: Theory and Applications*. New York: Nova Science Publishers, 255–260.

Nørgaard, N. 2019. *Multimodal Stylistics of the Novel: More than Words*. London & New York: Routledge.

Royce, T. 1998. Synergy on the page: Exploring intersemiotic complementarity in page-based multimodal text. *JASFL Occasional Papers, 1*(1): 25–49.

Royce, T. 2002. Multimodality in the TESOL classroom: Exploring visual-verbal synergy. *TESOL Quarterly, 36*(2): 191–212.

van Leeuwen, T. 2005. Typographic meaning. *Visual Communication, 4*(2): 137–143.

van Leeuwen, T. 2006. Towards a semiotics of typography. *Information Design Journal & Document Design, 14*(2): 139–155.

van Leeuwen, T. 2011. *The Language of Color: An Introduction*. London: Routledge.

感受文体学 AFFECTIVE STYLISTICS

感受文体学（affective stylistics）是文体学（stylistics）领域的一个重要概念。作者创作时怀有的和表达的情感，和读者阅读时被引发的情感在文学批评（literary criticism）中都是重要的研究对象。Aristotle 在《诗学》（*Poetics*，350 BC）中提到“净化说”，即悲剧引起并陶冶人的激情，使人得到快感，可以说是最早的有关文学创作中情感生成和文学阅读时情感接受的理论。然而，20 世纪 40 年代和 50 年代的新批评理论提倡文学批评的客观性，认为情感是不必要的、主观性的，称其为“情感谬误”（affective fallacy），提出仅仅依靠文学对读者情感的影响来评价文学作品，在方法论上和形式（form）上都是不合适的，应当把情感从对文学接受的研究中排除。20世纪60年代的形式主义者又提出文本具有激发情感的潜力，Jakobson（1960）在著名的语言功能说中将表情功能（emotive function）与指称功能（referential function）、美学功能（poetic function）、意动功能（conative function）、寒暄功能（phatic function）、元功能（metalingual function）并列，其中的表情功能指语言表达发话者的情感和态度的功能。很明显，这里的情感指发话者的情感，而不涉及听话者被引发的情感，因此，他的文体观受到一些学者的质疑，包括同一个阵营里的Riffaterre。Riffaterre批评Jakobson的理论过于客观化，只关注信息本身，却没有考虑说话人和听话人的感受。就对语境的重视而言，Riffaterre更接近Bally，不过他们关注的是不同的语境因素。Bally关注表达中的主观性，而Riffaterre关注接受中的主观性，认为语言信息不只与语言的结构相关，而且与交流情境中的一个因素相关，即与听话人相关。但是，Riffaterre只把读者的反应当作文体效果的信号。也就是说，在他的研究中，读者的反应只是证明文体效果的存在，而他提倡和践行的文体研究不分析读者对文体特征的反应本身。Riffaterre坚持不管读者的反应是怎样的，读者的反应一定产生于同样的语言来源，或者，借用行为主义术语，产生于同样的"刺激"。因此，Riffaterre虽然在文体研究中提到读者反应，但他的文体观在本质上仍然是形式主义的。在形式主义者及此后的文体学家的努力下，情感以及读者的认知反应等感受在文体学领域得到越来越多的重视。

~~ 定义

美国文学批评家Fish于1980年提出"感受文体学"美学理论，作为新兴的读者反应批评理论的一部分，主要适用于文学作品，指"把读者当作一种积极地起着中介作用的存在而予以充分重视并因此把话语的心理效果当作它的重心所在的分析方法"（朱立元，2014：4）。Fish（1970：123）认为文体效果首先是一种"心理效果"，因此，感受文体学研究以读者的感受为研究的出发点。也就是说，感受文体学研究的对象是读者在阅读过程中产生的假设、期望和解释等心理活动，并追根溯源分析作品中使读者产生这些感受的文体特征。感受文体学理论将文体学的关注点集中于读者反应而不是作品本身。Fish 提出的感受文体学不仅对读者的情感反应（emotional/affective response）感兴趣，也对阅读过程中的心智活动感兴趣。Fish（1980：42–43）强调，读者反应不仅包括"眼泪、刺痛"和"其他心理症状"，还包括阅读过程中涉及的所有心理活动，包括形成完整的思想、执行（和后悔）判断行为、遵循和形成逻辑序列。Fish 提出的感受文体学理论是对文体学长期以来秉持的方法论上兼收并蓄的传统的继承。

虽然系统功能语言学和话语分析等同源学科继续为情感的重要性做辩护（Burke，2006：127），但是在 Fish 最初引发的对读者感受的关注热潮之后，人们对情感的兴趣逐渐减弱，直到 20 世纪 90 年代认知文体学（cognitive stylistics）或认知诗学出现，文体学界对读者感受的兴趣才重新被点燃。首先，Miall（2005: 149）提出文学作品的情感有助于我们将来自不同领域的概念联系起来；其次，情感源于体验，促使我们对事件采取一定的立场和态度；最后，当涉及自我概念的某一问题时，情感还包括自身的情感。尽管 Miall 对文学作品情感的认识并不全面和系统，但其研究引起了人们对读者情感的重视。

☙ 感受文体学研究方法

Semino（1997）将 Schank 的主题组织包（Thematic Organization

Packet，简称TOP）与自己提出的“情感联想”理论结合，为分析文学作品相关的情感服务，这在应用文体学方法研究文学作品的情感中无疑是重要的尝试。此外，Gibbs（2003）对原型的研究、Burke（2001）对象似性（iconicity）的研究和Emmott（1997，2002）对人物移情的研究都是从文体学的角度进行的文学情感研究。其中Downes（2000）对引发情感体验的语言表达的研究最为突出，不仅从情感、评价（evaluation）和直觉三个方面描述情感体验的象似性表达，还考虑了情感的文化维度和认知维度。认知诗学的创始人Tsur（1992，2003，2008）将情感看作认知诗学的重要话题，深入探讨了文学作品的情感和审美功能。Burke（2001：31–46）在《象似性与文学的情感》（“Iconicity and Literary Emotion”）一文中明确指出“诗歌语言的句法、词形、书写同语言的语音（sound）和音位一样，可以表达作者的情感”。

近年来，文体学中的情感研究呈现出多学科融合的特点。Burke（2006：129）系统地回顾了与文体学相关的情感研究，不仅提出用文体学理论和方法研究文学作品表达和引发情感的思路，也指出“认知科学在文体学和文学阅读中的重要地位必将带来文学作品情感研究理论和研究方法的革新和发展”。Hogan（2014：516）力图寻找文体学、情感和神经科学三者的融合，他认为情感是“为自觉行为提供动力的激励系统，这个激励系统包含很多诱发条件激活的神经回路”。基于脑神经科学分析情感的文体学研究尚很有限，有着巨大的发展空间。Hogan（2014：528）指出，情感反应的普遍和个体反应中的任何非普遍模式都是可以继续研究的主题，尽管文体（style）、情感和神经科学结合的研究刚刚起步，但是很明显它是最有前景的文体学研究领域之一。

☙ 感受文体学分析实例

Hurley（2005）应用 Fish 提出的感受文体学理论描述了阅读加拿大著名儿童故事作家 Robert Munsch 的儿童绘本《永远爱你》（*Love You Forever*，1986）时的感受，特别注意与灵性和超越有关的文本手段。该文首先定义了超验精神；然后简要描述了感受文体学；接着分析了《永远爱你》对读者产生精神效果的一些主题和技巧，特别关注感官作为进入精神世界的手段所发挥的作用，精神性和超验被符号化的方式，文本中重复手段产生的效果，夜间和白天的象征主义的使用，恒定性和变化性主题的并置，可预测的故事节奏和人类发展所产生的某些需求之间的联系；最后是叙事世界中奇幻与现实之间的博弈。Hurley（2005）展示的是感受文体学的典型分析方法，从读者的真实感受入手，在文本中寻找使读者产生该情感和认知感受的文体策略。

☙ 讨论

很多学者指出，感受文体学存在相对性问题，因为不同的读者对同一文本会做出不同的阐释（interpretation），读者对文本的阐释过程也因人而异。Fish 作为理论的开创者对此有充分的认识。因此，Fish（1980）提出了“阐释社团”和“告知读者”等概念，提出读者对文本的阐释受所属的特定社团影响。当时，与 Fish 的“告知读者”概念类似的，还有“超级读者”（Riffaterre，1959）、“模范读者”（Eco，1979）、“理想读者”（Iser，1978）等概念，但是这些概念都是把读者概念化成一个整体而不是研究真实读者的反应。这些概念的提出似乎避开了个体差异这个难题，但又落入虚化的怪圈。感受文体学对文本客观性的否定就说明了其问题分析的狭隘性，更何况这样的读者感受分析还摆脱不了文体分析相对性的困扰（申丹，1988：28；Weber，1996：3）。与Fish等人不同，Iser在关注读者解读文本时进行的思维活动的同时，肯定文本的自身意义在读者反应中的作用。van Peer（1986）和他的团队在用实验方法研究读者阅读活动的过程中，验证了Iser提出的文本决定读者反应的预言。但是，读者反应实验对实验方法的要求很高，而且实验中读者的个体差异也不容忽视。尽管感受文体学存在上述问题，但是感受文体学的研究成果为后来的实验文体学研究和文体学中的情感研究奠定了基础。

20世纪末兴起的认知文体学不仅通过文本中的文体特征推导作者和人物（character）的认知结构，也通过读者的反应寻找文本中的文体"刺激"。近年来，越来越多的学者强调要通过实证研究获取读者的真实反应，以此作为寻找和分析文体特征的理据。目前的读者反应实证研究有读者访谈，如Burke（2011）通过对大学生开展调查和采用神经生理实验，揭示文学阅读的认知理据，特别是阅读过程中产生的认知图式（cognitive schema）与镜像神经元（mirror neuron）的活动有关，或从网络评论收集读者的身体体验（如Nuttall，2018）。Sanford & Emmott（2012）和Jaén & Simon（2012）用心理学理论分析读者反应。Young & Saxe（2008）和Hsu et al.（2014）通过做fMRI实验发现读者在阅读作品中描写主人公的精神状态的部分时会发生大脑活动，不过这种神经科学实验主要是诗学研究，几乎没有与文体特征相关联。Fields & Kuperberg（2012）用神经语言学实验研究了第二人称代词"你"使读者产生的自我相关反应，以两句话为语境，主要是语言学研究，没有在文学语境中研究该文体特征如何使读者产生反应和对主题的理解。这些研究都是感受文体学的延续，在未来还会是文体学学者关注的对象。

参考文献

申丹. 1988. 斯坦利·费什的"读者反应文体学". 山东外语教学,(2-3): 25–28.

张德禄，贾晓庆，雷茜. 2021. 文体学新发展研究. 北京：清华大学出版社.

朱立元. 2014. 美学大辞典(修订版). 上海：上海辞书出版社.

Burke, M. 2001. Iconicity and literary emotion. *European Journal of English Studies, 5*(1): 31–46.

Burke, M. 2006. Emotion: Stylistic approaches. In K. Brown (Ed.), *Encyclopedia of Language and Linguistics* (2nd ed.). Cambridge: Cambridge University Press, 127–129.

Burke, M. 2011. *Literary Reading, Cognition and Emotion: An Exploration of the Oceanic Mind*. New York: Routledge.

Downes, W. 2000. The language of felt experience: Emotional, evaluative and intuitive. *Language and Literature, 9*(2): 99–121.

Eco, U. 1979. *The Role of Reader: Explorations in the Semiotics of Texts*. Bloomington: Indian University Press.

Emmott, C. 1997. *Narrative Comprehension: A Discourse Perspective*. Oxford: Oxford University Press.

Emmott, C. 2002. "Split Selves" in fiction and in medical "Life Stories". In E. Semino & J. Culpeper (Eds.), *Cognitive Stylistics: Language and Cognition in Text Analysis*. New York: John Benjamins, 153–181.

Fields, E. C. & Kuperberg, G. R. 2012. It's all about you: An ERP study of emotion and self-relevance in discourse. *NeuroImage, 62*: 562–574.

Fish, S. 1970. Literature in the reader: Affective stylistics. *New Literary History, 2*(1): 123–162.

Fish, S. 1980. *Is There a Text in This Class? The Authority of Interpretive Communities*. Cambridge: Harvard University Press.

Gibbs, R. 2003. Prototypes in dynamic meaning construal. In J. Gavins & G. Steen (Eds.), *Cognitive Poetics in Practice*. London: Routledge, 27–40.

Hogan, P. C. 2014. Stylistics, emotion and neuroscience. In M. Burke (Ed.), *Routledge Handbook of Stylistics*. London: Routledge, 516–530.

Hsu, C. T., Conrad, M. & Jacobs, A. M. 2014. Fiction feelings in Harry Potter: Haemodynamic response in the mid-cingulate cortex correlates with immersive reading experience. *Cognitive Neuroscience and Neuropsychology*, (25): 1356–1361.

Hurley, R. 2005. Affective stylistics and children's literature: Spirituality and transcendence in Robert Munsch's *Love You Forever*. *Canadian Children's Literature, 31*(2): 83–107.

Iser, W. 1978. *The Act of Reading: A Theory of Aesthetic Response*. Baltimore: John Hopkins University Press.

Jakobson, R. 1960. Linguistics and poetics. *Poetry of Grammar and Grammar of Poetry. Vol. 3 of Selected Writings (7 Volumes)*. The Hague: Mouton de Gruyter, 18–51.

Jaén, I. & Simon, J. J. (Eds.). 2012. *Cognitive Literary Studies: Current Themes and New Directions*. Austin: University of Texas Press.

Miall, D. S. 2005. Beyond interpretation: The cognitive significance of reading. In H. Veivo, B. Petterson & M. Polvinen (Eds.), *Cognition and Literary Interpretation in Practice*. Helsinki: University of Helsinki Press, 129–156.

Nuttall, L. 2018. *Mind Style and Cognitive Grammar: Language and Worldview in Speculative Fiction*. London: Bloomsbury.

Riffaterre, M. 1959. Criteria for stylistic analysis. *Word, 15*(1): 154–174.

Sanford, A. J. & Emmott, C. 2012. *Mind, Brain and Narrative*. Cambridge: Cambridge University Press.

Semino, E. 1997. *Language and World Creation in Poems and Other Texts*. London & New York: Longman.

Tsur, R. 1992. *Toward a Theory of Cognitive Poetics*. Amsterdam: North-Holland.

Tsur, R. 2003. *On the Shore of Nothingness: A Study in Cognitive Poetics*. Exeter: Imprint Academic.

Tsur, R. 2008. *Toward a Theory of Cognitive Poetics* (2nd expanded and updated ed.)

Eastbourne: Sussex Academic Press.

van Peer, W. 1986. *Stylistics and Psychology: Investigations of Foregrounding*. London: Croom Helm.

Weber, J. J. 1996. *A Stylistic Reader: From Roman Jakobson to the Present*. Amsterdam-Atlanta: Rodopi.

Young, L. & Saxe, R. 2008. An fMRI investigation of spontaneous mental state inference for moral judgment. *Journal of Cognitive Neuroscience, 21* (7): 1396–1405.

功能文体学 FUNCTIONAL STYLISTICS

功能文体学（functional stylistics）兴起于20世纪70年代，关注语篇（discourse）的功能（function）和语境，较好地克服了形式主义文体学的缺陷。功能文体学创立的标志是Halliday于1969年在意大利召开的文体学研讨会上宣读的论文《语言功能与文学文体》（"Linguistic Function and Literary Style: An Inquiry into the Language of William Golding's *The Inheritors*"），其理论基础是Halliday的系统功能语言学。系统功能语言学认为语言有三大纯理功能：表达发话人经验的概念功能（ideational function）、表达发话人态度及交际角色间关系的人际功能（interpersonal function）和组句成篇的语篇功能（textual function）。这三种功能互相关联，是构成语义层或语义潜势的三大部分。在交际中语义系统要同语言情景发生联系，而语言情景的符号结构由话语范围/语场（field of discourse）、话语基调（tenor of discourse）和话语方式/语式（mode of discourse）这三大要素构成。符号结构与语义系统之间存在系统上的一致性。语义系统的每个元功能（metafunction）都直接受语言情景系统某个要素的影响：概念系统受话语范围特征的影响，人际系统受话语基调特征的影响，语篇系统受话语方式特征的影响。

☙ 定义

功能文体学是应用系统功能语言学的理论和方法做文体分析的文体学（stylistics）流派。Halliday 的功能文体学与布拉格学派的形式结构文体学具有十分密切的关系，都探讨语言模式对形成文体特征的作用。但二者有一个较大的差别：根据布拉格学派的理论，只要在语篇中有违反常规（norm）的、高频率出现的语言现象，就可以看作前景化（foregrounding）的特征，就能产生文体效应 / 文体效果（stylistic effect）。但 Halliday 认为，突出的语言形式特征只有在受主题驱动的情况下才能被认为是“前景化”的，才具有文体效应 / 文体效果。所以，Halliday 开创的功能文体学认为语言特征是否能构成文体特征取决于语言的功能，而不是语言的形式（form）。正是由于系统功能语言学理论的发展才有了 20 世纪 80 年代功能文体学理论的兴盛和发展。

☙ 功能文体学研究方法

Halliday（1971/1973：97–98）认为文体（style）是一种表达，没有不存在文体的语言区域。针对传统文体学对偏离（deviation）的研究过分强调语言变异的特点，他提出突出（prominence）概念，并将突出分为失协（incongruity）和失衡（deflection），前者强调质量上的（qualitative）偏离，后者强调数量上的（quantitative）偏离。Halliday（1971/1973：100–102）继而指出失衡现象在文体分析中更有意义，可以通过统计数据来表达，不过数据只能潜在地揭示突出的存在，并非所有的突出都有文体意义，只有那些有动因的突出（motivated prominence）才是前景化特征，才是语篇的文体特征。判断一个突出的语言特征是否构成前景化特征参照的是相关性标准（criteria of relevance）。Halliday 明确指出，突出的语言特征只有与语境和作者的创作意图相关，才是前景化的特征。他提出的文体存在于语言任何领域的观点将文体研究扩展到概念功能这一领域，提供了一种揭示人物（character）生存活动性质和观察世界的特定方式的分析方法。其次，他的“突出”和“前景化”概念，以及相关性标准都成为后来功能文体分析的理论基础。

随着系统功能语言学在 20 世纪 80—90 年代的发展，功能文体学家把文学视为社会语篇，从社会符号视角对文学作品和其他语篇进行解读（Fowler，1981，1989；Hodge & Kress，1979/1993）。功能文体学在这一阶段的发展还伴随着研究对象从文学语篇向非文学语篇的扩展。申丹（2002：190）指出，在 Fowler 和 Kress 等人的研究中，文学和非文学之间的界限已经消失了，像新闻报道这样的功能或者实用文体也进入功能文体学的研究视野。Birch 和 Toole 在《文体的功能》（*Functions of Style*，1988）一书中收录了多篇反映这一发展的论文。从方法论上讲，大多数功能文体学家对语篇表达概念意义的及物性特征进行了系统的分析；少部分功能文体学家从分析语气、情态、语调、人称、表达态度的形容词和副词等入手，探讨文本中反映出的信息发送者和接收者之间的关系［小说（fiction）中作者 / 叙述者、人物、读者之间的关系］，以及他们对于经验内容的立场态度和价值判断；也有功能文体学家探讨文本中的主位结构、信息结构、句子之间的衔接（cohesion）与文本的主题意义之间的关系等。早期的功能文体学家一般聚焦于某一特定的功能范畴。近年来，越来越多的功能文体学家在几个层次上同时展开分析，研究几种意义如何相互作用来构成文本文体的总体特征，以强化主题意义和人物塑造（characterization）（Birch & Toole，1988）。

功能文体学既重视语言特征的形式分析，又强调语境对语言选择的制约关系，形成了以 Halliday 的前景化理论和 Hasan 的文学作品言语艺术理论为基础的功能文体学理论，并扩展到了批评话语分析领域，表现出强大的生命力。

功能文体学理论发展中最为突出的当属评价理论（Appraisal Theory）。宋成方、刘世生（2015：281）提出，评价理论可能是系统功能语言学以完整的理论体系提出以来（Halliday，1978；Martin，1992）最大的理论创新。Martin & White（2005）指出人际意义（interpersonal meaning）除了包括主要通过语法手段表达的情态和意态，还包括主要通过词语表达的评价意义；评价理论在语篇语义层区分了评价意义的不同范畴，建立了评价意义的网络系统，从"层次化"（stratification）维度讨论了评价意义与语境层的"一致关系"（solidarity）、与词汇语法层的词语（wold）之间的实现关系。彭宣维、程晓堂（2013：27–35）讨论了把评价理论应用于文体学分析遇到的问题，并提供了相应的解决方案。封宗信在 2017 年发表的《系统功能语言学前沿与文体学研究：文体学前沿研究专题（笔谈）》中高度评价了彭宣维教授的《评价文体学》（2015）这一著作。

经典的元功能理论在功能文体分析中仍然是应用得很多的理论。申丹（2016：4–10）分析了 Hughes《在路上》（*On the Road*，1976）中的及物性模式，并挖掘 Hughes 在应用同一种及物性过程中形成的对比及其表达的深层象征意义。Shen（2012：93–105）在梳理 20 世纪前十年中国的西方文体学研究时总结道："一些中国学者在做功能文体分析时会综合分析诗歌、小说和非文学文体语篇中实现三种元功能的文体选择，但是大多数学者会集中关注一种元功能和实现该元功能的某一种语法结构。”就功能文体分析的对象而言，Shen（2012）发现，从2000年开始，中国学者已经发表了100多篇研究及物性结构的论文，其研究对象覆盖各种类型的文本，包括小说、短篇故事、诗歌、神话故事、《圣经》、笑话、演说词、广告、新闻报道、社论、学术论文摘要、导游手册，甚至还有京剧。

戴凡、吕黛蓉（2013）的《功能文体理论研究》收集了国内学者过去20多年来对功能文体学在理论上的探讨以及对诗歌、小说、新闻、翻译等方面的功能文体分析。该书的结构安排体现了功能文体学发展中的上述几个趋势。首先，该书探讨了功能文体学的焦点问题，主要有人际评价系统、文体与评价、衔接与文体、名物化的纯理功能与文体特征。接着，该书以小说为研究对象，分析了及物性过程表现的权力关系和人物性格，又把功能文体学和叙事学结合分析了小说《喜福会》（*The Joy Luck Club*，1990）中的叙事视角。然后，在分析诗歌的章节里应用了多模态文体学（multimodal stylistics）的分析方法分析了Cummings的诗歌。之后，在第五章“实用语篇分析”中分析了社论英语、国际政治新闻英语、新闻访谈英语、学术交流邮件等多种体裁的文体特征，展示出功能文体学分析广阔的体裁对象。第六章则探讨了功能文体分析在翻译中的应用，以《简·爱》（*Jane Eyre*，1847）为例对比分析了原文中被动语态变异的功能破损。《功能文体理论研究》的六个章节全面展示出功能文体学的经典理论深入发展，分析对象扩大，与多模态符号学、叙事学等学科的分析方法结合，并被用于分析翻译中对某些文体特征的处理。

功能文体学除了随着其主要语言学理论基础——系统功能语言学的发展而发展之外，也出现了与其他学科融合的趋势，其中最主要的是与语料库语言学结合（Butler，2004：147–186）。把系统功能语言学与语料库语言学结合分析文学作品的功能文体学研究见 Turci（2007：97–114）。张德禄（2007：12）提出，"功能文体学在过去的 40 年中基本上是以定性分析的方法来进行文体研究的。研究对象通常是具有个体性的：个体的语篇、个体的突出语言特征、个体的功能"。他认为："首先通过观察、描述等定性研究方法来提出理论假设，然后辅以定量分析、调查和实验等方法来验证理论是功能文体学理论发展的必由之路"（张德禄，2007：12）。语料库分析工具正是一种定量分析方法，可以给功能文体分析提供补充。Zan et al.（2014：70–78）借助语料库分析软件 AntConc 3.2.2 分析了戏剧《巴巴拉上校》（*Major Barbara*，1905）原著和两部中文译著中情态动词的分布，尝试提出戏剧翻译的语料库功能文体研究模型。Bartley & Benitez-Castro（2016）把功能文体学的及物性分析方法和语料库分析工具相结合分析了爱尔兰媒体的歧视性观点。

功能文体学还与多模态符号学相结合，形成多模态功能文体学。张德禄、穆志刚（2012：6）"在功能文体学理论研究的基础上，以图文连环画为例，探讨了多模态功能文体学理论框架的建构问题，提出通过探讨不同模态的突出特征及模态之间的连接和协同的关系，从模态组合、意义建构、语境、体裁（genre）和文化多个层面探讨图文连环画的文体"。"多模态功能文体学的理论基础是 Halliday 的'语言是社会符号'的社会符号学理论和功能文体学理论"（Halliday，1978：138）。和功能文体学一样，多模态功能文体学的核心仍是功能；不同的是，功能文体学研究语言符号体现的概念功能、人际功能和语篇功能及其在语篇中形成的意义潜势，而多模态功能文体学关注的是语言符号和其他非语言符号，包括图像、色彩、印刷版式、布局、声音等符号模态共有的意义潜势和协同作用。

功能文体学还可以与叙事学理论结合，对叙事技巧做出更加细致、系统的分析。如王菊丽（2004：106–111）用 Halliday 的功能文体学理论和方法对叙事作品中叙事视角的文体功能进行分析。Nuttall（2018）把功能文体学的及物性分析和认知语法对行动链（action chain）的分析结合，让两种方法互补来分析 Richard Matheson 的小说《我是传奇》（*I Am Legend*，1994）中的及物性模式，又借用社会心理学的概念——心灵归属（mind attribution）——来阐释语言模式引起的读者心灵归属的程度，和吸血鬼人物的思维风格（mind style）以及为什么真实读者会在评论中写下阅读时不舒服的移情经历和道德判断。除了把功能文体学与其他理论融合之外，功能文体学还被用于翻译、外语教学等领域。

Dutta-Flanders（2017）在分析犯罪小说中表现悬疑的语言时不仅把功能文体学对及物性过程的分析，特别是对心理过程（mental process）的分析，与认知文体学（cognitive stylistics）对于隐喻（metaphor）中源域（source domain）和目标域（target domain）的投射（projection）、思维风格的研究结合起来，而且应用了大量叙事学的概念，包括话语/语篇（discourse）、故事（story）、嵌套（embedding）、叙事空白（narrative gap）、时序（chronological order）、Genette 提出的"时序倒错"（anachrony）和叙事（diegesis）。叙事学对于经验自我和叙事自我的区分也援引了许多著名叙事学家的观点，如 Gerard Genette、Mieke Bal、David Herman、Gerald Prince、Tzvetan Todorov 等。正如 Jia（2018：508–512）在对 Dutta-Flanders 的著作《悬疑犯罪小说中的语言艺术》（*The Language of Suspense in Crime Fiction*，2017）所撰的评论中所说，虽然 Dutta-Flanders 认为该书是一部文体学著作，但是更准确地说它是一部叙事学和文体学相结合的著作，而且其文体学分析是基于分析的语言特征的要求结合了功能文体学和认知文体学的理论和分析方法。这反映出文体学研究中多学科融合的趋势和为了全面分析语言特征及其美学、主题意义而在分析方法上随意取材的特点。Dutta-Flanders（2018：721–743）主要应用功能文体学中的功能语法理论，结合批评文体学理论，分析了犯罪叙事中的主题和人物性格的发展变化。

刘承宇（2008）把功能文体和认知文体方法结合起来研究语法隐喻现象。因为功能文体学和认知文体学在句法结构分析上同中有异，所以有些学者尝试把两种方法结合起来，典型的做法是把功能文体学对及物性模式的分析与认知心理学以及广义的认知科学揭示的认知规律结合起来，从而形成认知—功能分析方法。任绍曾（2006：17–21）在分析《国王班底》（*All the King's Men*，1946）时从功能文体学的及物性开始，提出"在文本中'痉挛'（twitch）一词在及物性的所有过程中都有体现"，说明"痉挛笼罩了小说人物生活的多个方面"，接着把痉挛的突出视为"作者对人生经历进行概念化（conceptualize）和识解（construe）"的方式。"整本书体现了对两个毫不相干的空间（space）的概念整合（conceptual integration），或者说体现了跨越两个域（domain）的映射（mapping）。其中痉挛是源域，生活是目标域。"（李华东，2010：66）

功能文体学与其他学科之间的结合不限于与一个学科，也可以与多个学科进行融合、结合或参考。比如，Nuttall（2018）把功能文体学的及物性分析和认知语法对于同一现象所做的行动链分析结合，从而让两种方法互补来分析 Richard Matheson 的《我是传奇》中的及物性模式，这属于上述所说的"融合"模式；在该分析之后，作者又借用社会心理学的概念"心灵归属"来解释语言模式所激起的读者心灵归属的程度，这种对于社会心理学概念的应用属于上述的"参考"模式，即借用社会心理学理论和分析方法对文体分析的结果进行阐释，从而帮助解释吸血鬼人物的思维风格以及为什么真实读者会在评论中写下阅读时不舒服的移情经历和道德判断。

除了上述功能文体学与其他理论发生的理论融合之外，功能文体学还被应用于翻译、外语教学等领域。张德禄（2008）提出建立一个对比中英平行文本中衔接机制的理论框架。Shen（2012：93–105）在总结中国学者开展的西方文体学研究时发现，在分析诗歌中的及物性选择时，一些学者不仅关注诗歌原文，而且关注中 / 英原文和英 / 中译文之间及物性模式的不同，并通过对比来分析原文和译文对及物性做出的相同和不同选择（choice）。吴静（2006：91–95）在分析中国古诗《枫桥夜泊》的英译版本时，把功能文体学的及物性分析方法与认知语言学的"意象"概念结合，通过对该诗英译文中的及物性分析，来揭示句式背后译者组织经验的认知倾向和塑造的意象效果。徐德荣、王圣哲（2018：104–110）以功能文体学为理据，认为动物小说的文体风格是在以一定叙述视角展现自然背景下的动物生存斗争和动物与人矛盾关系的过程中，由功能显耀的语言集中表达的思想、情感和审美特质的统一体。译者应以语言凸显功能，功能凝聚思想、情感和审美特质为出发点，具体语篇具体分析，切实在译文中再现原文的文体风格。

☙ 功能文体学分析实例

Halliday（1971/1973）用功能文体学理论对 William Golding 的小说《继承者》（*The Inheritors*，1955）选段中及物性模式的分析是功能文体学的奠基之作。该论文首先对三个选段中的物质过程、心理过程、关系过程、言语过程、行为过程和存在过程进行准确地标注和量化统计，然后识别出突出的及物性过程及其构成成分，为下文联系语境阐述文体效果做好了铺垫。该分析展示出文体学研究的两个重要步骤：第一步是文体特征描述和分析；第二步是结合主题意义阐释。第一步描述只能确定哪些特征是突出的文体特征，分析者还需要联系语境解释这些突出语言特征的文体效应，以达到检验语言学理论模式的目的或进一步阐释文学作品主题意义的目的。在 Halliday 对 Golding 的《继承者》的文体分析中，他发现该小说前半部分的及物性模式表现为出乎意料的高频率出现的不及物结构模式和非人称参与者，而这种模式正好反映了小说的主题思想，即以人物 Lok 为代表的尼安德特（Neanderthal）原始人对事物的认识和理解程度：在他们的世界中似乎没有原因和效应（Halliday，1971/1973：121–123）。这样，这种及物性模式就是由主题驱动的，是前景化（foregrounding）的文体特征。这篇论文将文体研究扩展到概念功能这一领域，更有利于揭示人物生存活动的性质和观察世界的特殊方式。尽管描述不是文体分析的最终目的，但描述在文体分析中至关重要。没有语言特征的描述，就不能确定突出的语言特征，也无法讨论语言特征的文体效果及其对语篇意义建构的贡献。但是，对文体特征的描述需要结合对作品主题的讨论，只有受到主题驱动的文体特征才是前景化的，才是文体分析的合理对象。

☙ 讨论

中国的西方文体学界近十年来对功能文体学的研究主要集中于对其经典理论的应用，主要是及物性分析及其体现的功能，以及对评价理论在文体分析中应用的探讨。此外，很多学者把功能文体学的理论和其他文体学流派或者其他学科结合起来做文体研究，因而发展出了多模态功能文体学、功能文体学和叙事学、功能文体学和认知文体学等结合的理论和应用研究方法，研究对象从早期的文学文本扩大到非文学文本，从单一模态文本延伸到多模态文本。

与中国文体学界对功能文体学的关注度不同，西方文体学界近十年来对功能文体学的热情有所减退。在近十年发表于西方文体学重要杂志《语言与文学》(*Language and Literature*)的年度总结中，我们看到常见的板块是传统文体学概念研究、认知文体学、语料库文体学（corpus stylistics）、多模态文体学，而没有功能文体学。这说明功能文体学在近十年中在西方文体学界得到的关注不多，因而进展不大。而中国的西方文体学界对功能文体学的理论发展也比较少，主要是将其理论用于分析文本，因此就功能文体学的理论而言没有太大发展，如宋成方、刘世生（2015：284）所说，"就功能语言学与功能文体学分析之间的互动而言，功能文体学分析目前还基本上是对功能语言学的应用，并且研究者在发现功能语言学不能很好地解决面临的问题时，往往会转而寻求其他语言学流派的帮助"，"更多的功能文体学研究在奉行'拿来主义'时，拿来的东西还是功能语言学经典的部分，对最新的发展并没有及时跟进"。

参考文献

戴凡，吕黛蓉. 2013. 功能文体理论研究. 北京：外语教学与研究出版社.

封宗信. 2017. 系统功能语言学前沿与文体学研究：文体学前沿研究专题（笔谈）. 外语学刊，(2)：19–31.

李华东. 2010. 文体学研究：回顾、现状与展望——2008 文体学国际研讨会暨第六届全国文体学研讨会综述. 外国语（上海外国语大学学报），(1)：63–69.

刘承宇. 2008. 语法隐喻的功能——认知文体学研究. 厦门：厦门大学出版社.

彭宣维. 2015. 评价文体学. 北京：北京大学出版社.

彭宣维，程晓堂. 2013. 理论之于应用的非自足性：评价文体学建构中的理论问题与解决方案. 中国外语，(1): 27–35.

任绍曾. 2006. 概念隐喻及其语篇体现——对体现概念隐喻的语篇的多维分析. 外语与外语教学，(10): 17–21.

申丹. 2002. 功能文体学再思考. 外语教学与研究，(3): 188–193.

申丹. 2016. 及物性系统与深层象征意义——休斯《在路上》的文体分析. 外语教学与研究，(1): 4–10.

宋成方，刘世生. 2015. 功能文体学研究的新进展. 现代外语，(2): 278–286.

王菊丽. 2004. 叙事视角的文体功能. 外语与外语教学，(10): 106–111.

吴静. 2006.《枫桥夜泊》英译文的及物性和意象分析. 苏州大学学报（哲学社会科学版），(2): 91–95.

徐德荣，王圣哲. 2018. 功能文体学视域下动物小说翻译的文体风格再现. 中国海洋大学学报（社会科学版），(1): 104–110.

张德禄. 2007. 功能文体学研究方法探索. 四川外语学院学报，(6): 12–16.

张德禄. 2008. 汉英语篇连贯机制对比研究. 中国海洋大学学报（社会科学版），(4): 31–35.

张德禄，穆志刚. 2012. 多模态功能文体学理论框架探索. 外语教学，(3): 1–6.

Bartley, L. & Benitez-Castro, M-A. 2016. Evaluation and attitude towards homosexuality in the Irish context: A corpus-assisted discourse analysis of appraisal patterns in 2008 newspaper articles. *Irish Journal of Applied Social Studies, 16*(1): 1–20.

Birch, D. & O' Toole, M. (Eds.). 1988. *Functions of Style*. London: Pinter.

Butler, C. S. 2004. Corpus studies and functional linguistic theories. *Functions of Language, 11*(2): 147–186.

Dutta-Flanders, R. 2017. *The Language of Suspense in Crime Fiction*. London: Palgrave Macmillan.

Dutta-Flanders, R. 2018. Offender theme analyses in a crime narrative: An applied approach. *International Journal for the Semiotics of Law, 31*(4): 721–743.

Fowler, R. 1981. *Literature as Social Discourse: The Practice of Linguistic Criticism*. London: Batsford.

Fowler, R. 1989. Polyphony in *Hard Times*. In R. Carter & P. Simpson (Eds.), *Language, Discourse and Literature*. London: Routledge, 76–93.

Halliday, M. A. K. 1971/1973. Linguistic function and literary style: An inquiry into the language of William Golding's *The Inheritors*. In S. Chatman (Ed.), *Literary Style: A Symposium*. Oxford: Oxford University Press, 330–365.

Halliday, M. A. K. 1978. *Language as a Social Semiotic: The Social Interpretation of Language and Meaning*. London: Edward Arnold.

Hodge, R. & Kress, G. 1979/1993. *Language as Ideology*. London: Routledge.

Jia, X. Q. 2018. On the language of suspense in crime fiction. *Style*, (4): 508–512.

Martin, J. R. 1992. *English Text: System and Structure*. Amsterdam: John Benjamins.

Martin, J. R. & White, P. R. 2005. *The Language of Evaluation: Appraisal in English*. Basingstoke: Palgrave Macmillan.

Nuttall, L. 2018. *Mind Style and Cognitive Grammar: Language and Worldview in Speculative Fiction*. London: Bloomsbury.

Shen, D. 2012. Stylistics in China in the new century. *Language and Literature*, *21*(1): 93–105.

Tan, A. 1990. *The Joy Luck Club*. New York: Ivy Books.

Turci, M. 2007. The meaning of "dark" in Joseph Conrad's *Heart of Darkness*. In D. R. Miller & M. Turci (Eds.), *Language and Verbal Art Revisited: Linguistic Approaches to the Study of Literature*. Sheffield: Equinox Publishing, 97–114.

Zan, M., Na, L. & Jiao, X. 2014. Corpus functional stylistic analysis of modal verbs in major barbara and its Chinese versions. *Theory and Practice in Language Studies*, (4): 70–78.

古典修辞学 CLASSICAL RHETORIC

西方修辞学在两千多年前的意大利和希腊就已形成，最早产生于公元前 5 世纪古希腊的遗嘱检验法庭。“传统上把修辞学的缔造者归之于在今意大利南部西西里岛锡拉丘斯的柯腊克斯（Corax of Syracuse，公元前 476 年）。”（胡壮麟，1997：6）。从那时起到 20 世纪初只有修辞学，没有文体学（stylistics）。修辞学虽然是由 Corax 提出的，但在 Gorgias、Socrates 和 Plato 那里得到提高和发展。该时期重要的修辞学论著主要有：公元前 4 世纪古希腊哲学家 Aristotle 的《修辞学》（*On Rhetoric*，公元前 300 多年），该著作对古典修辞学（classical rhetoric）做出系统化的归纳；公元前 1 世纪古罗马政治家和演说家 Cicero 的《论演说家》（*On Oratory and Orators*，公元前 55 年）和公元 1 世纪古罗马教育家、演说家 Quintilian 的《演说术原理》（*Institutio Oratoria*，公元 96 年），使古典修辞学经典化和完善化。

☙ 定义

古典修辞学是 2011 年全国科学技术名词审定委员会公布的语言学名词，其定义为：（1）希腊古典修辞学，即演讲术；（2）现代英、美修辞学的三大流派之一。认为修辞学既是组合艺术，指导交际者根据交际的对象、场合和目的组合话语 / 语篇（discourse），也是分析艺术，交际者可以利用修辞知识分析和欣赏名著。

希腊古典修辞学探讨的修辞学是口头演讲的修辞学，不包括书面写作。Gorgias 把修辞看作言语魅力的艺术，把修辞说成“神幻的力量，通过其魔力，迷惑、劝诱和改变人的灵魂”（胡壮麟，1997：6）。修辞主要用于探讨口头的论辩术，讨论通过选择语言来劝说听话者接受演讲者的观点，进而达到改变思想和灵魂的作用。Corax、Gorgias、Socrates 和 Plato 的研究对象主要是演讲，包括政治、法律和艺术等领域。他们的修辞学研究对现代文体学（modern stylistics）关注的重点问题进行了解释，如形式（form）和内容（content）的关系、效果和政治观点与道德的关系、体裁（genre）和题材的问题等。Socrates 也认为，修辞学是有关演讲的知识，是关于如何利用修辞手法（rhetorical device）取得预期效果的知识。Aristotle 曾经把文体风格看作一种装饰点缀，但他开创了对修辞手法的研究。Aristotle 所说的修辞主要就是指修辞手法。

以美国学者 Drummond 和 Hunt 为代表的康奈尔学派（The Cornell School of Rhetoric）研究并发展了希腊古典修辞学，拓宽了原来的研究领域，发展出了作为英美现代修辞学的三个主要流派之一的古典修辞学。在康奈尔大学（Cornell University），一群年轻学者成立了一个系，并发展了后来被称为康奈尔修辞学学院（Cornell School of Rhetoric）的机构。这是一个地理位置分散、智力多样化的修辞学学者团体。康奈尔大学修辞学学院的机构基础是康奈尔大学演讲和戏剧系，这种发展了的古典修辞学被当时大学的论说文教学所采用，把结构、内容和修辞效果三者结合起来，重新评述、欣赏了一些著名演说和文学作品，引起文艺批评家的兴趣。直到 20 世纪 60 年代中期，康奈尔大学取消了该系的演讲部分，并关闭了修辞和公共演讲的研究生课程。

古典修辞学研究方法

古典修辞学家 Corax、Gorgias、Socrates 和 Plato 的研究对象都主

要是演讲。Socrates 认为，修辞学是有关演讲的知识，是如何利用修辞手段取得预期效果的知识，他把演讲叫作逻格斯（logos）。逻格斯包含以下四个方面：（1）一般的说话或谈论；（2）系统的有组织的说话，如演讲者的连续说话或讨论；（3）理性的叙述而不是故事或神话；（4）提供理由和解释。他们都没有提到文体（style）或者文体学，但是他们的研究和现在的文体学探讨了很多相同或相似的问题。

Plato 的学生 Aristotle 把修辞学研究与文体联系得更加紧密。Aristotle 的修辞学研究主要包括以下几个方面：（1）修辞的体裁类别的不同体裁与修辞的关系；（2）演讲的听众心理分析；（3）演讲修辞的步骤。

1. 修辞的体裁类别

修辞学在古代主要是演讲的艺术，演讲可以发生在不同的领域、不同的体裁中。而在不同的体裁和领域中，演讲的艺术是不同的。Aristotle 总结说，演讲主要发生在议政、法律和宣德三个领域。开始，修辞学主要发生在演讲体裁中。Aristotle（2020）在《修辞学》开篇就说修辞术是论辩术的对应物，给修辞下的定义是一种能在任何一个问题上找出可能的说服方式的功能。这一定义奠定了西方古典修辞学以演讲为研究对象，以“说服”为目标的理论基础。这一状况直到 20 世纪初才有了改变。后来在文学的各种类别中得到运用，产生了有关体裁的理论。在文学写作中，作者首先要选择适合表达自己思想的体裁，如小说（fiction）、诗歌、故事、寓言等。每种体裁都包含一种本质，并有高雅低俗之分。每种体裁也有其相应的表达手段，这些手段决定作家应采用哪些词语（word）、句式、修辞手法等。

2. 演讲的听众心理分析

演讲的对象是听众，而演讲的修辞效果也是在听众中产生的，所以，也只有在听众中才能发现。那么，演讲者在演讲前和演讲中要了解和理解听众的好恶、情感、立场（stance）等，因此，就需要对听众进行心理分析。Aristotle 分析比较了不同年龄的人、不同政治背景的人、具有不同财富的人，发现了大家在心理上的共性特征，和由社会地位、政治利益、历史背景决定的特殊心理特征。他认为，用这种方法可以有助于选择不同的修辞手段来诉诸不同的心理特征。这种分析方法把演讲者使用的修辞手段与文体效果联系起来。

3. 演讲修辞的步骤

在古希腊，可诉诸的心理特性有多个方面，但 Aristotle 把它们分为三个类别：理性诉诸，即从逻辑推理和真理方面使听众理性地认识所谈论的主题，来劝诱听众；情感诉诸，即从听众的好恶等方面来劝诱听众；人品诉诸，即以人品好、道德高尚的人为榜样来劝诱听众。这样，演讲的修辞不仅仅是选择合适的表达方式，即合适的语音（sound）、词汇（lexis）和语法（gramar）来提高修辞效果，而是把整个演讲过程纳入其演讲修辞中，包括五个主要阶段，分别为觅材取材、谋篇布局、文体风格、记忆和演讲技巧。

Aristotle 认为选择更加适合语境的语言也是演讲者要认真考虑的问题。Aristotle 曾经把文体风格看作一种装饰点缀，满足人们感官享受的一种低级的人类欲望而不屑一顾，但 Aristotle 本人则开创了对修辞手法的研究，也就是说，Aristotle 的文体风格主要指对修辞手法的研究。他认为寻找合适的修辞手法是一个探索过程，选择比喻、夸张、讽刺等手段可以使表达更加有效，更易于发现新的思想，开阔演讲者的眼界等。语言的文体风格也是文体学研究的重要对象，在这一点上似乎和修辞学有重合。确实，两者在研究范围上有一致的地方，但修辞学注重的是选择什么样的语言表达手段能产生相应的修辞效果，而文体学则主要关注语篇中运用了哪些语言手段，这些手段产生什么样的文体效应 / 文体效果（stylistic effect）。

Cicero 的《论演说家》和 Quintilian 的《演说术原理》将修辞学分成五个方面：构思、谋篇、表达、记忆和实际演说（姿态、语调和表情）。

☙ 古典修辞学适用范围

古典修辞学主要的研究对象是口语体，研究演讲者达到其劝说目的的手段，包括形式与内容的关系、演讲的谋篇布局和修辞策略等。

现代学者仍然应用古典修辞学的理论，主要用其分析劝说类口语和书面体裁，如 Marsh（2013）用古典修辞学家 Isocrates 的理论分析了公共关系文本，认为公共关系建设者可以通过借鉴伊索克拉底的修辞理论来增强其伦理性，因为该修辞本质上是道德的和对称的。Brown et al.（2018）用古典修辞学理论分析营销修辞；Ofori（2019）用 Aristotle 提出的“取信度”（ethos），即演讲者的道德品质，分析了公共关系。

一些学者分析了文学作品中应用的古典修辞学理论。肖剑（2021）分析 Augustinus 在其代表作《忏悔录》（*Confessions*，公元 347—400 年）中对重要修辞理论的具体运用，并揭示 Augustinus 对相关古典修辞学的承继与创新之处。

古典修辞学也被用于美术、音乐等领域的作品分析，为这些领域的艺术作品的赏析提供了跨学科视角。杨贤宗（2011）发现，20 世纪 50 年代，以西方近代第一部研究绘画的美术论著——Leon Battista Alberti 的《论绘画》（*De pictura*，1435）的英文译者 Spencer 为代表的美术史家，把对该论著的渊源研究从"诗画一律"的传统观念转向了可称作"绘画与修辞学一律"的新视角，突出了古典修辞学而非古典诗学对于美术理论的影响，为当下美术史的跨学科研究提供一些启迪。王旭青（2018）通过梳理文献发现，20 世纪下半叶以来，一些学者借鉴古典修辞学结构体系中的"三段论""修辞结构原则"等观察点来探究音乐作品的结构问题，由此深掘音乐作品中不同结构层次之间的内在逻辑、相互关联性及其深层表现意义，是对音乐分析传统边界的一种突破。

☙ 讨论

古典修辞学为现代文体学打下了基础，它涉及后者关注的一些重要问题，在研究范围上与现代文体学有重叠之处。到中世纪（Middle Ages，约 476—1453 年），有一些热衷于对古典修辞学进行翻译和阐释的修辞学家，尽管没有对修辞学作出新的贡献，但是他们对语言表现手法的重视使文体研究的重要性得到彰显。古典修辞学主要研究口语体，特别是口语体中演讲的论辩术，关注的是选择什么样的语言表达手段能对听众产生预定的演讲效果，而文体学主要研究书面语篇，关注的是语篇表现出哪些语言特征，这些语言特征产生了什么样的文体效果。

参考文献

胡壮麟. 1997. Gorgias 修辞学与 Plato 真修辞学——西方文体学萌芽时期的一场论战. 外语与外语教学，(4)：6–10.

王旭青. 2018. 基于古典修辞学结构体系的音乐修辞批评研究. 中央音乐学院学报，(1)：24–34.

肖剑. 2021. 奥古斯丁《忏悔录》与古典修辞学. 国外文学，(4)：62–71.

亚里士多德. 1991. 修辞学. 罗念生译. 北京：生活·读书·新知三联书店.

杨贤宗. 2011. 古典修辞学对阿尔贝蒂《论绘画》的影响. 文艺研究,(11): 104–111.

张德禄，贾晓庆，雷茜. 2021. 文体学新发展研究. 北京：清华大学出版社.

Aristotle. 2020. *Art of Rhetoric*. J. H. Freese, trans. Harvard: Harvard University Press.

Brown, S., Hackley, C., Hunt, S. D. & Marsh, C. 2018. Marketing (as) rhetoric: Paradigms, provocations, and perspectives. *Journal of Marketing Management, 34*(15–26): 1336–1378.

Marsh, C. 2013. *Classical Rhetoric and Modern Public Relations: An Isocratean Model*. New York: Routledge.

Ofori, D. M. 2019. Grounding twenty-first-century public relations praxis in Aristotelian ethos. *Journal of Public Relations Research, 31*(4): 1–20.

计算文体学 COMPUTATIONAL STYLISTICS

随着计算机展示出对大样本数据进行词汇（lexis）和语法分析或词典编纂的价值，信息技术在语音（sound）自动合成和机器翻译等领域得到广泛应用；在叙事研究领域，计算机可以生成故事模板，对其进行分析或者生成叙事智能，即我们理解叙事的过程，计算机也被应用于文体分析。计算文体学（computational stylistics）自 20 世纪 60 年代末以来得到较大发展，应用统计学和计算机辅助的方法，对文体（style）的多个问题进行实证性研究。在中国，21 世纪初开始有学者研究计算文体学，例如，孙爱珍（2008）尝试构建计算文体学工作模式，并应用该理论构建情感计算模式，以此研究（Mansfield）的短篇小说中的情感词汇，及其构成的语义韵（semantic prosody）和引发读者的情感反应（emotional/affective response）。孙爱珍、叶向平（2010）提出计算文体学是以现代语言学理论为指导，以语料库语言学、计算语言学（computational linguistics）和统计学为工具，以致力于实现文本形式和意义的自动计算为最主要的特征。该文对计算文体学的模式进行探讨，提出计算文体学应该包括语料库文体学（corpus stylistics），首先探讨了计算文体学的作用，包括作家身份鉴定、文体特征的鉴别、语义计算等，然后探讨了计算文体学的构建问题，包括计算文体学的定义和基本模式建构。

☙ 定义

学界对计算文体学有不同的定义。很多学者（如 Stewart，2006）长期以来认为，计算文体学是使用定量特别是算法手段，对文学或非文学文本的特征进行研究的方法。因此，它是计算语言学和文体学（stylistics）的分支领域。孙爱珍、叶向平（2010）提出，计算文体学一直以来都被认为是计算语言学的分支，没有自己的学科地位。但是，随着技术的发展，计算文体学的研究对象和目的逐渐超越了计算语言学的范围，形成自己的工作模式。那么，计算文体学是把计算语言学用于文体学分析形成的文体学分支，应该从计算语言学中独立出来，进行自己的学科建设。McArthur et al.（2018）在评价当代文体学发展时提到，因为文本和文体研究越来越多地使用计算的方法和语料库语言学，因此产生了计算文体学，该文体学分支主要在文本中挖掘有特色的语言模式，曾被用于确认文本的作者身份。历史和现实生活中有一些作品的作者是有争议的，计算文体学可以通过统计的方法分析作品的文体风格，从而确定哪些作品的文体风格是一致的，是出自同一位作者之手的。计算文体学较多地被用于文学作品，可以用来统计一部作品，往往是篇幅较长的小说，列出其中各种词汇的频率高低，从而用基于实证数据的客观分析来取代主观印象。

ଓ 计算文体学研究方法

计算文体学领域中一种常见研究叫作计量文体学（stylostatisitcs/stylometry），即通过分析文本在词汇搭配、词长和句长等方面的语言特征来确定作者的身份。Holmes（1985）对不同“分析单位”做了重要的研究，其中包括单词长度、音节、句子长度、词性分布、功能词、类型—标记比和词频。Milic（1967）的研究最关心的是建构起作家 Jonathan Swift 的散文文体以及其他作者的文本特有的语言特点，其方法是以客观的方式分析被选定的语法范畴。他进行了一系列的分析，测试词形的分布是否会在统计学意义上区分一个作者与另一个作者的文本，由此，使确定个人的文体特征成为可能。

Stewart（2006）总结说，计算文体学工作者主要有两个研究重点：一是确定某一作者作品的独特之处，由此区分该作者与其他作家；另一个是确定一位作者的作品内部或之间的差别。因此，计算文体学主要关注的是统计差异。确定一个作家独特的特点，就是找出什么特点使该作家与其他作家不同。将一篇作者不详的作品归为某一作者的作品，需要统计该文本与可能作者作品的相对差异和相似性。评价小说中人物（character）的文体特征取决于统计这些人物文体的差异。计算文体学的主要问题是需要统计哪些差异以及如何最好地统计它们。计算差异会带来许多复杂的问题，但是正态分布、标准差和标准分数是测量比较数据的方法，经常被计算文体学家使用。

计算文体学主要用两种方法来确定要统计哪些文本特征。一种是从看起来重要的特征开始，这些特征可能是传统文体学家或文学评论家所注意到的，也可能是分析者自己细读出来的重要特征；另一种则经常受到统计学家和科学家的青睐，即统计对照文本中的许多特征（可能是任意选择的），并使用统计学来发现那些产生显著数据差异的特征。近年来，第二种方法在计算文体学中明显占主导地位。

☙ 计算文体学分析实例

计算文体学中更广泛使用的分析方法是词频统计，Burrows（1987）在尝试确定 Jane Austin 的小说中各种人物的习惯用语时非常有效地使用了这种测量方法。计算文体学研究者通常关注文学文本中最常见或最频繁的词汇，通常是人称代词、连词、助动词、介词、副词和冠词。这些语法类的单词可能占了文本中总词汇量的一半，但它们往往被忽略，而实词，即具有语义内容的词，往往受重视。然而，该论文的论点是，这些语法词汇的分布揭示出文本间语言和文体的显著差异。使用主成分分析来衡量这些常用词的分布，这个过程经常被称为伯罗斯技术，现在已经成为作者归因和文学批评分析中的标准。

还有另一个单独或与其他方法结合使用的衡量标准是搭配（collocation），通常被定义为频繁地同时出现的单词。就像作家使用单词的频率不同一样，他们也可能在使用一系列单词上呈现出更高或更低的频率。Hoover（2002）在同一篇文章中简要提到了在文体研究中使用词序列的学者，认为在作者归因研究中，将词频和词序列频率结合起来会产生更可靠的结果。在一个有 87 万个单词的语料库（17 位作家的 29 部小说）中，他发现最常见的两个单词序列是 of the、in the、to the、it was、he was、and the 和 on the。尽管由于这些短语的普遍性，它们似乎毫无意义，但是不同的作家使用它们的频率明显不同的事实，使它们可以被用于研究特定作家的独特文体特征。搭配也被用于更直接地考虑内容的研究中。例如，Miall（1992）分析了英国浪漫主义诗人 Coleridge 的笔记，展示了在不同的时间里，什么词（身体、心、爱）与情感相关的词搭配在一起。

Jackson（2002）分析了 Shakespeare 的抑扬格五音步诗行中的停顿。他使用多变量分析产生相关系数，演示了 Shakespeare 的戏剧以及这些戏剧的年代在停顿频率之间的相关性。这样的结果可以作为确定戏剧年代的补充，也是 Shakespeare 韵律发展的证据。

☙ 讨论

计算文体学统计文体特征的理念主要由近年来兴起的语料库文体学延续。虽然计算文体学和语料库文体学这两个文体学分支都用统计的方法，研究对象都包括文学和非文学文本，但是二者在分析目的和分析方法上有明显的区别。计算文体学应用统计学的正态分布、标准差和标准分数等方法量度一位作家的作品内部或之间，以及不同作家的作品之间的语言差别，由此确定一位作家有别于他人的独特文体特征或判定作品的作者。语料库文体学主要应用语料库工具的统计功能，得出文本中词频高的词汇或词丛 / 词簇（cluster），主要分析目的是从频率高的词汇或词簇分析作品的主题意义。

参考文献

陈建生，张珊. 2018. 基于语料库文体学的《尤利西斯》意识流研究. 外国语言文学，（3）：304–317.

胡春雨. 2015.《语料库文体学与狄更斯小说》述评. 现代外语，(3): 433–436.

孙爱珍. 2008. 谈计算文体学工作模式探究：曼斯菲尔德作品中的情感词汇分布和情感流动. 开封：河南大学博士学位论文.

孙爱珍，叶向平. 2010. 计算文体学模式构建. 外语电化教学，(6): 32–38.

张德禄，贾晓庆，雷茜. 2021. 文体学新发展研究. 北京：清华大学出版社.

Burrows, J. F. 1987. *Computation into Criticism: A Study of Jane Austen's Novels and an Experiment in Method*. Oxford: Clarendon Press.

Holmes, D. I. 1985. The analysis of literary style: A review. *Journal of the Royal Statistical Society*, (148): 328–341.

Hoover, D. L. 2002. Frequent word sequences and statistical stylistics. *Literary & Linguistic Computing*, (17): 157–180.

Jackson, M. P. 2002. Pause patterns in Shakespeare's verse: Canon and chronology. *Literary & Linguistic Computing*, (17): 37–46.

McArthur, T., Lam-McArthur, J. & Fontaine, L. 2018. *The Oxford Companion to the English Language*. Oxford: Oxford University Press.

Miall, D. S. 1992. Estimating changes in collocations of key words across a large text: A case study of Coleridge's notebooks. *Computers and the Humanities*, (26): 1–12.

Milic, L. T. 1967. *A Quantitative Approach to the Style of Jonathan Swift*. The Hague: Mouton de Gruyter.

Stewart, L. L. 2006. Computational Stylistics. In K. Brown (Ed.), *Encyclopedia of Language & Linguistics*. Leiden: Elsevier, 769–775.

教学文体学 PEDAGOGICAL STYLISTICS

教学文体学（pedagogical stylistics）是现代文体学（modern stylistics）的一个分支。

20世纪70年代末，当感受文体学家与形式文体学家和功能文体学家陷入理论争论之时，有一部分文体学家已经将注意力转移到文体学（stylistics）教学应用价值的讨论上了（Widdowson，1975，1992；Carter，1996a）。他们认为“文体分析也许不够客观和科学，但它们是严谨的、系统的、可应用的，具有主体间效度和教学意义”（Weber，1996：3）。Carter & Stockwell（2008：294）认为教学文体学是使文体学免受攻击的一种非常实用的方法，而且其对文学教学的价值有目共睹，教学文体学就是在这样的背景下产生的。

☙ 定义

教学文体学是研究文体分析在教学中的应用价值的科学，其研究的目的是证明作为一种阅读方式的文体分析对文学教学和语言教学都很有帮助。最初，教学文体学的研究对象是文学教学，后来逐渐尝试使用文体分析的方法指导课堂教学（Carter & Stockwell，2008），并开始探索文体分析在一语和二语教学中的应用。

教学文体学在建立之初，文体学家主要是围绕文体方法指导文学教学的可行性和具体方法展开讨论。Widdowson在《文体学和文学教学》（*Stylistics and the Teaching of Literature*，1975）一书中对文体学在文学教学的作用高度肯定。Carter（1996b）指出不同文体分析的技巧可以帮助学生更好地阅读文学作品。Watson & Zynger（2007）探讨了如何使用对文学文本进行文体学分析的方法促进读者的身份建构和阅读感受。Carter（2010）认为文体学本身是一种教学方法，在详细介绍了读者反应理论（reader-response theory）和语料库文体学（corpus stylistics）

如何辅助教学的基础上，他提出了认知和社会视角结合的文学教学方法。

随着英语作为全球通用语种地位的确立，越来越多的人认识到文体分析在英语作为母语和外语教学（Teaching English as a Foreign Language，TEFL）中的重要作用。作为一种教学手段，文体分析可以有效解释一种特定的语言使用方式如何在母语和外语语境中运作，文本又如何被不同的读者解读。因此，外语教学的社会语境为文体教学带来了新的挑战，也带来了新的机遇（Carter，2007）。20 世纪 80 年代以后，在英国教育委员会的支持下，越来越多的英国文体学家转向研究文体分析与语言教学的关系，取得了丰硕的成果，提出了一些具有实用性和可操纵性的文体教学方法。例如，排序、填空、篇内比较、改写、创造性写作等都是文学预备（pre-literary）阶段的语言训练活动。吴显友（2003）从文体学视角对口语教学应该注意的情景语境（context of situation）和教学原则等进行了论述，认为需要“在恰当的地方用恰当的方式对合适的人讲恰当的话”。Burke et al.（2016）的论文集《学习环境中文体学研究的科学方法》（*Scientific Approaches to Literature in Learning Environments*）探索了文体学在非母语的英语教学和第二语言课堂中的应用，以及在中小学和大学其他课程中的应用。此后，部分学者将研究进一步拓展，将英语文体分析的研究成果应用到了非英语的语言教学中（Paran，2006；Carrioli，2008；Teranishi et al.，2012）。

☙ 教学文体学研究方法

由于教学文体学是理论应用型研究，其研究方法是可行性探讨和具体应用方法的研究。Widdowson（1975：116）主要探讨了文体分析方法在文学教学中的可行性，他指出对文学作品语言的关注“提供了一个研究文学作品的方法，也展示了这种方法与文学教学的相关性”，文体分析的价值在于“它为读者提供了一种将文学作品与自身经历相联系的解读方式，而且这种解读方式还能进一步丰富自身的经历”。Carter（1996b）详细介绍了在文学教学中可以使用的文体分析技巧，包括内容预测、完形填空法、概要撰写、课堂讨论和文本重写。文本转换法是教学文体学的首选方法，其基础是“文体（style）是选择”这一理论论断和前景化（foregrounding）理论。例如，让学生在一节诗中插入一个缺失的单词，然后对学生的选择（choice）进行评估的完形填空法就是文本转化法。其次，从不同角度对文本进行比较和重写在第二语言环境和文体学中也很普遍。文本转换法和文本重写法让读者参与了一个积极的阅读过程，学习者被引导成为语言、语篇（discourse）和文化转换的探索者，既帮助读者培养了文体敏感度，又有助于文学语篇的深度理解。在母语和外语教学研究中，研究的重点仍然是实用性和可操纵性的文体教学方法的探讨。随着多媒体技术的发展，也有学者（如雷茜、张春蕾，2022）开始采用质化和量化相结合的实证研究方法探讨多模态文体分析对外语课堂教学的指导作用，不仅拓展了教学文体学的研究范围，也更新了教学文体学的研究方法。

☙ 教学文体学分析实例

新媒体语境改变了课堂教学的具体方式，也为教学文体学带来了生机和活力。下面介绍一个采用多模态文体学（multimodal stylistics）理论指导外语课堂教学的具体案例。雷茜、张春蕾（2022）以多模态文体学理论为基础，提出了英语课堂教学多模态文体分析路径。该分析路径认为课堂教学话语是典型的动态多模态话语，教师需要在不同的环节和阶段，选择不同的模态共同意义，实现不同的教学目的。因此，分析优秀课堂教学中教师在不同教学阶段对模态和模态间关系的选择能够为教学中的模态调用提供好的建议。在多模态课堂教学文体分析路径的指导下，她们分析了第十届“外教社杯”全国高校外语教学大赛视听说组特等奖教学视频的模态和模态间关系前景化特征及其效应，发现其主要特征表现为语言是主模态，音频和图像模态重复或突出强化语言内容，肢体模态增进学习体验，且模态适配度高。因此，提出根据教学语境和教学目的选择模态，强化语言模态主体地位，合理利用音频、图像和肢体模态，适配多模态，并培养自身模态文体意识。在该研究中，各种模态及其模态间关系突出特征的分析采用了基于教学视频语料的量化方法，而英语课堂教学特征探讨、多模态课堂话语分析路径建构和前景化模态特征及其教学效果的分析使用质性研究方法。同时，由于本研究以课堂教学案例作为分析对象，在方法上也有实证化的倾向。

☙ 讨论

与西方的教学文体学相比，我国学者的研究有自身特色，教学文体学在20世纪70年代被引入我国，此时，正是我国开始普及外语教学的时期，再加上我国的文体学研究者多数都是外语教师，因此，我国的文体学研究从一开始就与外语教学密不可分。1983年王佐良先生在《英语文体学引论》一书的审稿会上就明确指出，英语专业开设文体学和语体学课程非常必要，这两门课既能提高学生理解和欣赏文学的能力，又能帮助学生根据语言使用的不同语境，灵活地使用不同语体，以达到准确、得体使用英语进行跨文化交流的目的。在1985年《高等学校英语专业〈英语文体学〉教学大纲》制定后，我国就迎来了文体学教学与研究的热潮。许多学者对文体学在教学中的作用展开了探讨，如高芳（2002）、吴显友（2003）、徐有志（2005）。2008 年上海外语教育出版社出版了申丹教授编辑的《西方文体学的新发展》，收文 19 篇，向国内同行从包括“教学文体学”在内的七个流派入手介绍和导读了国外文体学的最新研究成果。此外，在历届召开的文体学研讨会上，教学文体学的论文都占有不少比例，真正达到了让文体研究为外语教学服务的目的。此后，不少英语教师在不同程度上将文体分析应用于各类型的课堂教学，包括英语专业教学、大学英语教学、高职英语教学、高中英语教学等，涵盖精读、写作、阅读、听力等多个课程（胡明珠，2012；刘世生、张之俊，2012；万本华，2011）。我国外语界的文体学研究工作者大都是英语专业的老师，把文体学理论研究与外语教学相结合也成为我国文体学研究的一大特点，表现出理论与教学相结合的明显特征。

教学文体学在文体学中的地位特殊，其价值主要体现在对文学教学和外语教学的作用上。首先，教学文体学与形式文体学（formal stylistics）、功能文体学（functional stylistics）和认知文体学（cognitive stylistics）等分支不同，它不是要采用某一个语言学理论研究文学语篇的意义建构，也不需要利用文学语篇作为语料检验语言学理论或模式，而是关注文体分析在文学教学和二语教学中的应用价值，因此，在文学教学和语言教学中都有广阔的应用前景。但是，目前教学文体学的研究重点一直是文体方法在文学教学和外语教学中的应用。而且，从英语作为外语和二语教学的角度出发，教学文体学过多地关注文本，对诸如课堂动态性等教育问题和方法论问题关注仍然不够（Paran，2008）。虽然有很多学者将文体分析应用到不同类型的课堂教学，例如，关于任务设计、课堂教学趣味性、教学方法等。但是，多数研究仍然是基于原理论的简单概括，缺乏具体的实证研究。其次，随着新媒体技术不断发展和学习环境的变化，教学文体学的挑战和潜力也越来越大（Short et al.，2006），迫切需要探讨新媒体语境下应用文体学理论指导教学的研究。然而，采用文体学理论开展新媒体语境下课堂教学的研究并不多。在今后的研究中，教学文体学既要深化文学教学和语言教学课堂文体方法的操作技巧研究，又要关注文体学新兴分支的研究理论在教学中的应用。例如，认知文体学和多模态文体学的发展必将对文学教学和语言教学产生深远影响，是未来教学文体学的主要研究方向之一。Short et al.（2006）讨论了在网络语境下为学生介绍文体学的挑战。Carter（2007）认为认知诗学的智力探索、语料库的强大力量、叙事分析研究的深度和丰富性，还有关于语言文学性的新视角都将对基于网络的教学提供帮助。同时，超文本的教学价值，越来越精练的修辞分析工具，更充实的实证研究范式，越来越成功的定量和定性结合的方法都为教学文体学在新时代的发展奠定了基础（Carter，2007）。总而言之，教学文体学是具有极大潜力的文体学分支，尤其是在我国英语作为外语的教学语境下，文体学方法是提高学生的文学鉴赏力和语言技能的有效方法。伴随着文体学在新世纪的新发展，教学文体学有望依靠文体学理论的融合、文体学研究方法的突破和新媒体技术的应用，在文学教学、外语教学、教师话语分析等领域取得进一步发展。

参考文献

高芳. 2002. 文体意识与写作教学. 外语与外语教学，（5）：34–37.

胡明珠. 2012. 运用文体分析方法提高学生语篇能力——以外研社版高中教材为例. 教学与管理，（36）：128–129.

雷茜，张春蕾. 2022. 英语课堂教学的模态调用研究——多模态教学文体学视角. 外语与外语教学，（3）：73–83，121，148–149.

刘世生，张之俊. 2012. 2011 年我国外语界文体学研究述评. 当代外语研究，（3）：98–103.

申丹 . 2008. 西方文体学的新发展 . 上海：上海外语教育出版社 .

万本华. 2011. 重在分析与鉴赏——文体学观照下的《高级英语》教学. 外国语文，（6）：148–151.

王佐良，丁往道. 1987. 英语文体学引论. 北京：外语教学与研究出版社.

吴显友. 2003. 试论普通文体学的理论框架及其应用研究. 外语教学，（5）：8–12.

徐有志. 2005. 英语文体学教程. 北京：高等教育出版社.

Burke, M., Fialho, O. & Zyngier, S. (Eds.). 2016. *Scientific Approaches to Literature in Learning Environments*. New York: John Benjamins.

Carrioli, P. 2008. *Literature in Second Language Education*. London: Continuum.

Carter, R. 1996a. Look both ways before crossing: Developments in the language and literature classroom. In R. Carter & J. McRae (Eds.), *Language, Literature and the Learner: Creative Classroom Practice*. Harlow: Pearson Education, 1–15.

Carter, R. 1996b. "Study strategies in the teaching of literature to foreign students." In J. J. Weber (Ed.), *A Stylistic Reader: From Roman Jakobson to the Present*. Amsterdam-Atlanta: Rodopi. 149–157.

Carter, R. 2007. Foreword. In G. Watson & S. Zyngier (Eds.), *Literature and Stylistics for Language Learners*. London: Palgrave, 1–3.

Carter, R. 2010. Methodologies for stylistic analysis: Practices and pedagogies. In D. McIntyre & B. Busse (Eds.), *Language and Style: In Honour of Mick Short*. Basingstoke: Palgrave Macmillan, 55–68.

Carter, R. & Stockwell, P. 2008. Stylistics: Retrospect and prospect. In R. Carter & P. Stockwell (Eds.), *The Language and Literature Reader*. New York: Routledge.

Paran, A. (Ed.). 2006. *Literature in Language Teaching and Learning*(*Case Studies in TESOL Practice Series*). Alexandria: Teachers of English to Speakers of Other Languages.

Paran, A. 2008. The role of literature in instructed foreign language learning and teaching: An evidence-based survey. *Language Teaching, 41*(4): 495–496.

Short, M., Busse, B. & Plummer, P. 2006. Preface: The web-based language and style course: E-learning and stylistics. *Language and Literature, 15*(3): 219–235.

Teranishi, M., Saito, A., Sakamoto, K. & Nasu, M. 2012. The role of stylistics in Japan: A pedagogical perspective. *Language and Literature, 21* (2): 226–244.

Watson, G. & Zyngier, S. (Eds.). 2007. *Literature and Stylistics for Language Learners: Theory and Practice*. London: Palgrave.

Weber, J. J. 1996. *A Stylistic Reader: From Roman Jakobson to the Present*. Amsterdam-Atlanta: Rodopi.

Widdowson, H. G. 1975. *Stylistics and the Teaching of Literature*. London: Longman.

Widdowson, H. G. 1992. *Practical Stylistics*. Oxford: Oxford University Press.

历史文体学 HISTORICAL STYLISTICS

20 世纪初及之前，在语言研究中占主导地位的是历时语言学。受 Saussure 语言学思想的影响，共时语言学（synchronic linguistics）研究代替历时语言学（diachronic linguistics）研究，成为现代语言学的主体。进入 21 世纪后，Busse（2010）提出“新历史文体学”的概念，认为现在是评估和描述这一新领域所涉及的方法论、理论和挑战的时候了。

☙ 定义

历史文体学（historical stylistics）是应用文体学方法和工具对历史（主要是文学）文本、特定语境或者某个体裁（genre）中语言的历时变化进行研究的文体学分支，它也指对某一特定历史（文学）文本从文体学（stylistics）角度进行的共时考察（Adamson，1995，2001；Busse，2006，2007）。因为很多历史时期的自然口语语料没有保存下来，文学文本是历史语言研究不可或缺的数据来源，正如 Sinclair（2004：51）所言，“任何声称能够描述语言的系统化工具，都无法忽视文学的存在”。鉴于历史文体学以文学文本为语料描述语言在不同历史时期的使用特征及变化，历史文体学可以被视为语言描述和文学解释之间的一门“交叉学科”。从某种意义上讲，历史文体学是一种对语言的历时研究，与历时语言学关系密切。由于“新历史文体学”以历史文本为语料研究语言在不同历史时期的使用，其主要贡献应该是现代历时语言学。因此，历史文体学家和历时语言学家有共同的挑战，那就是确保他们做出的历史语言现象分析和解释的有效性（Fitzmaurice & Taavitsainen，2007；Taavitsainen & Fitzmaurice，2007）。不同的是，作为现代历史文体学家，他们还需要回答：哪些因素影响历史文本的文体建构以及我们通过什么方式重建过去并建立特定体裁、语言现象等的风格？

☙ 历史文体学研究方法

与文体学的其他流派相同，历史文体学采用定性和定量相结合的研究方法。历史文体研究在开始阶段主要依赖于分析者的直觉、细致的阅读和文献学工作。研究的对象包括研究特定时期或某流派特定作者的风格，重点是修辞或经典语言特征的特定方面，如句法或音韵。然而，历史文本分析也不是仅仅依靠个人和纯粹主观的阅读。实际上，基于直觉的定性研究与语料库语言方法的结合在新历史文体研究中至关重要（McIntyre，2007；Semino & Short，2004）。受数字化影响，更多的历史文本可以通过电子方式获得。并且，我们可以用来搜索、浏览或链接文本的程序已经大大简化，出现了处理文本的新方法。语料库的可获取性和计算文本处理方法的发展使学术界对早期英语语言学的兴趣迅速复活并持续升温。Busse（2010）认为定量和定性研究间的创造性互动是对历史数据进行解释的关键。基于语料库的调查旨在识别特定的语言模式，但我们需要将它们置于上下文中，也需要分析者来理解和解释所涉及的话语（discourse）（Toolan，2009：16）。对大量数据的调查也为我们提供了一个新的规范和参照。有了这一参照，历史文体学家就可以对接下来的历史文体分析进行衡量。也就是说，目前基于语料库方法的历史文体研究的重点不是文体特征对读者的影响以及与文体（style）相关的背景研究，而是把文体视为描述语言现象的参数，描述不同的体裁或文本类型中语言的使用规范或者体裁惯例。例如，Taavitsainen（2001，2009）使用 Biber（1988）的多维语料库语言学理论对当代英语书面语和口语进行历史体裁分析。Biber & Finegan（1989，1992）的研究表明，散文、小说等书面语的风格在 18 世纪变得更加“有文化”，在 19 世纪和 20 世纪再次变得更加“口头化”。Biber（2004）对 1600 年至 1900 年文学体裁的多维分析揭示了立场（stance）的语法标记模式。Fitzmaurice（2000）考察了情态助词作为表达 17 世纪散文中主观性的一种手段的历史语用功能。尽管基于语料库的历史文体研究能揭示一些被忽视的语言变化，历史语料库的价值还远远没有开发出来。随着计算机技术的发展，语料库方法会更加精湛，更大型的历史语料库也会建立，这些必将更好地促进历史文体学的发展。

☙ 历史文体学分析实例

对 19 世纪叙事小说语料库中的言语、写作和思想表达的研究，就是从现代英语的成果入手（Busse，2010），其研究基本思路是采用历史的视角观察言语、写作和思想表征在 19 世纪文本中的使用，并通过与现代用法的比较进一步解释其在这一时期用法的特殊性。此外，Fitzmaurice（2010）采用历史语用学的视角研究文学话语，通过对语用规则的历史描述强调了文学话语的体裁多样性以及文学文本的内部变化。她认为“历史文学话语分析”要么基于传统的历史实用框架，要么借鉴哈贝马斯和塞尔的哲学实用文学理论或布迪厄和巴赫金的社会学理论。尽管这些是历史文学话语分析的内容，但如果采用（新的）历史文体方法，也可以观察到一些交叉点，例如，关注作者与读者以及当代观众之间的互动，关注早期文学文本的交际功能等。从以上的实例看出，历史文学语用研究对礼貌、话语分析，尤其是对言语行为（speech act）（Miller，2001）的研究都可以为历史文体学研究带来启发。

ꕥ 讨论

对古英语文本进行新的历史文体分析的前提是对文本产生的时期、背景和语言有全面的了解的同时，了解文本的体裁规范、现存版本情况、文本的复制和拼写的变化，甚至还要考虑编者的介入情况（Taavitsainen & Fitzmaurice，2007）。目前，对历史文本中语言现象的研究往往以现代语言使用为参照。对特定语言现象进行历史文体分析的一个有效方法就是调查当代英语中的某些语言现象（或相关特征）在历史文本中的用法。理解特定时期语言的使用需要大量的背景知识，如体裁知识、百科知识、概念图式和价值信仰等。对现代读者来说，很有可能导致Toolan（2009：7）所谓的“读者着色”，即读者对历史文本的解读使用了现代的语境和背景知识。然而，这是现代读者重建历史文体不可避免的。

此外，确定历史文本中的前景化（foregrounding）语言特征也是历史文体学研究的重点。历史文本中语言现象的分析与其语境间的作用是非常复杂的。把历史文本的文体分析放置在其语境中，能够确定哪些语言特征是变化的，哪些是保持不变的，或者换句话说，它允许分析者建立传统与创新之间的关系（Taavitsainen & Fitzmaurice，2007）。从历史的角度描述和衡量前景化，需要大型的历史语料库作为参照，在具体的历史文体分析中，既要考虑精细的分析，也需要考虑语言使用的历史语境，并考虑语言使用规则的变化。历史文本中的语言在形式（form）和功能方面都不是稳定不变的，而是有可能在历史框架内不断调整的。一个作家有动因的某种选择（choice），在另外一个时期，可能变成一种语言使用的规范。在历史文体研究中，语言规范、话语规范以及文本内部规范在评估文体变化和稳定性时都会发挥作用，这也是历史文体分析应该注意的。

最后，历史语用学（Jacobs & Jucker，1995）和历史社会语言学方法在研究不同历史时期的英语用法及其变化中也发挥了重要作用。实际上，采用历史语用学和历史社会语言学的方法和术语有助于历史文体学中语言形式和意义间关系的研究（Nørgaard et al.，2010）。尽管书面数据是历史文体研究最为认可的数据来源，我们发现“口语”数据的时间跨度也已经不再局限于当今的英语，例如，目前的历史文体学研究中也有了大量关于英语言语行为历史发展的研究（Jucker & Taavitsainen，2000，2008；Kohnen，2000）。此外，历史戏剧代表了分析语用惯例以及偏离（deviation）的最佳语境（Fitzmaurice，2010：692）。目前，已经有大量的关于 Chaucer 和 Shakespeare 的文学文本（Busse，2010；Pakkala-Weckstrom，2010）的历史语用研究。再者，探索诸如指示（deixis）或话语标记等词汇语法类别的语用功能也能提供历史文体分析的新维度（Fitzmaurice，2010：692）。文学文本中的代词形式（Busse，2006；Calvo，2003；Magnusson，2007）也可以成为历史文体学关注的语言特征。

综上所述，历史文体学以文学文本为语料，从文体学的视角观察语言在不同历史时期的使用情况及其变化。它与传统意义上的历史语言学不同，不仅是因为它借用了文体学的视角，更重要的是它采用了语料库方法，是在现代科学技术发展辅助下的新历时语言研究，有广阔的发展前景。

参考文献

Adamson, S. 1995. From empathetic deixis to empathetic narrative: Stylisation and (de-)subjectivisation as processes of language change. In S. Wright & D. Stein (Eds.), *Subjectivity and Subjectivisation*. Cambridge: Cambridge University Press, 195–224.

Adamson, S. 2001. The rise and fall of empathetic narrative. In W. van Peer & S. Chatman (Eds.), *New Perspectives on Narrative Perspective*. New York: State University of New York Press, 83–99.

Biber, D. 1988. *Variation Across Speech and Writing*. Cambridge: Cambridge University Press.

Biber, D. 2004. Historical patterns for the grammatical marking of stance: A cross-register comparison. *Journal of Historical Pragmatics*, *5*(1): 107–136.

Biber, D. & Finegan, E. 1989. Drift and the evolution of English style: A history of three genres. *Language*, (65): 487–515.

Biber, D. & Finegan, E. 1992. The evolution of five written and speech-based English genres from the 17th to the 20th centuries. In M. Rissanen, O. Ihalainen, T. Nevalainen & I. Taavitsainen (Eds.), *History of Englishes: New Methods and Interpretations in Historical Linguistics*. Berlin & New York: Mouton de Gruyter, 688–704.

Busse, B. 2006. Linguistic aspects of sensuality: A corpus-based approach to will-construing contexts in Shakespeare's works. In C. Houswitschka, G. Knappe & A. Müller (Eds.), *Anglistentag 2005 Bamberg Proceedings*. Trier: Wissenschaftlicher Verlag Trier, 123–142.

Busse, B. 2007. The stylistics of drama: An early Modern English example. In P. Stockwell & M. Lambrou (Eds.), *Contemporary Stylistics*. London: Continuum, 232–243.

Busse, B. 2010. Recent trends in new historical stylistics. In D. McIntyre & B. Busse (Eds.), *Language and Style*. London: Palgrave.

Calvo, C. 2003. Pronouns of address in *As You Like It*. *Language and Literature, 1*(1): 5–27.

Fitzmaurice, S. 2000. Tentativeness and insistence in the expression of politeness in Margaret Cavendish's *Sociable Letters*. *Language and Literature, 9*(1), 7–24.

Fitzmaurice, S. 2010. Literary discourse. In A. H. Jucker & I. Taavitsainen (Eds.), *Historical Pragmatics*: Vol. 8. Berlin: Mouton de Gruyter, 692–704.

Fitzmaurice, S. & Taavitsainen, I. (Eds.). 2007. *Methods in Historical Pragmatics*. Berlin: Mouton de Gruyter.

Jacobs, A. & Jucker, A. H. 1995. The historical perspective in pragmatics. In A. H. Jucker (Ed.), *Historical Pragmatics: Pragmatic Develoment in The History of English* (Pragmatics and Beyond. New Series 35). Amsterdam & Philadelphia: John Benjamins, 3–36.

Jucker, A. H. & Taavitsainen, I. 2000. Diachronic speech act analysis: Insults from flyting to flaming. *Journal of Historical Pragmatics, 1*(1): 67–95.

Jucker, A. H. & Taavitsainen, I. (Eds.). 2008. *Speech Acts in the History of English*. Amsterdam & Philadelphia: John Benjamins.

Kohnen, T. 2000. Explicit performatives in Old English. *Journal of Historical Pragmatics, 1*(2): 301–321.

Magnusson, L. 2007. A pragmatics for interpreting Shakespeare's sonnets 1 to 20: Dialogue scripts and Erasmian intertext. In S. Fitzmaurice & I. Taavitsainen (Eds.), *Methods in Historical Pragmatics*. Berlin & New York: Mouton de Gruyter, 167–184.

McIntyre, D. 2007. Trusting the text: Corpus linguistics and stylistics. *International Journal of Corpus Linguistics, 12*(4): 565–577.

Miller, D. R. & Turci, M. 2007. *Language and Verbal Art Revisited. Linguistic Approaches to the Study of Literature*. London & Oakville: Equinox.

Miller, H. J. 2001. *Speech Acts in Literature*. Stanford: Stanford University Press.

Nørgaard, N., Montoro, R. & Busse, B. 2010. *Key Terms in Stylistics*. London: Continuum.

Pakkala-Weckström, M. 2010. Chaucer. In A. H. Jucker & I. Taavitsainen (Eds.), *Historical Pragmatics*. Berlin: Mouton de Gruyter, 219–246.

Semino, E. & Short, M. 2004. *Corpus Stylistics: Speech, Writing and Thought Presentation in a Corpus of English Narratives*. London: Routledge.

Sinclair, J. 2004. *Trust the Text Language, Corpus and Discourse*. London: Routledge.

Taavitsainen, I. 2001. Changing conventions of writing: The dynamics of genres, text types, and text traditions. *European Journal of English Studies, 5*(2): 139–150.

Taavitsainen, I. 2009. The pragmatics of knowledge and meaning: Corpus linguistic approaches to changing thought-styles in early modern medical discourse. In A. H. Jucker, D. Schreier & M. Hundt (Eds.), *Corpora: Pragmatics and Discourse*. Amsterdam-Atlanta: Rodopi, 37–62.

Taavitsainen, I. & Fitzmaurice, S. 2007. Historical pragmatics: What it is and how to do it. In S. M. Fitzmaurice & I. Taavitsainen (Eds.), *Methods in Historical Pragmatics*. Berlin & New York: Mouton de Gruyter, 11–36.

Toolan, M. 2009. *Narrative Progression in the Short Story: A Corpus Stylistic Approach*. Amsterdam: John Benjamins.

女性文体学 FEMINIST STYLISTICS

女性文体学（feminist stylistics）兴起于20世纪80年代，其研究对象是文学语篇和非文学语篇中的语言特征，研究的主题仍然是女性文学批评的主题。女性文学批评在20世纪后20年中发展迅速，特别是在美国、英国和法国，是关注两性的政治、社会和经济平等的女性主义运动的一个分支。法国女性主义批评家揭露出影响很大的弗洛伊德心理分析理论中男性中心（phallocentric）的偏见Cixous et al.（1975）。

Cixous 提议，女性应该有自己的自然的写作方式，这种写作方式应该具有形式流动和意义丰富的特点，从而赞美女性的性别特征，并将其与男性的写作风格所宣称的逻辑性和理性相区分。不幸的是，女性写作风格强调女性的他者身份和无力感，从而把所声称的女性特质非常简单化地投射到语言特征。女性文学批评有多种表现形式，虽然解构主义理论（Deconstruction Theory）和读者—反应批评这两个理论在各个时期的女性文学批评中影响更大，但是女性文学批评没有形成一个统一的理论方法。近年来，女性批评通常关注“性别”是语言或文本建构物这个整体概念。

女性主义文学理论家曾多次尝试对文本的语言进行细致地思考。从 Virginia Woolf 在句子结构和性别方面的开创性工作到 Kate Millett 分析语言和性别歧视的开创性工作，对女性主义的怀疑式解读一直关注语言（Millett，1977；Woolf，1979）。在当代法国女性主义文学和精神分析理论中，语言是文学分析中的一个关键问题。在精神分析理论和许多文学理论中，语言被认为是自我形成的媒介（medium），塑造了我们思考世界的方式。根据这种观点，对语言的分析可以让我们对自我或主体的产生了解很多。

但是，如 Mills（1995）所说，不是所有的女权主义批评都关注文本的语言层面。许多英美女权主义理论关注女性角色的表现，并将这些女性角色的表现与广义的女性自我认同和经验联系起来。但是，女权主义批评家往往只关注内容分析，似乎是对传统文学分析的主观性的回归。因此，Mills（1995）提出，上述女权主义批评家的做法把女权主义理论简单化了，要么说文本中的女性形象符合自己认为的女性的经历，要么说文本中的女性形象含有性别歧视对女性做出错误的描述。Mills（1995）进一步分析道，当批评家承担起这种评价性的角色时，他们就把自己很大程度上定位在男性中心的文学批评（literary criticism）的范围内（这种文学批评通常对男性观点和男性作家赋予特权），而女权主义理论的目标是批评和取代这些观点。通过专注于内容分析，评论家不得不假定文本的意义是单一的，这样就可以对一篇文章提出评论家喜欢的任何一种解释——但要证明一篇阅读实际上是"正确的"或"不充分的"就变得极其困难，因为讨论被简化为主观的阅读之间的比较，没有公认的标准来评估一种阅读可能比另一种阅读"更好"。因此，Mills（1995）强调，虽然内容分析很重要，但它需要与文本的语言分析一起进行，而不是取代文本在其产生和接受过程中的分析。

文体学家 Wales（1994：vii）认为，"女性文体学家们展示了一种利用语言学理论框架和方法解决女性文学理论、文学批评和有关性别的语言学研究中提出的基本问题的途径"。女性文体学家擅长通过观察微观的语言特征，分析蕴含在文本中的意识形态（ideology），尤其是文学作品中女性人物的劣势社会地位和不平等待遇。

☙ 定义

女性文体学是批评文体学（critical stylistics）与女性批评结合的产物。女性文体学用文体学（stylistics）分析揭示意识形态领域与性别有关的话题，尤其是女性主人公在社会中遭遇的不平等对待（Burton，1982；Mills，1992a，1994，1995，2006）。"女性文体学"这个术语被 Mills（1995）推广，通常应用文体学和批评话语分析的工具，为文学和媒介文本的批评分析提供一种性别的视角。Mills（2006: 221）指出，女性文体学关注性别对语篇（discourse）产生和理解的影响方式，具体地说："女性文体学不停留于那些认为文本中存在性别差异的假设，而是致力于挖掘文本中印证这些假设的复杂的语言信息，同时关注读者如何通过对文本语言特征的分析接受或者抗拒这些有关性别的观念。”女性文体学关注的是文本中的性别主义、权力和意识形态、施动和聚焦，也关注隐含读者与其在“真实的”社会和历史语境中的对应人物之间的关系。女性文体学的目的是将文体学从对文本语言的分析，转向对社会经济因素的分析，即那些使得某种语言出现或决定某种语言出现或者决定了对文本可能的解释的社会经济因素。Mills（1995）提出，对文本语言做女性主义分析是至关重要的，因为西方文化中很多东西都是性别分化的：从眼镜到开衫，从除臭剂到尿布，从生日贺卡到举重训练，所有这些都根据性别加以区分，这种差异在语言使用中得到了标记和保持，即基于 Lévi-Strauss（1967）关于图腾的理论，这种性别差异通过语言的使用得以延续。

☙ 女性文体学研究方法

女性文体学研究的代表作是 Mills 所著的《女性文体学》（*Feminist Stylistics*，1995）。在该著作中，Mills 展示出女性文体学综合了批评文体学、系统功能语言学、女权主义文学批评、社会语言学、多模态话语分析等的理念和研究方法。如申丹（2008：293–298）指出，“西方文体学流派是在历史上逐渐形成和区分的，有的流派之分聚焦于采用的语言学模式，有的流派之分关注的是分析对象，有的流派之分突出了分析目的”。女性文体学没有名称对应的语言学理论，它的划分和命名主要是因为它分析的是与性别相关的语言现象，分析目的是揭示语言之下的性别问题。因此，女性文体学的研究方法具有文体学学科研究方法的典型特点，即 Verdonk（2002）和 Jeffries & McIntyre（2010）所说，文体学在方法论上是兼收并蓄的、开放的，这种开放性正是这个学科的力量之源。我们从女性文体学实践中可以看出，因为女性文体学用文体学分析揭示意识形态领域与性别有关的问题，所以女性文体学可以应用任何文体学分析方法来分析文本中的性别问题。女性文体学研究方法既可以基于作为批评文体学的语言学理论基础的系统功能语言学，也可以是 Leech & Short（1981）提出的文体特征清单，也可以是语料库文体学（corpus stylistics）、认知文体学（cognitive stylistics）、多模态文体学（multimodal stylistics）的研究方法。

Mills 在解释女性文体学的研究对象时，引用批评文体学代表人物 Fairclough 在其著作《语言与力量》（*Language and Power*，1989）中声明的批评文体学的目标，即"帮助提高关于语言和权力的意识，尤其是语言如何帮助一些人控制其他人"（Fairclough，1989：4）。Mills 同意批评文体学的研究目标，因为分析语言可以帮助读者意识到性别差异这种意识形态是压迫性的。但 Mills 也提出这不是她的唯一目标，因为性别意识形态不只是压迫性的，也不是简单地由男性强加于女人。男性和女性在性别意识形态的框架限制下建构自我意识框架，寻求快乐和情感发展，对性别意识形态既有有意识的抵抗，也有遵守（Haugg，1988；Mills，1992b；Smith，1990）。Mills 提出她在《女性文体学》这部书中主要研究的是性别被表现的方式，从而有可能对这些表现方式提出质疑，或者重新解释。她也想通过分析使性别在她的文化中的表现方式看起来很奇怪，这样也许人们可以想想如何以不同的方式、更有效地表现性别，对于女性和男性都是如此。Mills 关注性别差异的表现，即不管是女性还是男性，是异性恋还是同性恋，是白人还是黑人，都是用文字和图像来表现的。女性主义文体学旨在表明，性别在文本的某些关键时刻是突出的，通常以可以预测的方式处理。这些时刻通常看起来是常识性的，但突出它们能让我们以不同的方式解读它们。Mills（1995）主要分析了那些似乎明确地讨论性别问题的文本，例如，书中的爱情场景、男女用词的差异、性别歧视等；也分析了一些乍一看与性别无关的因素，例如，隐喻（metaphor）、叙事和聚焦。

Deirdre Burton 对 Sylvia Plath 的《钟形罩》（*The Bell Jar*，1963）的分析对构建女性主义文体学非常重要（Burton，1982：195–214），展示了女性文体学的一种典型分析方法。该研究通过对女主人公就医行为的及物性分析，发现女主人公很少是动作的施动者（actor），在一系列物质过程中往往是动作的目标（goal），因此 Burton 分析得出女主人公的生活境遇是被动、无力的。这篇文章以学生重写 Sylvia Plath 的小说片段为结尾，尝试通过改变语法（grammar）来逆转上述效果，赋予文学人物更大的权力和控制权，更重要的是，也赋予读者更大的权力和控制权。Burton（1982：197）的观点是，不可能进行真正与政治无关的分析工作——所有的工作要么支持要么挑战现有的社会秩序："所有的知识都包含在并产生于一种意识形态框架之中。"她拓展了这一论点，指出在数据分析中使用的方法受理论框架的支配，理论框架也支配数据收集，为了理解作品，研究人员必须明确他们的政治立场。

Jeffries（1994）分析了现代女性诗歌中的"同位现象"（apposition）；Wareing（1994）对流行小说中卑微、被动的女性人物形象进行研究。Calvo（1994）通过观察 Shakespeare《皆大欢喜》（*As You Like It*，1598–1600）中女主人公 Celia 的语言特征，尤其是其运用积极的礼貌策略来分析该女性形象。Mills（1995）不仅研究了文学作品中女性形象的建构，还研究了广告中的语言特征如何与其他模态一起建构女性人物形象，将女性文体学的分析对象扩展到非文学和多模态语篇。

Page（2007）提倡小说研究中女性文体学和女性叙事学的融合。她解释说，女性主义叙事学主要关注的是情节、聚焦或声音，而女性主义文体学主要关注的是 Mills（1995）界定的语言的微观层面，即代词、名词、短语，以及其他语言结构的应用。这种新做法表明，女性文体学和其他文体学流派一样，在研究对象和理论应用上都体现出兼收并蓄的特征，根据文本的语言特征灵活地和其他文体学流派，甚至其他学科进行融合，这也是使女性文体学和其他文体学流派保持生命力的重要特征。

☙ 女性文体学分析案例

Mills（1995）对 Guess 香水广告的分析展示了女性文体学的理念和典型分析方法，其中应用了 Leech & Short（1981）提出的文体特征清单，此处为对词汇（lexis）的分析，结合多模态话语分析方法。该广告推销两种产品：一种是针对男性的香水，另一种是针对女性的香水。它描绘了两个裸体的人相拥在一起：女人与读者进行眼神交流，而男人似乎更多地看着女人。男人和女人都是典型的异性恋形象。女人留着长发，化着妆，很有魅力。她的表情，噘嘴和凌乱的头发很性感。男子也是典型的男性形象，他外表粗犷：留着蓬乱的胡子和八字胡，皱着眉头。他用肌肉发达的手臂紧紧地抱着这位女士，而她的手臂则轻轻地放在他身上。这种表现自然化了异性恋和白人的常识性和无标记性：这两种理想化的形象表现，通过它不需要被提及的事实，肯定了一个隐藏的信息，即所有男性和所有女性都将渴望这种模式下的异性恋关系，以及男性和女性都是白人。与这种看似“正常”的关系形象相比，黑人和同性恋被含蓄地指定为有标记的（marked）身份形式。为了向两种不同的目标受众推销两种香水，广告商们选择了尽可能明确地划分这些受众：这里的男性和女性在全球范围内是不同的，其表现是用两个不同的词来指称同一种物质：对女性用的是“perfume”，对男性用的是“fragrance”。“perfume”这个词象征着老于世故和性感，因为在英语中使用法语通常象征着这些品质。但除此之外，“perfume”这个词被认为是女性体验范围内的必然词汇。它通常被认为是一个不用于男性的词。因此，广告商选择使用“fragrance”这个词，就像其他制造商在描述男性产品时选择使用“aftershave”（须后水）而不是“perfume”（香水）一样。因此，在这里，人们可以假设实际上香气是相同的，甚至产品本身是相同的，但制造商和广告商发现有必要以一种特别的方式来区分它们。因此，这种类型的女性主义文体分析关注的是文本对性别差异编码（encoding）的方式。

☙ 讨论

女性文体学是批评文体学的一个重要分支，有利于揭示文本中的性别歧视，但是不能走向极端，认为所有存在男女人物的文本中都存在性别歧视。有些论文所做的女性主义批评把该理论作为一种普适性框架，套在任何包含男女两性的文本之上，做出的分析往往没有新意，甚至有些牵强。近年来，女性主义批评和过去不同，对语言在投射社会和政治立场上的重要作用的关注不限于永远声称文本中存在歧视的价值观。相反，女性主义文体学更加感兴趣的是明确地指出文本中确实存在的价值观，不管这些价值观中是否有典型的男性主义思想。另外，近年来女性主义文体学也承认，把性别简单地二分为男性和女性是过度简化的做法，因为男性和女性都不是一个完全相同或不同的群体。

正如Mills（2006：221）所说，如果女性主义理论要继续保持影响力，该领域的学者应该从专注于微观层面的文本分析（用表示类属的“他”，或表示类属的名词来表达性别主义），转向更加广泛的话语层面，只有这样才能保证对于直接或间接引语及男女人物使用引语的情况，或者是男女人物语言中词汇搭配的研究与存在男女人物的文本中典型的语言模式相关。

参考文献

申丹. 2008. 再谈西方当代文体学流派的区分. 外国语文，（4）: 293–298.

Burton, D. 1982. Through glass darkly: Through dark glasses. In R. Carter (Ed.), *Language and Literature: An Introductory Reader in Stylistics*. London: George Allen & Unwin, 195–214.

Calvo, C. 1994. In defense of Celia: Discourse analysis and women's discourse in *As You Like It*. In K. Wales (Ed.), *Feminist Linguistics in Literary Criticism*. Woodbridge: Boydell & Brewer, 91–116.

Cixous, H., Cohen, K. & Cohen, P. 1975. Le Rire de la Meduse. *Signs, 1* (4): 875–893.

Fairclough, N. 1989. *Language and Power*. London: Longman.

Haugg, F. 1988. *Female Sexualisation*. London: Verso.

Jeffries, L. 1994. Language in common: Apposition in contemporary poetry by women. In K. Wales (Ed.), *Feminist Linguistics in Literary Criticism*. Woodbridge: Boydell & Brewer, 21–50.

Jeffries, L. & McIntyre, D. 2010. *Stylistics*. Cambridge: Cambridge University Press.

Leech, G. & Short, M. 1981. *Style in Fiction: A Linguistics Introduction to English Fictional Prose*. London: Longman.

Lévi-Strauss, C. 1967. *The Structural Study of Myth and Totemism*. Harmondsworth: Penguin.

Millett, K. 1977. *Sexual Politics*. London: Virago.

Mills, S. 1992a. Knowing y/our place: Towards a Marxist feminist contextualised stylistics. In M. Toolan (Ed.), *Language, Text and Context: Essays in Stylistics*. London: Routledge, 182–207.

Mills, S. 1992b. Negotiating discourses of femininity. *Journal of Gender Studies, 1*(3): 271–285.

Mills, S. 1994. Close encounters of a feminist kind: Transitivity analysis and pop lyrics. In K. Wales (Ed.), *Feminist Linguistics in Literary Criticism*. Woodbridge: Boydell and Brewer, 137–156.

Mills, S. 1995. *Feminist Stylistics*. London: Routledge.

Mills, S. 2006. Feminist stylistics. In K. Brown (Ed.), *Encyclopaedia of Language and Linguistics*. Amsterdam: Elsevier Science, 221–223.

Page, R. 2007. Bridget Jones's diary and feminist narratology. In M. Lambrou & P. Stockwell (Eds.), *Contemporary Stylistics*. London: Continuum, 93–105.

Smith, D. 1990. *Texts, Facts and Femininity: Exploring the Relations of Ruling*. London: Routledge.

Verdonk, P. 2002. *Stylistics*. Oxford: Oxford University Press.

Wales, K. (Ed.). 1994. *Feminist Linguistics in Literary Criticism*. Woodbridge: Boydell and Brewer.

Wareing, S. 1994. And then he kissed her: The reclamation of female characters to submissive roles. In K. Wale (Ed.), *Feminist Linguistics in Literary Criticism*. Woodbridge: Boydell and Brewer, 117–136.

Woolf, V. 1979. *Women and Writing* (intro.). London: Women's Press.

批评文体学 CRITICAL STYLISTICS

批评文体学（critical stylistics）的理论基础是批评语言学（critical linguistics）和批评话语分析理论（Critical Discourse Analysis）。批评

语言学兴起于20世纪70年代末英国的东英吉利大学，其代表人物是Roger Fowler。1979年，Fowler与他在该大学的同事Kress和Hodge等人出版了两本宣言性的著作：《语言与控制》（*Language and Control*）和《语言作为意识形态》（*Language as Ideology*）。书中首次提出“批评语言学”这一名称，并阐明了这一派别的基本立场和方法。Fowler在《语言学批评》（*Linguistic Criticism*，1986）中探讨了语言表现经验的方式、意义和世界观、读者的角色以及文本和语境的联系。批评语言学家认为语言结构与社会结构有密切的关系，将语言视为社会符号，将话语（discourse）视为社会政治现象，将文学视为社会语篇，注重分析各种文本尤其是新闻媒体文本的语言结构中蕴含的阶级观念、权力关系和性别歧视等意识形态（ideology）（Fowler，1991；Fowler et al.，1979；Hodge & Kress，1979/1993）。进入20世纪90年代，批评话语分析理论迅速发展，主要揭示和批判语言中蕴含的意识形态和权力关系（Fairclough，1989，1995，2000），其代表人物是Fairclough。批评话语分析中的一个重要概念是“自然化”，即一些话语/语篇（discourse）和它们反映的意识形态已经在社会中根深蒂固，因而变得自然化，以至于人们在使用这些语言时可能不会意识到其中蕴含的意识形态。

☙ 定义

批评文体学是20世纪80年代兴起的文体学（stylistics）分支，研究目的是揭示文本中的意识形态和权力关系。批评文体学的理论基础是批评语言学和批评话语分析理论，都是以Halliday为主要代表的系统功能语言学为理论基础和方法源泉，因为系统功能语言学强调语篇对意义的建构，并认为语篇的语言选择能够反映语篇的语域（register）、体裁（genre）和意识形态，因此成为最适合于服务语篇意识形态挖掘的理论工具。由于批评文体学在分析中强调社会历史语境的重要性，批评文体学在国内也被称为社会历史/文化文体学（申丹，2000）。

ꕥ 批评文体学研究方法

批评文体学家以批评语言学和批评话语分析理论为基础，通过分析文本的语言特征，达到阐释、挖掘文本中蕴含的意识形态和不平等观念的目的。英国文体学家 Burton 是批评文体学研究领域的重要学者。Burton（1982）提出，后浪漫主义经典文学中有很大一部分作品掩盖矛盾和压迫，为统治阶级的意识形态服务；而文学批评（literary criticism），尤其是文体学，通过对这些作品做文体分析和欣赏批评，成为统治阶级的帮凶。她呼吁文体学家审视自己的研究，强调对文本开展的文体分析是通过语言了解文本如何建构现实的强有力的方法，是批评社会、改造社会的有力工具。

Simpson 在其专著《语言、意识形态和视角》（*Language, Ideology and Point of View*，1993）中详细论述了文体分析与语篇视角和语篇意义间的关系，他认为"通过选择某种文体（style），文本生成者凸显了某种认识事物的方式，而抑制了其他的方式……文体学家的任务就是要透过语言表面，解读这些建构语篇意义的语言选择"（Simpson，1993：8）。Simpson 主要分析了如下语言现象：语言如何表现态度（情态）、语言如何建构经验（及物性），以及意义生成的语用学方面。

Jeffries 在专著《批评文体学》（*Critical Stylistics: The Power of English*，2010）中系统地阐述了批评文体学的分析方法。Jeffries（2014：408–420）指出，批评文体学关注的是语篇的概念功能，其实质是语篇特征与在建构外部世界时采取一定视角的概念功能的结合。他认为，批评文体学家关注的能够表达意识形态概念的语篇特征包括命名（naming），表征行为（representing action/event/state），等同和对立（equating and contrasting），例证和枚举（exemplifying and enumerating），优先（prioritizing），隐含和假定（implying and assuming），否定（negating），假设（hypothesizing），表征言语和思想（presenting other's speech and thought），表征时间、空间和社会（representing of time, space and society）。

张璐（2015）在融合功能语言学、批评语言学和文体学的基础上，建构了批评文体学的理论框架并探讨了相应的方法论。其博士论文认为，批评文体学的理论框架将其研究范围界定在三个主要方面，即语言分析、社会分析及人类学分析，但是至今没有一个能够把三个部分结合在一起的全面系统化研究。该论文提出，对于语言分析，采用模型研究的统计学方法发掘隐藏的意识形态意义，选择了及物性、情态和转述隐引语三个因素来进行该项分析，对于每个因素建立了分析模式并定义了多个语言模型，如行为主体迁移、行为主体隐藏等。该文对于社会和人类学分析主要采用定性研究方法，在社会分析中选择了三个对意识形态含义有重要影响的因素，分别是种族与国家归属、地域特性和社会阶层特性，而在人类学分析中，选择了同样具有潜在意识形态含义的生理和心理特性作为主要研究因素。

☙ 批评文体学分析实例

女性文体学和批评文体学的典型文本，展示出《钟形罩》（The Bell Jar, 1963）如何用语言构建出主人公在精神病医院经历电击治疗时的被动和无力的形象。

Coffey（2013）借助语料库语言学方法，对女性杂志语料库中的男性形象做批评文体分析。该文关注的是文本的四个“文本概念”功能，即命名与描述、相等与对比、表现过程/事件/状态、假设与暗示，展示了文本如何构建男性意识形态，从而构成杂志对女性读者的男性表现。该文通过分析上述四个文本概念功能，辨识出该杂志建构的男子气概的五个中心意识形态，也就是更广泛意义上的性别，即男人要么“好”要么“坏”，男人受他们的肉欲本能驱使，男人天生好斗，男人和女人本质上是不同的，异性恋是规范。

汪徽、辛斌（2019）根据批评话语分析和社会建构主义的理论，认为国家形象是建构出来的，其中媒体在国家形象的建构与传播中有决定性的作用，媒体在对国家形象的建构中经常采用隐喻（metaphor）这一强大的话语策略。该文以美国主流媒体对“美国退出 TPP”事件的 82 篇报道为语料，运用批评隐喻分析法和语料库研究法，分析了美国媒体在报道中使用的隐喻以及通过隐喻建构的中国形象。分析显示，美国媒体在相关报道中通过隐喻建构出了“美国的敌人”“美国的竞争对手”和“意欲抢夺美国主角地位的配角”等负面的中国形象，与中国树立的和平发展的积极的国家形象存在截然反差。

☙ 讨论

因为批评文体学主要分析和挖掘语言中隐含的意识形态和立场（stance），又有比较成熟的分析框架，因此它在新闻、演讲、外宣等政治语篇的分析中得到广泛应用，这也是当前文体研究的热点之一。赵芃（2021）讨论了“指向秩序”这一批评话语研究新发展出的概念工具，包括含义、应用及应用价值，及其与“再情景化”概念的异同，指出

“指向秩序”和“再情景化”对于剖析语言结构与社会结构之间的间接联系具有同样的价值，但在借助语言分析揭示社会范畴之间的不平等关系方面，“指向秩序”更具分析潜力。概念性工具的更新代表着批评话语研究的新发展。田海龙（2021）提出，批评话语分析进入批评话语研究新阶段，其研究侧重也由作为社会实践的“话语”转为社会实践网络中的“话语互动”，以此为背景，提出一个新的研究路径，认为话语互动研究在宏观上应从纵向、横向和历时三个维度展开，每个维度各自两个指向；在微观上从语言使用和社会因素两个层面分五个步骤对案例进行细致分析。该文认为这一包括“三维—双向”分析模型和“双层—五步”分析框架的话语互动研究新路径对批评话语分析传统研究路径的局限性有所弥补，同时作为批评话语研究众多研究路径之一，丰富了批评话语研究的理论主张和分析方法。张德禄、张珂（2022）首先探讨了自话语分析诞生以来发展起来的八种话语分析模式，总结了它们各自的优势和不足，在结合各自优势的基础上，以批评话语分析理论、积极话语分析理论和多模态话语分析理论为基础，发展了一个把多模态批评话语分析理论和多模态积极话语分析理论融为一体的多模态批评（积极）话语综合分析框架，并通过对两个多模态语篇的实例分析做了说明。该文发现，虽然批评话语分析和积极话语分析来自不同的理论背景，但它们可以共享同一研究模式，其研究的目标具有相似的特点：都把研究的目标集中在语言外的社会文化因素上，并且它们可以在研究领域、研究对象和研究目标上互补。

批评文体学也可以和语料库等工具结合，更全面地搜索文本中出现频率高的文体特征，从而发现、批判从某种意识形态立场塑造的国家、民族、性别形象。

参考文献

申丹. 2000. 西方现代文体学百年发展历程. 外语教学与研究，32（1）: 22–28.

田海龙. 2021. 批评话语研究之“话语互动”新路径. 外语学刊，（2）:16–22.

汪徽，辛斌. 2019. 美国媒体对中国形象的隐喻建构研究. 外语教学，（3）: 32–38.

张德禄，张珂. 2022. 多模态批评（积极）话语分析综合框架探索. 外语教学，（1）: 1–8.

张璐. 2015. 批评文体学：理论构建与方法论探讨. 郑州：河南人民出版社.

赵芃. 2021. 从“再情景化”到“指向秩序”——批评话语研究概念性工具的新发展. 外语与外语教学，（3）: 23–30.

Burton, D. 1982. Through glass darkly: Through dark glasses. In R. Carter (Ed.), *Language and Literature: An Introductory Reader in Stylistics*. London: George Allen & Unwin, 195–214.

Coffey, L. 2013. *Innocent Until Proven Filthy: A Corpus-Based Critical Stylistic Analysis of Representations of Men in Women's Magazines*. Huddersfield: University of Huddersfield.

Fairclough, N. 1989. *Language and Power*. London: Longman.

Fairclough, N. 1995. *Critical Discourse Analysis: The Critical Study of Language*. London: Longman.

Fairclough, N. 2000. *New Labor, New Language*. London: Routledge.

Fowler, R. 1986. *Linguistic Criticism*. Oxford: Oxford University Press.

Fowler, R. 1991. *Language in the News*. London: Routledge.

Fowler, R., Hodge, R., Kress, G. & Trew, T. 1979. *Language and Control*. London: Routledge & Kegan Paul.

Hodge, R. & Kress, G. 1979/1993. *Language as Ideology*. London: Routledge.

Jeffries, L. 2010. *Critical Stylistics: The Power of English*. Basingstoke: Palgrave Macmillan.

Jeffries, L. 2014. Critical stylistics. In M. Burke (Ed.), *Routledge Handbook of Stylistics*. London: Routledge, 408–420.

Simpson, P. 1993. *Language, Ideology and Point of View*. London: Routledge.

普通文体学 GENERAL STYLISTICS

Saussure 的学生、瑞士语言学家 Bally 是西方现代文体学的重要创始人。他从研究口语的文体（style）出发，把文体学（stylistics）作为语言学的一个分支建立起来，通过语言学的方法使文体分析更为科学化和系统化，开创了现代意义上的西方文体学。他在《法语文体学》（*Traite de Stylistique Francaise*，1909）中对文体学的任务、研究对象和方法作了明确阐述。

他认为文体学的任务主要是探讨人类表达各种情感的语言手段和它们之间的相互关系。据此，他建立起了现代"普通文体学"（general stylistics）。尽管 Bally 将口语作为研究对象，没有特别关注文学文本，但是他的"普通文体学"对于文学文体学（literary stylistics）的形成有直接的推动作用（申丹，2000：22）。

☙ 定义

普通文体学，也称为理论文体学，是专门研究文体学理论的分支，由四个部分组成：一是研究的对象；二是研究者；三是研究行为本身；四是研究所依附的其他理论或因素。

就研究对象而言，文体学研究的是语篇（discourse）的独特性，包括语篇表现出的整体风格、说话和写作的特殊方式；语篇表现出来的特殊格调，包括语篇产生的情感、美学效果、读者感受等，说话者的不同特点和话语用途的不同特点。

就研究者而言，不同的研究者关注不同的方面，如美学效应、功能特点、体裁特征、语言变异特征等。

就研究行为而言，文体学研究要采用一定方法和程序进行研究。不同的文体学理论采用不同的方法，但研究程序一般包括三个步骤：（1）分析，根据不同的理论模式对语篇进行分析，发现语篇中突出的文体特征；（2）解释，结合文化背景、情景语境（context of situation）、交际目的等因素解释语篇中突出的文体特征产生的动因（motivation）；（3）评价，对解释的结果进行评价，看作者创作的语篇是否是高质量的，文体的价值是否很高等。

就研究依附的理论而言，现代文体学（modern stylistics）是建立在语言学基础之上的学科，所以，和语言学理论流派有密切的关系，如形式文体学（formal stylistics）、功能文体学（functional stylistics）、认知文体学（cognitive stylistics）、语料库文体学（corpus stylistics）等，以及最近发展起来的多模态文体学（multimodal stylistics）等。

普通文体学也做文体分析，但它的分析目标与文学文体学不同。如吴显友、沙蕨（2004：114–117）所说，普通文体学的基本理论包括三个方面。（1）基本术语和概念，如语言变体、文体、文体特征、文体分析、偏离（deviation）、突出（prominence）、前景化（foregrounding）、一元论（monism）、二元论（dualism）与多元论等。（2）各类语体（语体学）的研究以及理论模式的建构。近年来，语体学研究在国内引起了广泛的兴趣，成果显著。语体学研究涉及普通文体学的本体问题，应涵盖因话语范围不同（社会实践活动不同）而形成的广告、新闻、宗教、科技、法律、公文等语体，因话语方式不同（交际媒介）而形成的口语文体和书面文体，因话语基调不同（交际双方关系不同）而形成的正式文体和非正式文体。文学文体是语言的功能变体，即语言应用于文学创作而形成的变体（variety），因此，它依然属于语体研究的范畴，但它研究的对象是各类文学体裁（诗歌、小说、戏剧、散文等）总体的语言特征，它不以对各个具体作家作品的详尽分析和阐释（interpretation）为己任。（3）语篇和体裁 / 语类（genre）研究。可以看出，普通文体学与文学文体学的区别在于，前者以概括各类文学体裁的总体语言特征为目标，后者应用语言学理论和方法分析文学作品中的文体特征，并由文体特征阐释作品的主题意义。如果要把普通文体学的研究目标，如美学效应、个体独特性等作为文体学的研究目标，就需要把文学和非文学语篇文体统一起来，发展一个基本的模式，然后再在探讨不同体裁、语域（register）的语篇时对模式进行一定修订，发展出一个个次级文体研究模式。

❧ 普通文体学研究方法

徐有志用英文编写、王宗炎先生作序、华籍美人 Shirley Wood 教授审校的《英语文体学教程》（*English Stylistics*，1992）时至今日仍然是一部有代表性的普通文体学教材。第一部分（第 1—4 章）介绍文体和文体学理论知识，如文体、文体学的定义，文体学研究的目的和必要性，语言与语言变体，语言各层面（音系 / 字系层面、词汇 / 语法层面和语义层面）的语言特征和文体特征。其中第 3 章“语体分类”是全书的理论核心，讨论了两类语言变体：方言和语域，并对语域进行了详尽的论述。第二部分（第 5—12 章）专论语言因语场（field / field of discourse）、语旨（tenor / tenor of discourse）和语式（mode / mode of discourse）不同而产生的不同变体，如正式和非正式语体、口语和书面语体、会话语体、广告语体、新闻报道语体、科技语体和法律语体，以及它们在语音（sound）、词汇（lexis）和语义（meaning）三个层面的语言特征和文体特征。各类语体按口语体—书面语体—广告语体—新闻报告语体—科技语体—法律语体—文学语体这样一个由浅入深、循序渐进的顺序向前推进。第三部分（第 13—15 章）论述了文学文体的总体语言特征和文体特征，尤其是分析了小说文体和诗歌文体的语言和文体特征。在介绍小说时，作者从语义角色、意象和象征、句型的选择、叙述视角、作者语气等多方面进行了论述。在讨论诗歌时，作者主要从措辞（diction）、词序、词汇和结构重复、音韵效果等方面着手，通过丰富有趣的例证，清楚地论述了诗歌的语言特征、文体特征和美学效果。

进入 21 世纪，建构普通文体学理论成为我国外语界学者的一个关注点，徐有志（2000b: 24–31）撰文探讨了普通文体学理论建构的几个问题；吴显友（2003）探讨普通文体学理论框架的建构及其应用。

王佐良先生是最早把西方文体学介绍到国内的开创者，他和丁往道合著的《英语文体学引论》（1987）以其立意新颖、论述精辟、结构严谨等鲜明特点，被指定为高校英语文体学教材。但就普通文体学的理论框架而言，如吴显友、沙菽（2004：114–117）分析，以下五部专著或教材更为典型：（1）Bally 的《法语文体学》；（2）Crystal & Davy 的《文体风格调查》（*Investigating English Style*，1969）；（3）程雨民的《英语语体学》（1989）；（4）徐有志的《现代英语文体学》（1992）；（5）张德禄的《功能文体学》（1998）。Bally 在继承了其导师 Saussure 语言理论的基础上，从心理主义（mentalism）的角度出发，以口语为研究对象，建立了现代文体学，被尊为普通文体学之父。他在文体分析方面的主要贡献是采用了内容双分模式（bi-Planary model）。但 Bally 的文体学仅限于研究口头语言，而把包括文学语言在内的书面语言排斥在外，很显然，他的理论体系具有一定的局限性。20 世纪 60 年代末，Crystal & Davy 的《文体风格调查》又取得了很大进步，两位作者试图对语音、语法（grammar）、词汇等语言层面做严格的层次分析，从而揭示各类语体的不同情景因素和语言特征。他们虽然提出了较完整的理论体系，但在后面的实际分析中又出现了理论和实际脱节的情况。程雨民从横、纵两个层面对语体的研究状况进行了概括和描述，介绍了语体分析的计量统计方法，吸收了语用学的一些研究成果，给学习者提供了较好的语体综合分析示范。徐有志和张德禄的专著的共同特点是严格按语言学的理论来建构自己的理论体系，在理论上既有继承又有发展，较好地体现了国内英语普通文体学的研究水平。

☙ 普通文体学分析实例

徐有志（2005）提供了多个普通文体学分析实例，包括对公众演讲、新闻报道、科技英语、法律文献、日常对话等各种语体的文体特征的分析。就公众演讲的文体特征而言，该书的分析展示出普通文体学的典型方法，即分析公众演讲的共性特征，而不是某次公众演讲的具体特征。该书分析公众演讲讲稿具有思想的高度逻辑组织、结构严密、语言正式等书面模态的特点。公众演讲讲稿与其他书面语的不同之处在于，书面语不需要也不能够适应读者的即时反馈，也不依赖于熟练的口头表达。该书接着细致地分析了公众演讲的文体特征，包括语法特征、词汇特征、语音特征和语义特征这四个方面。语法特征包括句子长度的变化、句子类型的变化，看起来复杂的名词词组结构，如带后置定语的结构，以及动词词组，如被动语态的密集使用。词汇特征包括用词准确清晰、用词适应特定听众、少用短语动词等，这些也增加了文稿的正式程度（degree of formality）。公众演讲的语音特征包括适当的音量和音高变化、语速变化和适时停顿、节奏效果、发音清晰、充分应用非语言交流方式等。语义特征包括语篇衔接连贯有效和适当应用修辞。整个部分展示了普通文体学的分析方法，分析解释了公众演讲的共性文体特征。

☙ 讨论

在西方，普通文体学理论研究的高潮出现在20世纪60—80年代初期，涌现出了一大批高质量的研究成果。自80年代中后期起，不少研究普通文体学的学者转向研究文学文体学或教学文体学（pedagogical stylistics）。我国英语文体学研究大致可分为三个阶段：20世纪60—70年代为第一阶段，以王佐良（1963，1978）的《关于英语的文体、风格研究》和《英语文体学研究及其它》为代表；80年代为第二阶段，我国文体学教学和研究队伍日益壮大，不少大学的英语系开设了文体学课程，发表了一些颇有影响的文体学研究成果，研究范围涉及理论探讨、语体探讨和分析，文学语言总体特征等诸方面；90年代为第三阶段，我国文体学，尤其是普通文体学研究出现了可喜的局面，出版了颇有特色的专著和教材，如王佐良、丁往道的《英语文体学引论》（1987），侯维瑞的《英语语体》（1988），程雨民的《英语语体学》（1989），徐有志的《现代英语文体学》（1992），张德禄的《功能文体学》（1998），秦秀白的《英语语体和文体要略》（2002）等。在这些研究成果中，有的是文体学理论方面的探讨和研究；有的在引介、吸收西方先进理论和方法的基础上，将其用于对某些典型的语篇的分析；有的在分析各文体学派学说的基础上，提出自己的观点和看法，对我国文体学的研究作出了贡献；

有的把文体学理论用于外语教学和翻译实践。随着文体学从各个学科借鉴方法进行文本分析，普通文体学对各体裁语体特征的研究也会更加广泛、深入。

参考文献

程雨民.1989. 英语语体学. 上海：上海外语教育出版社.

侯维瑞. 1988. 英语语体. 上海：上海外语教育出版社.

秦秀白. 2002. 英语语体和文体要略. 上海：上海外语教育出版社.

申丹. 2000. 西方现代文体学百年发展历程. 外语教学与研究，(1): 23–28.

王佐良. 1963. 关于英语的文体、风格研究. 外语教学与研究，(2): 3–11.

王佐良. 1978. 英语文体学研究及其它. 外语教学与研究，(1): 5–20.

王佐良，丁往道 . 1987. 英语文体学引论. 北京：外语教学与研究出版社.

吴显友. 2003. 试论普通文体学的理论框架及其应用研究. 外语教学，24 (5): 8–12.

吴显友，沙薮. 2004. 普通文体学：回顾与评述. 重庆工商大学学报，(2): 114–117.

徐有志. 1992. 现代英语文体学. 开封：河南大学出版社.

徐有志. 2000a. 现代文体学研究的 90 年. 外国语（上海外国语大学学报），(4): 65–74.

徐有志. 2000b. 有关普通文体学理论建构的几个问题. 外语与外语教学，(11): 24–31.

徐有志. 2005. 英语文体学教程. 北京：高等教育出版社.

张德禄. 1998. 功能文体学. 济南：山东教育出版社.

Bally, C. 1909. *Traite de Stylistique Francaise*. Heidelberg: Carl Winters.

Crystal, D. & Davy, D. 1969. *Investigating English Style*. London: Longman.

情感反应 EMOTIONAL/AFFECTIVE RESPONSE

Aristotle 的情感“净化”理论（catharsis）对文学作品读者的情感予以关注。但是，对于新批评家来说，文学的情感反应研究涉及“情感谬误”（affective fallacy）（Wimsatt & Beardsley，1946）。最近从事文学实证研究（the empirical study of literature，ESL）和认知文体研究的评论家再次对“真实”读者的生理和情感反应感兴趣，确认感受是文学体验的一种特有品质。Pilkington（2000）在研究关联理论（relevance theory）时，也承认感情和情绪是产生诗学效果的必要部分。认知诗学的创始人 Tsur（1992，2003，2008）将情感看作认知诗学研究的重要话题，并深入探讨了文学作品的情感和审美功能。Burke 在他的《象似性与文学的情感》（“Iconicity and Literary Emotion”，2001：31–46）一文中明确指出“诗歌语言的句法、词形、书写同语言的语音（sound）和音位一样，可以表达作者的情感”。最后，情感研究也是叙事学研究的重点，叙事作品的话语层和故事层的情感都是研究对象。Emmot（1997，2002）对人物移情的研究和前景化（foregrounding）的研究，还有 Stockwell（2002）对读者感情的研究都为情感文体学研究注入了活力。Burke（2006：129）系统地回顾了与文体学（stylistics）相关的情感研究，不仅提出应用文体学方法研究文学作品情感的思路，而且指出“认识科学在文体学和文学阅读中的重要地位必将带来文学作品情感研究理论和研究方法的革新和发展”。

☙ 定义

“情感反应”（emotional/affective response）在文学、文体学研

究领域指读者在阅读作品时被诱发的情感反应。传统上，感受批评（affective criticism）是一种文学批评（literary criticism），以文学作品引起读者的情感和生理反应的程度来解释和评价作品。

在世纪之交兴起的认知文体学（cognitive stylistics）重新引发人们对文学作品情感研究的兴趣。Miall（2005：149）认为，文学作品的情感有助于我们将来自不同领域的概念联系起来。尽管 Miall 对文学作品情感的认识并不全面和系统，但却引起了人们对情感研究的重视。Semino（1997）将 Schank 的主题组织包（Thematic Organization Packet，简称 TOP）与自己提出的“情感联想”理论结合，为文学作品的情感分析服务，这无疑在利用文体方法研究文学作品情感领域中是相当重要的尝试。除此之外，Gibbs（2003）对原型的研究、Burke（2001）对象似性（iconicity）的研究和 Emmott（1997，2002）对人物移情的研究都是从文体（style）的角度出发开展的文学情感研究。其中 Downes（2000）对情感体验语言表达的研究最为突出，他不仅从情感、评价（evaluation）和直觉三个方面描述情感体验的象似性表达，还考虑了情感的文化维度和认知维度。Hogan（2003，2011）研究了出现在常见题材故事层的情感，发现任何情感都可能存在于故事层，故事组织过程中有两种突出情感：一种是持续驱动人物行动的持续情感（sustaining emotion），另一种是出现在故事结尾的结果情感（outcome emotion）。Sternberg（1978）研究了与故事情节相关的话语层情感，包括悬疑、好奇和惊讶等。

Hogan（2014：516–530）提出关于情感、风格和大脑之间关系的有趣话题。具体来说，Hogan 解释说：“在对情感与文体之间关系的研究上做的工作很少，而且主要关注对于美的文学反应和感受”（Hogan，2014：516）。因此，Hogan 提出，这个领域需要更多卓有成效的合作和实验研究，这可能是文体的情感和认知反应研究领域进一步发展的方向。

☙ 情感反应研究方法

文学作品的情感研究呈现出多学科方法融合的特点。Downes（2000）对情感语言的情感、评价和直觉描述同时考虑情感的文化维度和认知维度。此外，情感的研究也在叙述作品的话语层和故事层展开。Hogan（2014：516）力图寻找文体学、情感和神经科学三者的融合，他认为情感是“为自觉行为提供动力的激励系统，这个激励系统包含很多诱发条件激活的神经回路”，而诱发条件恰恰是情感和文体研究中最为重要的部分。目前该领域的研究相对有限，因此基于脑神经科学的情感文体学研究有巨大的发展空间。Hogan（2014：528）指出情感反应的普遍过程和个体反应中的任何非普遍模式都是可以继续研究的主题，他认为尽管文体、情感和神经科学方面的研究才刚刚起步，但是很明显它是最有前景的文体研究领域之一。

认知文体学对读者的情感和认知反应的实证研究可以分为两个分支：一个是语料库研究法，如 Stockwell & Malberg（2015）采用语料库研究法，收集能够引导读者构建人物心理模型的文本线索，系统地论证语言表达如何影响读者对人物所持态度、情感等心理因素的推导。该研究把定量的语料库研究法和定性的文体学阐释法相结合，大大提高了对读者反应阐释的有效性和可靠性。另一个对读者反应的实证研究方法是考查真实的读者，如 Whiteley（2011a：23–42；2011b：236–256），Gavins & Stockwell（2012：33–50）的研究。Whiteley（2011b：236–256）通过把读者调研和认知文体学分析相结合，检验文本世界理论有关阅读情感的假设。

研究者们首先从线下读书会和线上评论两个渠道收集读者反馈，通过整理发现了针对同一作品的两种不同的解读，然后以此为参照，采用文本世界概念和文体学分析法，系统阐明了这两种解读背后的语言学依据和认知机制。这项研究在某种程度上实现了规约性阅读与个体性阅读的结合，不仅丰富了作品的解读，而且从读者反映的角度优化了文学批评理论。

☙ 情感反应分析实例

Burke（2011）以读者访谈的形式了解读者阅读《了不起的盖茨比》（*The Great Gatsby*，1925）结局部分时的情感反应，以其为出发点，借鉴神经生理学的镜像神经元（mirror neuron）分析了该文体效果的文本理据，指出，认知文体学理论中的意象图式（image schema）理论对该部分的文体特征的分析可以阐释读者的身体反应源于镜像神经元的活动，并引起情感和认知反应。Burke（2011）不仅借用意象图式的神经基础解释读者阅读文学作品时身体反应的认知理据，而且把对意象图式的记忆与该意象图式相关的情感记忆联系起来，从而用该意象图式唤起的身体反应解释读者由此产生的情感体验以及对主题意义的认知。

☙ 讨论

到目前为止，很少有认知文体学研究应用认知神经学理论或脑电仪、眼动仪等技术来了解读者的真实情感和生理反应。对于语料库这种实证方法应用得相对较多，但是对认知神经科学应用的还非常少。Jacobs 的论文“神经认知诗学：研究文学接受的神经和认知—情感基础的方法和模型”（“Neurocognitive Poetics: Methods and Models for Investigating the Neuronal and Cognitive-affective Bases of Literature

Reception”，2015）是一个完整的此类尝试。Miall（2011：323–348）的 ERP 实验不仅证实了形成于文学阅读早期（最先 500 毫秒）的情感对随后阅读中的推理、激发记忆力和形成人物同情有重要意义，而且详细探讨了包括自指（self-reference）、预测（anticipation）、整合经验的情感能力（a capacity of emotion to integrate experiences）和万灵倾向（a tendency of animism）等在内的多个由早期情感诱发的独特信息加工过程及其在阅读中的作用。应用认知神经学理论或者用脑电仪、眼动仪等仪器进行实证研究，了解读者真实的情感和认知反应，将是未来读者情感反应研究的一个主要发展方向。

参考文献

张德禄，贾晓庆，雷茜. 2021. 文体学新发展研究. 北京：清华大学出版社.

Burke, M. 2001. Iconicity and literary emotion. *European Journal of English Studies*, (5): 31–46.

Burke, M. 2006. Emotion: Stylistic approaches. In K. Brown (Ed.), *Encyclopedia of Language and Linguistics* (2nd ed.). Cambridge: Cambridge University Press, 127–129.

Burke, M. 2011. *Literary Reading, Cognition and Emotion: An Exploration of the Oceanic Mind*. New York: Routledge.

Burke, M. 2014. *The Routledge Handbook of Stylistics*. London: Routledge.

Downes, W. 2000. The language of felt experience: Emotional and intuitive. *Language and Literature, 9*(2): 99–121.

Emmott, C. 1997. *Narrative Comprehension: A Discourse Perspective*. Oxford: Oxford University Press.

Emmott, C. 2002. Split selves in fiction and in medical life stories: Cognitive linguistic theory and narrative practice. In E. Semino & J. Culpeper (Eds.), *Cognitive Stylistics*. Amsterdam: John Benjamins, 153–182.

Gavins, J. & Stockwell, P. J. 2012. About the heart, where it hurt exactly, and how often. *Language and Literature, 21*(1): 33–50.

Gibbs, R. 2003. Prototypes in dynamic meaning construal. In J. Gavins & G. Steen (Eds.), *Cognitive Poetics in Practice*. London: Routledge, 27–40.

Hogan, P. C. 2003. *The Mind and Its Stories: Narrative Universals and Human Emotions*. Cambridge: Cambridge University Press.

Hogan, P. C. 2011. *Affective Narratology: The Emotional Structure of Stories*. Lincoln: University of Nebraska Press.

Hogan, P. C. 2014. Stylistics, emotion and neuroscience. In M. Burke (Ed.), *Routledge Handbook of Stylistics*. London: Routledge.

Jacobs, A. M. 2015. Neurocognitive poetics: Methods and models for investigating the neuronal and cognitive-affective bases of literature reception. *Frontiers in Human Neuroscience, 9*(2): 1–22.

Miall, D. S. 2005. Beyond interpretation: The cognitive significance of reading. In B. Petterson, Polvinen, M. & Veivo, H. (Eds.), *Cognition and Literary Interpretation in Practice*. Helsinki: University of Helsinki Press, 129–156.

Miall, D. S. 2011. Emotions and the structure of narrative responses. *Poetics Today, 32*(3): 323–348.

Pilkington, A. 2000. *Poetic Effects: A Relevance Theory Perspective*. Amsterdam & Philadelphia: John Benjamins.

Semino, E. 1997. *Language and World Creation in Poems and Other Texts*. London & New York: Longman.

Sternberg, M. 1978. *Expositional Modes and Temporal Ordering in Fiction*. Baltimore: Johns Hopkins University Press.

Stockwell, P. 2002. *Cognitive Poetics: An Introduction*. London: Routledge.

Stockwell,, P. & Mahlberg, M. 2015. Mind-modelling with corpus stylistics in David Copperfield. *Language and Literature, 24*(2): 129–147.

Tsur, R. 1992. *Toward a Theory of Cognitive poetics*. Amsterdam: North Holland.

Tsur, R. 2003. *On the Shore of Nothingness: A Study in Cognitive Poetics*. Exeter: Imprint Academic.

Tsur, R. 2008. *Toward a Theory of Cognitive Poetics* (2nd expanded and updated). Brighton & Portland: Sussex Academic Press.

Whiteley, S. 2011a. Text World Theory, real readers and emotional responses to *The Remains of the Day*. *Language and Literature*, *20*(1): 23–42.

Whiteley, S. 2011b. Talking about "An Accommodation": The implications of discussion group data for community engagement and pedagogy. *Language and Literature*, *20*(3): 236–256.

Wimsatt, W. K. & Beardsley, M. C. 1954. *The Verbal Icon*. Lexington: University Press of Kentucky.

认知文体学 COGNITIVE STYLISTICS

认知文体学（cognitive stylistics）于20世纪后半期出现，将认知语言学及其他认知科学理论用于文学语篇分析。Weber主编的《文体学读本：从诺曼·雅柯布逊至今》（*The Stylistics Reader: From Roman Jakobson to the Present*，1996）的第8章明确命名为"认知文体学"，主要收录了Sperber和Wilson从关联理论（relevance theory）角度对反讽（irony）的研究和Freeman用概念隐喻（conceptual metaphor）理论对Shakespeare的戏剧《李尔王》（*King Lear*）的分析。Wales《文体学词典》（*A Dictionary of Stylistics*，2001/2011）收录了"认知文体学"词条。但是文体学界普遍认为Semino & Culpeper的著作《认知文体学：语篇分析中的语言和认知》（*Cognitive Stylistics: Language and Cognition in Text Analysis*，2002）和Stockwell的《认知诗学导论》（*Cognitive Poetics: An Introduction*，2002）的问世标志着认知文体学研究更加系统化，在文体分析中得到更广泛的应用。

☙ 定义

从最广泛的意义上说，“认知”意味着与知识和思维有关，强调心理学（Boase-Beier，2006：18–19）。在 Ohmann（1962：2）看来，“文体偏好反映认知偏好”。Boase-Beier（2006：75）说，最近的认知文体学“……探索风格即思维的概念……”。认知文体学理论应用认知语言学以及认知科学的其他理论和方法解释读者如何利用背景知识，以及这些背景知识如何在阅读时发生概念转移。这种方法解释读者在阅读时激活的知识储备，以及这些知识如何在阅读过程中被修改或丰富。认知文体学并不是要取代其他现有的分析方法，将焦点从文本分析模型转移到认知 / 概念模型的分析。确切地说，这些模型阐明了思维和阅读过程之间的联系。事实上，认知文体学使心理学、社会学、历史和心理学等可能与语言和风格的语用方面相结合。因此，认知文体学认为意义不是独立于思想的，而是由人类的思维构建的。它将对语用的关注与将语境视为一种认知建构结合起来。

☙ 认知文体学研究方法

贾晓庆、张德禄（2013：6–10）梳理了国内外认知文体学的发展，发现国外的认知文体学研究主要有以下三种模式。（1）认知文体学的基本理论研究，如 Nagy（2005）探讨了从认知角度研究文体（style）的基本理论；Burke（2010）应用神经生理学理论阐释认知文体分析方法之一的意象图式（image schema）理论的认知理据。（2）认知诗学框架内的认知文体学相关理论研究，如 Stockwell（2002）、Gavins & Steen（2003）探讨并例示了一些认知文体学分析方法。（3）运用各种认知语言学理论，如意象图式、概念隐喻、心理空间（mental space）、文本世界（text world）等，甚至更广义的认知科学方法，进行文体分析，这是目前最主要的做法（Burke，2010；Gavins & Steen，2003；Lambrou & Stockwell，2007；Nagy，2005；Semino & Culpeper，2002）。

国内认知文体研究主要采取的是上述第（3）种模式，但应用的认知文体学方法比较有限。在语言学框架中探讨概念隐喻理论的著述较多，但是将其用于认知文体分析的较少（如任绍曾，2006：17–21；赵秀凤，2009：11–17 等）。马菊玲（2007：78–81）、赵秀凤（2010：7–11）等应用心理空间理论（Mental Space Theory）分析了语篇（discourse）的文体特征。张辉、杨波（2008：7–14）在梳理介绍心理空间和概念整合理论（Conceptual Blending Theory）的发展时，探讨了概念整合理论在文体分析中的应用。用文本世界理论分析文学作品的也较少，马菊玲（2008）用文本世界理论分析了读者在阅读黑色幽默小说时对作品中荒诞性的认知机制。对认知文体学的其他理论和方法，如意象图式、可能世界、方位指示语等进行分析的很少。

近年来，认知文体学理论和研究方法取得很大的进展，特别是在以下四个方面：

第一，由应用认知科学的方法做文体分析发展为认知文体学 / 认知诗学与认知科学的双向发展探讨。贾晓庆（2014：83–87）以 Bruhn 在为《当代诗学》（*Poetics Today*）2011 年专刊“交换价值：诗学与认知科学”（“Exchange Values: Poetics and Cognitive Science”）做的介绍为基础，梳理了认知诗学，即广义的认知文体学从发端之时到 2011 年的发展历程。Bruhn（2011：405）首先分析了认知科学与诗学结合的历程，提出在建构全面的人类认知理论的过程中，文学事实可能更能揭示认知事实，而不是相反。认知诗学的这一发展趋势早在20世纪80年代末就由《当代诗学》的第二任主编Even-Zohar在该杂志的视野和目标声明中做出预测（Bruhn，2011：405）。在该构想的指引下，《当代诗学》从那时起并在之后的30年间一直扮演着重要角色，为这个新兴的跨学科的发展和评价提供一个领先的国际论坛，而这个跨学科就是现在众所周知的“文学认知研究”（cognitive literary study）或认知诗学（Bruhn，2011：405）。在这30年间给该杂志供稿的学者们成长为认知诗学领域的专家，包括Raymond Gibbs Jr.、David Herman、Patrick Colm Hogan、David Miall、Alan Richardson、Ellen Spolsky、Gerard Steen、Eve Sweetser、Reuven Tsur、Mark Turner、Willie van Peer及Lisa Zunshine等众多知名学者。在这30年中，《当代诗学》极大地促进了认知诗学的发展。Bruhn（2011：405）指出，没有其他任何一家杂志开设过如此之多关于用认知科学方法研究文学的专刊。《当代诗学》杂志就该领域的发展多次开设专刊，其中四次关于隐喻（metaphor）（1983年第2期、1992年第4期、1993年第1期、1999年第3期），两次关于认知革命（cognitive revolution）（2002第1期、2003年第2期），一次关于文学接受的实验方法（empirical approaches to literary reception）（2004年第2期），最近一次专刊是关于宽泛的认知主题，其探讨的问题涉及以上各个方面，以及其他一些方面（2009年第3期）。2011年专刊（第3期）以“交换价值：诗学与认知科学”为专题。《当代诗学》从20世纪80年代到2011年之间的每个年代都开设了认知诗学专刊，在20世纪90年代和21世纪的头十年相当密集。数量如此之多的认知诗学专刊清楚地展示出国外认知诗学界学者们持续地构建、完善认知诗学学科体系的轨迹。

从这些专刊专题的历时性变化中可以看出认知诗学的发展脉络。《当代诗学》杂志在20世纪80—90年代开设了四次以“隐喻”为专题的专刊，这表明文学作品中的认知隐喻在认知诗学研究起步的 20 年里是学者们关注最多的问题。2002 年、2003 年和 2004 年连续三年举办的专刊探讨的问题是文学分析中的认知革命，以及文学研究的实验方法。虽然 20 世纪 80—90 年代对文学作品中认知隐喻的探讨也是文学分析中认知革命的一部分，但是在新千年伊始认知诗学界对文学分析中认知革命的探讨视野更加开阔，甚至从认知科学的角度重新审视整个文学史，如 Mark Turner 就提出概念整合在过去的两千年里很大程度上被修辞研究所忽视，但是它在人类的整个进化史中是无处不在的（Richardson & Steen，2002：4）。2004 年的专刊则从以分析者为中心的研究模式转而关注对文学接受的实验研究。West（2013：130）指出，认知文体学的早期文本——从 Turner（1991）的“Reading Minds”到 Stockwell 的《认知诗学》（*Cognitive Poetics*，2002）——很大程度上忽视了对读者阅读时真实思维过程的实证研究，van Peer 的《文体学与心理学》（*Stylistics and Psychology*，1986）显然是早期研究中的一个例外。虽然 West（2013）采用的是“认知文体学”概念，但是当认知文体学关注的对象是文学语体时其实也是认知诗学的一个部分。认知诗学和认知文体学的最大差别就在于前者是认知科学和诗学的结合，以文学为研究对象，而后者是认知科学和文体学（stylistics）的结合，研究对象既包括文学也包括非文学语体。但是，“因为欧洲大陆的文体学研究者都是以文学语篇为研究对象的，而第一批从事认知文体学研究的学者也都是搞文学文体学（literary stylistics）的”（West，2013：166），同时，诗学的涵盖范围比文学文体学要宽泛，因此早期的认知文体学是认知诗学的一部分。也就是说，缺乏对读者真实认知过程的实证研究也是认知诗学早期研究中的问题。2004 年开设以文学接受的实验方法为专题的专刊表明，这一问题在新千年得到了重视，成为认知诗学研究的一个重要关注点。

2011 年第 3 期的认知诗学专刊以"交换价值：诗学与认知科学"为专题，标志着认知诗学界从认知科学单方面服务于文学分析走向对两个学科之间交换价值的探讨。如 Bruhn（2011：446）所说，该专刊要求作者们以尽可能清楚或具体的方式展示或者评价认知诗学研究中一个或两个可能的价值转移方向。但是有趣的是，该专刊 7 篇论文所探讨的问题都同时对文学研究和认知研究至关重要（Bruhn，2011：447）。Bruhn 认为，这 7 篇论文作为一个整体，标志着认知诗学向着认知科学和诗学的真正跨学科结合上取得的重要进步，即这两个领域的理论、方法和研究结果将会在结合中互相充实（Bruhn，2011：453）。

可以说，《当代诗学》在这 30 年中开设的专刊系统地展现了认知诗学理论和方法的发展历程和学科构建的过程。从早期应用认知科学的隐喻概念来分析文学文本，到文学分析中更广泛的认知革命，到对文学接受的实证研究，到应用多种认知科学理论进行文学分析，再到对认知与诗学交换价值的探讨，认知诗学作为跨学科，其理论体系在逐渐充实和完善。2011 年第 3 期专刊对交换价值的探讨在认知诗学发展史上具有里程碑意义，它标志着认知诗学已经从文学分析单向受益于认知科学转变为双向受益，最大限度地体现了认知科学与诗学结合的内涵和价值。

第二，经典认知文体学理论被用于多体裁、多模态研究。

隐喻是认知诗学领域中研究的一个重要概念和分析方法。Cohn（2016）的论文集是认知文体学的隐喻理论等用于某类以往研究得比较少的文体，其中收录的论文将认知文体学的概念隐喻、概念整合理论、意象图式等重要理论和视觉语言理论相结合，用于分析漫画体裁中的序列图像（sequential image）。

Hamilton（2011）在《文学语义学杂志》（*Journal of Literature Semantics*）

中提出了一个有趣的假设：政治颠覆性的寓言之所以具有强大的影响力，是因为它们是概念融合，而当审查者（censor）与其他读者的认知运行同样的概念融合时，审查（censorship）就发生了。Caracciolo（2011）在寓言分析中也运用了融合理论，是为了对其进行更深入的阐释（interpretation）。概念隐喻理论作为融合理论的理论来源之一，仍是一个热门研究对象，其研究对象不限于文学作品。以Tay（2011）为例，就把“治疗是一个旅程”（Therapy is a journey.）作为话语隐喻来分析。司建国（2011：21–24）把认知隐喻理论应用于对现代汉语戏剧文本《北京人》的分析，通过定性和定量分析语篇中“上”和“下”垂直隐喻，并将其与戏剧意义进行对照，发现这些隐喻的语篇意义和文体功能。该文认为“将认知隐喻理论用于《北京人》和其他汉语文本分析，不仅可拓展认知隐喻理论的应用范畴，而且有利于完善和发展这一学说”。

各种“世界”理论是认知文体学研究的另一个重要理论，近几年仍然是认知文体学研究的一个重点。Short（2016）、Toolan（2016）、Tabbert（2016）、Mildorf & Kinzel（2016）、Sorlin（2016）、Zyngier（2016）、Zettelmann（2017）都分析了文本中建构的世界。文本世界理论由Werth（1999）首先提出，Gavins（2007）和越来越多的研究人员将该理论发展和改进。文本世界理论的主要理念是文本创造出一个独特的本体论空间，它借鉴了认知科学的观点，旨在研究参与者在任何一种话语（discourse）中对文本产生的印象。“文本世界”由文本特征激活，由语篇世界特征（如参与者的相关经验和知识存储）补充。在《布卢姆斯伯里文体学导论》（*The Bloomsbury Companion to Stylistics*）的一章中，Gavins（2015：444）宣称，文本世界理论“现在是当代文体学研究中最活跃的领域之一”。如McIntyre（2011：355）所说，如果不谈文本世界理论，一个关于认知文体学的部分是不完整的。

Lugea（2017：340–360）认为，认知文体学研究者之所以一直对文本世界理论有极大的热情，部分原因在于这个理论允许分析人员在一个框架下考虑整个话语结构，以及文本和上下文。“文本世界”这个词现在已经进入了文体词典，成为布鲁姆斯伯里出版社 2016 年出版的《文体学进展》（*Advances in Stylistics*）系列两本书的重点。其中的一本——《世界构建：心灵中的语篇》（*World Building: Discourse in the Mind*，2016）汇集了对各种语篇类型中世界构建的令人兴奋的新研究。在该书的介绍中，Gavins 和 Lahey 详细梳理了以世界为基础的研究的出现和各种形式（form）的发展。这些新的研究超越了早期典型的以世界为基础的文学文本分析。在这些新的“世界”研究中，读者可以了解到以下各种场景中的语篇处理（discourse processing），包括学校的文学课堂、创意写作实践和民族志访谈中的身份协商（negotiation of identity in an ethnographic interview），读者可以深入了解话语处理。

第二本专门研究文本世界的论文集将文本世界理论应用于西班牙语语篇分析，进一步扩大了该理论模型的应用范围。在《西班牙语和英语口语叙事的世界构建》（*World Building in Spanish and English Spoken Narratives*，2016）中，文本世界理论是通过分析同一故事的多个口语版本来测试和发展的，这些版本预先被转录建成口语叙事语料库。这些数据用“青蛙故事法”（frog story method）收集。通过这种方法，一本没有文字的图画书被用来引出参与者的口头叙述。该论文集的作者们对这些西班牙语和英语叙事做定性和定量分析，来对比两种语言的世界构建策略，特别关注情态、假设（hypotheticality）和指示语（具体关注口语叙事中的时间性，见 Lugea，2016b）。Lugea（2016a）的专著对西班牙语和英语讲故事的风格的修辞差异以及这些说话者在文本世界中自我表达的方式提供了独特的见解。使用软件来创作文本世界图表［第一次在 Lugea（2016a）中使用]，是由文体学家与计算机科学家合作开发的在线软件 World Builder 1.0 所推动促成的。

第三，认知文体学的实证研究，其实证研究方法和手段包括有声思维报告、给学生发放调查问卷和收集读者写下的阅读反应、与语料库工具和方法结合，以及借鉴神经生理学的研究成果等。认知文体学本质上就应该是实证性的，“因为认知文体学关注的不是文本的阐释，而是大脑对文体的认知结构和认知过程，是认知和情感在描写、界定和说明阅读过程中的作用”（胡壮麟，2012：170）。但是大部分认知文体学都是将作者本人的感受和理解作为文体效果，以此作为认知文体分析和阐释的出发点，而对读者的反应关注得比较少。

读者反应收集、读者问卷调查和访谈是应用较多的实证研究方法。在最近的 10 年中，越来越多的研究人员研究对文本的“真实”反应，如 PALA 的特殊兴趣集团、文体学中的读者反应研究，以及《语言与文学》杂志开设的两期专刊：互联网时代的阅读（2016 年第 3 期）和读者反应研究的文体学方法（2017 年第 2 期），都证明了文体学研究中的实证取向。由于实证方法是检验预先确定的理论的一种方法，而这些理论可以从对任意数量的文本和语篇研究中提取出来，因此这两期专刊中的认知文体学实证研究与从民族志到教学文体学（pedagogical stylistics）的其他各个子学科交叉。也就是说，文体学研究中的实证做法也不可避免地呈现出与其他学科交叉的取向。

认知文体学实证性的又一做法是与语料库工具和方法结合，如 McIntyre（2012：402–415）在回顾 2011 年文体学研究情况时指出，Mahlberg & McIntyre（2011：204–227）对 Fleming 的 Bond 小说《皇家赌场》（*Casino Royale*，1953）的分析就是这样的结合研究，他们的研究试图将语料库分析提供的深入理解映射到文本世界理论，以解释小说世界创造的语言因素。

Burke（2010）除了强调读者阅读文学作品时的情感反应之外，还借鉴神经生理学的研究成果探讨文体的认知理据。他们指出，认知文体学理论之一的意象图式理论与镜像神经元（mirror neuron）的活动有关。Burke（2010）不仅借用意象图式的神经基础解释读者阅读文学作品时身体反应的认知理据，而且把对意象图式的记忆与该意象图式相关的情感记忆联系起来，从而用该意象图式唤起的身体反应解释读者由此产生的情感体验以及对主题意义的认知。到目前为止，更少有认知文体学研究应用认知神经学理论，或者脑动仪、眼动仪等技术来了解读者的真实生理反应，由此更加科学、客观和全面地了解读者在阅读时的情感和认知反应。

第四，对认知语法的深层次应用。Harrison et al. 的论文集《文学中的认知语法》（*Cognitive Grammar in Literature*，2014）是第一本专门探讨文学文体分析中认知语法应用的书。Nuttall（2014：83–100）提出，认知语法所提供的细致分析可以补充之前认知文体学，如文本世界理论对文学作品的分析。Giovanelli & Harrison 在专著《文体学中的认知语法：一个实用指南》（*Cognitive Grammar in Stylistics: A Practical Guide*，2018）中应用认知语法的主要概念，用以探讨经验的“涉身性”是如何在文学阅读中得以模拟，并且指导文体学读者去体验和理解这种涉身性。该著作系统地探讨了认知语法和文体学所关注的核心问题之间的接面，展示出认知语法的广泛用途。Harrison 在《当代小说中的认知语法》（*Cognitive Grammar in Contemporary Fiction*，2017）一书中也采用了这种研究范式，但是显然它主要关注的是范围更小的文学文本，即当代小说。Nuttall 在专著《思维风格与认知语法：推理小说中的语言和世界观》

（*Mind Style and Cognitive Grammar: Language and Worldview in Speculative Fiction*，2018）中系统地探讨了认知语法和认知文体学研究的一个重要对象——思维风格的接面，是把认知语法理论研究的各个语言层面和认知文体学的一个研究对象系统性地结合的一个案例。

Harrison & Stockwell 在《认知语言学指南》（*The Companion to Cognitive Linguistics*，2014）的"认知诗学"部分总结认知诗学的进展时提到，认知诗学领域最有希望的进展之一是将认知语法（Langacker，2008）作为一种以读者为中心分析作品文感的文体学手段（Harrison & Stockwell，2014: 218–233）。这种研究文学作品语言风格的方法允许分析者在符合一般认知主义原则的语法框架内探索前景、主体、行动和反思等问题。上述专著和论文集代表了这一研究方向。虽然文本模式可以被系统地描述，但认知语法中对侧显（profiling）、扫描（scanning）、衰减（attenuation）和投射（projection）等读者行为的关注（Langacker，2008）为认知诗学交流过程研究提供了对于阅读性的一种独特的无缝结合。这项研究表明，认知语法能够解释文学中非常微妙的文体效果的潜力。

☙ 认知文体学分析实例

Nuttall 在《思维风格与认知语法：推理小说中的语言和世界观》中系统地应用认知语法做文体学分析，分析的是认知文体学研究的一个重要对象——思维风格。该书的第 4—7 章应用认知语法理论和方法，从读者感受到的非常规思维风格（mind style）出发，分析四部小说（fiction）中的文体特征，是认知文体学的典型案例。第 4 章题为"句法和思想"，把认知语法的概念，即突出（prominence）和动态（dynamicity）与文体学的相关概念结合，描写和分析 Margaret Atwood

的小说《使女的故事》（*The Handmaid's Tale*，1985）中的语言特征，主要是表示并列的事物、过程的名词化等，由此阐释读者在阅读时感受到的次第扫描（sequential scanning）和总括扫描（summary scanning）的思维风格，从而解释了读者在评论中所写的阅读时大脑中释解到一个反常的小说世界的文本刺激。第 5 章主要分析词汇（lexis）层面，探讨了词汇选择如何塑造人物（character）的思维风格或者使读者体验到独特的思维风格。这个部分以网络上关于 Ishiguro 的小说《别让我走》（*Never Let Me Go*，2005）的读者评论为研究的出发点，分析了该小说对读者头脑知识的顺序激活、发展或修正，以及读者感受到其中克隆的或者非人性人物思维风格的原因，和读者释解出一个冰冷、可怕的文本世界的文本理据。第 6 章把功能文体学（functional stylistics）的及物性分析和认知语法对于同样现象所做的行动链（action chain）分析结合，用以分析 Matheson 的科幻小说《我是传奇》（*I Am Legend*，1954）中的及物性模式，并且借用了社会心理学的概念——心灵归属（mind attribution）——来解释语言模式使读者产生心灵归属的程度。所有这些理论和分析方法的结合一起挖掘出吸血鬼人物的思维风格，从而解释了读者在评论中写下阅读时感受到不舒服的移情经历和道德判断的文本理据。第 7 章分析了表现思维风格的又一类语言特征——比喻性语言，包括明喻和暗喻 / 隐喻。该章用认知语法的理论——虚拟位移（fictive motion）和力动态（force dynamics）——补充了认知文体学对隐喻的分析。该章中认知文体分析的出发点即读者的反应是网络上发布的对 Ballard 的小说《被淹没的世界》（*The Drowned World*，1962）的读者评论和已经发表的关于该小说的文学评论。作者用建构出的分析隐喻的文体学理论探讨该小说中的隐喻，对上述读者评论和文学评论中读者体验到一种独特思维风格的文本理据做出阐释。

讨论

近年来的认知文体学研究无论是就其应用的认知文体学理论和方法，还是就其分析的文本题材，都越来越包罗万象，在实证研究方面也在继续尝试和发展。认知文体学的发展趋势展示出该领域蓬勃的发展势头和学界持续不断地探索语篇与认知关系的热情。当然，如 Nørgaard（2018）等学者指出，认知文体学在上述各个领域还有继续探索的空间，如在认知文体学与多模态语言学、语料库语言学的结合方面取得的成果还比较少，结合还不够完善，实证研究的论著数量也较少，仍有继续发展的空间。但是，认知文体学研究在近些年取得的丰硕成果和快速进步让我们相信，它接下来还会继续在理论探讨和实践应用方面取得更多的成绩。

参考文献

胡壮麟. 2012. 认知文体学及其与相邻学科的异同. 外语教学与研究，（2）: 163–172.

贾晓庆. 2014. 认知诗学的两个重要问题探讨——兼评《当代诗学》杂志 2011 年“交换价值：诗学与认知科学”专刊. 外语与外语教学，（5）: 83–87.

贾晓庆，张德禄. 2013. 认知文体学理论构建的几个重要问题探讨. 外语与外语教学，（3）: 6–10.

马菊玲. 2007. 生命的空间——《乞力马扎罗的雪》的认知文体分析. 外语教学，（1）: 78–81.

马菊玲. 2008. 哈哈镜里的荒诞“世界”: 美国黑色幽默小说的文本世界研究. 开封：河南大学博士学位论文.

任绍曾. 2006. 概念隐喻及其语篇体现——对体现概念隐喻的语篇的多维分析. 外语与外语教学，（10）: 17–21.

司建国. 2011. “上”与“下”的隐喻意义及其文体功能——《北京人》的认知文体学分析. 外语学刊，（1）: 21–24.

张德禄，贾晓庆，雷茜. 2021. 文体学新发展研究. 北京：清华大学出版社.

张辉，杨波. 2008. 心理空间与概念整合：理论发展及其应用. 解放军外国语学院学报,（1）: 7–14.

赵秀凤. 2009. 意识的隐喻表征和合成——意识流小说《到灯塔去》的认知文体学分析. 外国语文,（2）: 11–17.

赵秀凤. 2010. 意识流语篇中心理空间网络体系的构建——认知诗学研究视角. 解放军外国语学院学报,（5）: 7–11.

Boase-Beier. J. 2006. *Stylistic Approaches to Translation*. Manchester: St. Jerome Publishing.

Bruhn, M. J. 2011. Introduction: Exchange values: Poetics and cognitive science. *Poetics Today*, *32*(4): 403–460.

Burke, M. 2010. *Literary Reading, Cognition and Emotion: An Exploration of the Oceanic Mind*. London: Routledge.

Caracciolo, M. 2011. Another fusion taking place: Blending and interpretation. *Journal of Literary Semantics*, *40*(2): 177–193.

Cohn, N. (Ed.). 2016. *The Visual Narrative Reader*. London & New York: Bloomsbury.

Gavins, J. 2007. *Text World Theory: An Introduction*. Edinburgh: Edinburgh University Press.

Gavins, J. & Steen, G. 2003. *Cognitive Poetics in Practice*. London & New York: Routledge.

Gavins, J. & Lahey, E. (Eds.). 2016. *World Building: Discourse in the Mind*. London & New York: Bloomsbury.

Giovanelli, M. 2016. Something happened, something bad: Blackouts, uncertainties and event construal in *The Girl on the Train*. *Language and Literature*, 27(1):38–51.

Giovanelli, M. & Harrison, C. 2018. *Cognitive Grammar in Stylistics: A Practical Guide*. London: Bloomsbury.

Hamilton, C. 2011. Allegory, blending, and censorship in modern literature. *Journal of Literary Semantics*, *40*(1): 23–42.

Harrison, C. 2017. *Cognitive Grammar in Contemporary Fiction*. Amsterdam: John Benjamins.

Harrison, C., Nuttall, L., Stockwell, P. & Yuan, W. (Eds.). 2014. *Cognitive Grammar in Literature*. Amsterdam: John Benjamins.

Harrison, C. & P. Stockwell. 2014. Cognitive poetics. In J. Littlemore & J. Taylor (Eds.), *The Companion to Cognitive Linguistics*. Berlin: Mouton de Gruyter, 218–233.

Lambrou, M. & Stockwell, P. (Eds.), 2007. *Contemporary Stylistics*. London: Continuum.

Langacker, R. 2008. *Cognitive Grammar: A Basic Introduction*. New York: Oxford University Press.

Lugea, J. 2016a. *World Building in Spanish and English Spoken Narratives*. London & New York: Bloomsbury.

Lugea, J. 2016b. A text-world account of temporal world-building strategies in English and Spanish. In M. Romano & M. D. Porto (Eds.), *Exploring Discourse Strategies in Social and Cognitive Interaction*. Amsterdam & Philadelphia: John Benjamins, 245–272.

Lugea, J. 2017. The year's work in stylistics 2016. *Language and Literature, 26*(4): 340–360.

Mahlberg, M. & McIntyre, D. 2011. A case for corpus stylistics: Ian Fleming's *Casino Royale*. *English Text Construction, 4*(2): 204–227.

McIntyre, D. 2011. The year's work in stylistics 2010. *Language and Literature, 20*(4): 347–364.

McIntyre, D. 2012. Prototypical characteristics of blockbuster movie dialogue: A corpus stylistic analysis. *Texas Studies in Literature and Language, 54*(3): 402–425.

Mildorf, J. & Kinzel, T. (Eds.). 2016. *Audionarratology. Interfaces of Sound and Narrative*. Berlin & Boston: Mouton de Gruyter.

Nagy, G. T. 2005. *A Cognitive Theory of Style*. New York: Peter Lang.

Nørgaard, N. 2018. *Multimodal Stylistics of the Novel: More than Words*. Abingdon: Taylor and Francis.

Nuttall, L. 2014. Constructing a text world for *The Handmaid's Tale*. In C. Harrison, L. Nuttall, P. Stockwell & W. Yuan, (Eds.), *Cognitive Grammar in Literature*. Amsterdam: John Benjamins, 83–100.

Nuttall, L. 2018. *Mind Style and Cognitive Grammar: Language and Worldview in Speculative Fiction*. London: Bloomsbury.

Ohmann, R. 1962. *Shaw: The Style and the Man.* Middletown: Wesleyan University Press.

Richardson, A. & Steen, F. F. 2002. Literature and the cognitive revolution: An introduction. *Poetics Today*, *23*(1): 1–8.

Semino, E. & Culpeper, J. 2002. *Cognitive Stylistics: Language and Cognition in Text Analysis*. Amsterdam: John Benjamins.

Short, M. 2016. Stylistics and "He Wishes for the Cloths of Heaven" by W. B. Yeats. In A. Auer, V. González-Díaz, J. Hodson & V. Sotirova (Eds.), *Linguistics and Literary History: In Honour of Sylvia Adamson*. Amsterdam & Philadelphia: John Benjamins, 195–211.

Sorlin, S. 2016. *Language and Manipulation in House of Cards: A Pragma-Stylistic Perspective. London*: Palgrave Macmillan.

Stockwell, P. 2002. *Cognitive Poetics: An Introduction*. London: Routledge.

Tabbert, U. 2016. *Language and Crime: Constructing Offenders and Victims in Newspaper Reports*. London: Palgrave Macmillan.

Tay, D. 2011. Therapy is a journey as a discourse metaphor. *Discourse Studies*, *13*(1): 47–68.

Toolan, M. 2016. *Making Sense of Narrative Text: Situation, Repetition, and Picturing in the Reading of Short Stories*. London & New York: Routledge.

Turner, M. 1991. *Reading Minds: The Study of English in the Age of Cognitive Science*. Princeton: Princeton University Press.

van Peer, W. 1986. *Stylistics and Psychology: Investigations of Foregrounding*. London: Croom Helm.

Wales, K. 2001/2011. *A Dictionary of Stylistics* (3rd ed.). Harlow: Pearson Education.

Werth, P. 1999. *Text Worlds: Representing Conceptual Space in Discourse*. London: Longman.

West, D. 2013. *I. A. Richards and the Rise of Cognitive Stylistics*. New York: Bloomsbury.

Zettelmann, E. 2017, April 10–12. *Narrativity and world-building in the lyric, Plenary Lecture*. 7th Conference of the International Association of Literary Semantics, Huddersfield, United Kingdom.

Zyngier S. (Ed.). 2016. *Language, Discourse, Style: Selected Works of John McH Sinclair*. Amsterdam & Philadelphia: John Benjamins.

生成文体学 GENERATIVE STYLISTICS

生成文体学（generative stylistics）是 20 世纪 60 年代兴起的文体学（stylistics）流派。

Chomsky《句法结构》（*Syntactic Structures*，1957）一书的出版打破了结构主义的垄断局面。Chomsky 提出，行为主义对客观观察到的行为的依赖使人文科学对人类的理解是：人类似乎没有大脑，思维活动好像根本没有发生（Taylor，1980）。转换生成语法对行为主义的否定对语言研究影响深远，也使得生成文体学在文体学界的影响远远超过了同一时期出现的感受文体学（affective stylistics）。Chomsky 区分了语言能力（competence）和语言行为（performance），指出语言能力是说某种语言的人对这种语言的规则的内在知识，而语言行为是指对语言的具体运用，语言行为依赖语言能力。生成文体学家把语言表达分为意义和文体（style）两个层面，并以此为基础阐述其文体观。在生成文体学家看来，深层结构是意义的来源，而转换规则生成了文体。“两个表层结构可以从同一个深层结构转换而来并因而具有相同的意义，它们的表面差异就是文体的不同”（刘世生、朱瑞青，2006：52）。

☙ 定义

生成文体学是以 Chomsky 转换生成语法为理论基础的文体学流派。在转换生成语法中，一个小句（clause）的深层结构可以通过删减、移位等规则变为多个表层结构。生成文体学家认为不同的表层结构就是不同的文体风格。从表面上看，转换生成语法适合文体分析，因为深层结构和表层结构的二分与相同的意义可以有不同表达的二元论（dualism）文体观完全吻合。例如，小句 “Mary brought the book to school.” 与 “The book was brought to school by Mary.” 有相同的深层结构，两个句子语序的不同仅仅是表层文体的转换。生成文体学的研究对象一直是句子的表层结构，因此它隶属于形式文体学（formal stylistics）。

Ohmann（1964，1970）和 Thorne（1965，1970）是生成文体学的代表人物。生成文体学家 Ohmann 的论文《生成语法与文学文体概念》（“Generative Grammars and the Concept of Literary Style”，1964）是生成文体学的奠基之作。在该篇论文中，Ohmann 详细阐述了自己的生成文体学思想。他认为深层结构是意义资源，转换不会改变深层结构的意义。文体是一种写作方式：一个深层结构可以转换成不同的表层结构，使得作者能够采用不同的方式来表达相同的意思。也就是说，两个表层结构由意义相同的同一个深层结构派生而来，那么这两个不同的表层结构就是文体的差异。

☙ 生成文体学研究方法

生成文体学理论有其合理性，因为人们普遍认为一个句子的基本逻辑内容可以表达为（一组）基本的命题，这些命题与命题间的关系一起构成了句子的深层结构或语义表达，变化语言的表达方式和措辞（diction）并不改变语言表达的意义，却能够改变语言表达的效果。但是，生成文体学只能提供对于一个句子文体特征的形式描述，进而对表达层的特征进行描述，而这种描述是在对句子语法的描述中已经提供的。生成文体学也没有关于语言交流的理论，因此就文体在交流（exchange）中的作用而言，它只能假设由语法（grammar）界定的句子的文体特征确实在交流中具有相关性（Taylor，1980），而无法对文体效果做出具体的解释。此外，生成文体学家不考虑交流语境，认为文体效果来源于语言系统中的特定成分，生成文体学家把这种相关的表达成分从词汇层扩大到句子层面，认为文体效果产生于转换规则。Ohmann 采用逆反转换效果的办法，将 Faulkner 原作中一个典型的长达两页的迷宫式的句子反转成了一系列又短又小的基本句，与转换生成语法所谓的核心句相差无几。Ohmann 通过分析 Faulkner 和 Hemingway 作品的文体，发现他们文体的差别在于使用不同的转换规则。他认为 Faulkner 作品的风格在于对转换的大量使用，以致句子密度大，复杂程度高。他对于 Hemingway 散文的分析表明，Hemingway 很少用 Faulkner 那种复杂的转换，只用另一种简单的转换，因此，他的作品与 Faulkner 相比风格迥异。

☙ 生成文体学分析实例

Fowler 在《语言学与小说》（*Linguistics and the Novel*，1977）中主要

采用生成文体学方法研究文学作品的语言特征。Fowler 把用于分析句法层面的结构范畴投射、延伸到分析更大的文本结构上，把句法层面构成命题内容的谓词和名词概念对应到小说（fiction）的内容层面。Fowler 发现 Eliot 和 James 的小说中有相似的名词化类型，但是他却不去解释这些名词化类型在两位小说家的作品中分别具有怎样的文体潜势、表达了怎样的文体效果。正如 Kronenfe（1979：265）所说，Fowler 对小说的语言学分析多基于以前的文学阐释，因此没有展示出“这种分析工具能够揭示出文学作品中迄今为止被忽略的某些方面的力量”。所以说，Fowler（1977）的研究对文体学的贡献是把对句子层面的语言学分析扩大到对叙事文本的分析上，但是他的语言学方法主要是描述性的，没有能够结合具体文本语境解释语言结构的文体效果，也没有用语言学方法揭示出以前的文学阐释所忽视的意义，这也是生成文体学注重语言转换的描述，忽视文体效应 / 文体效果（stylistic effect）阐释的结果。

☙ 讨论

生成文体学和结构主义文体学家一样，把语言表达分为意义和文体两个层面，并以此为基础阐述其文体观。在生成文体学家看来，深层结构是意义的来源，而转换规则则生成了文体。生成文体学家 Ohmann 通过分析 Hemingway 和 Faulkner 的文体，发现他们文体的差别在于使用不同的转换规则。Faulkner 常常使用“添加”转换规则，比如关系从句（relative clause）、连词转换，而 Hemingway 则更多地使用“删减”转换（Taylor，1980）。“两个表层结构可以从同一个深层结构转换而来并因而具有相同的意义，它们的表面差异就是文体的不同”（刘世生、朱瑞青，2006：52）。除此之外，生成文体学家还把变异（deviation）和不合语法性（ungrammaticality）看作文学文体的区别性特征（Hasan，1989）。

结构主义文体学家 Bally 的文体观与生成文体学的主要差别在于，他的文体学关注意义 / 文体的二分如何由一个信息所表达的内容揭示，而生成文体学则把文体看作与句子整体相关的组合特征（Taylor，1980）。Bally（1909）认为，不同表达所传达的文体内容可以通过全面分析交流中语言的功能（function）得以详细说明，而 Ohmann 和 Fowler 等生成文体学家不作这种分析。生成文体学只能提供对于一个句子的文体特征的形式描述，进而对表达层的特征进行描述，而这种描述是对句子的语法描述所已经提供的。生成文体学没有关于语言交流的理论，因此就文体在交流中的作用而言，它只能假设由语法界定的句子的文体特征确实在交流中具有相关性（Taylor，1980），而无法对文体效果做出具体的解释。生成文体学家不考虑交流语境，因此他们对文体效果的解释同 Bally 的一样。Bally（1909）认为文体效果来源于语言系统中的特定成分；生成文体学家把这种相关的表达成分从词汇层扩大到句子层面，而他们得出的结论是一样的（Taylor，1980）。Bally（1909）认为文体效果来源于语言系统中的二元对立，生成文体学则认为文体效果产生于转换规则。

虽然生成文体学以 Chomsky 的心智理论为基础，但是它对心智的关注也并不比之前的文体学多。生成文体学对思维内容（交流效果、文体印象）的了解主要是通过分析者本人或受试者对思维内容的口头汇报（Taylor，1980）来实现的。这样的话，语言学家就不必提出一套关于思维的详细理论来证实两个句子有相同的概念内容或者在语言使用者的大脑中产生同样的文体印象。他只要问语言使用者（通常是他自己）是否如此即可。受述者口述的思维内容被等同于对思维内容的实际观察。这样推理的问题就是生成文体学忽略了制约诸如“语法的”“近义的”“简洁的”“强调的”等术语的用法规则，认为它们代表了思维状态（Taylor，1980）。Taylor（1980）以 Hemingway 的文体为例，提出当我们都用“简洁”（terseness）这个词来描述 Hemingway 的文体时，并不能告诉分析者 Hemingway 的作品对读者产生的效果。因为转换生成文体学缺少关于交流和文体效果的理论，其描述的文体效果也只是幻觉，因而它是典型的形式主义文体理论。“这些用生成语法对文体进行解释与 Jakobson 的形式主义的共同之处就是他们都认为作家的风格或文体存在于文本内部，可以通过一些语言学的分析来发现。”（李娟，2006：38）

生成文体学在短暂的流行后很快就衰落了。主要原因是生成文体学只能提供对于一个句子的文体特征的形式描述，而这种描述是在对句子的语法描述中已经提供的。形式文体学认为文体学关注的是意义 / 文体的二分如何由一个信息所表达的内容揭示，而生成文体学则把文体看作与句子整体相关的组合特征（Taylor，1980）。Bally（1909）认为文体效果来源于语言系统中的二元对立，生成文体学则认为文体效果产生于转换规则。此外，不同表达所传达的文体内容可以通过全面分析交流中语言的功能得以详细说明，而生成文体学家并不关注功能，他们只提供对于一个句子文体特征的形式描述，并不能对文体效果做出具体的解释。究其实质是生成文体学缺少关于交流和文体效果的理论，其描述的文体效果也是幻觉的，所以最终提供的还是形式主义分析。此外，尽管基于心智理论，它无力描述真实的心智活动，在分析时以整句为单位，无视读者阅读时观察的顺序和心理过程，因此很难避免被其他文体学流派代替的命运。

参考文献

李娟. 2006. 关于文体学若干问题的争论. 外语学刊，（5）: 37–42.

刘世生，朱瑞青. 2006. 文体学概论. 北京：北京大学出版社.

Bally, C. 1909. *Traite de Stylistique Francaise*. Heidelberg: Carl Winters.

Chomsky, N. 1957. *Syntactic Structures*. The Hague: Mouton de Gruyter.

Fowler, R. 1977. *Linguistics and the Novel*. London: Methuen.

Hasan, R. 1989. *Linguistics, Language, and Verbal Art* (2nd ed.). Oxford: Oxford University Press.

Kronenfe, J. Z. 1979. Review on Roger Fowler's *Linguistics and the Novel*. *Linguistics Society of America, 55*(1): 264–265.

Ohmann, R. 1964. Generative grammars and the concept of literary style. *Word*, (20): 423–439.

Ohmann, R. 1970. Generative grammars and the concept of literary style. In D. C. Freeman (Ed.), *Linguistics and Literary Style*. New York: Holt, Rinehart & Winston, 258–278.

Taylor, T. J. 1980. *Linguistic Theory and Structural Stylistics*. Oxford: Pergamon Press.

Thorne, J. P. 1965. Stylistics and generative grammars. *Journal of Linguistics*, (1): 49–59.

Thorne, J. P. 1970. Generative grammar and stylistic analysis. In J. Lyons (Ed.), *New Horizons in Linguistics*. Harmondsworth: Penguin, 185–197.

实用文体学 PRACTICAL STYLISTICS

实用文体学（practical stylistics）是相对于文学文体学（literary stylistics）而言的，因此也称非文学文体学。早在两千多年前的欧洲，希腊人和意大利人在修辞学的框架内研究的就是演讲的文体风格。而且，现代文体学（modern stylistics）就是从现实交际中口语的语言特征研究开始的。20 世纪初，Saussure 的学生、瑞士语言学家 Charles Bally 于 1909 年创立现代文体学理论体系时，其研究重点就是某一社会集团习用的语言表达方式。因此，实用文体学从历史渊源上讲，比文学文体学出现得早。

♋ 定义

实用文体学主要指研究在人类的社会生活和工作中直接用于交际的语言的文体特色的文体学理论，实际上，它研究除文学语篇以外的所有语篇的文体特色，因此也称为非文学文体学。与文学语篇突出美学价值的创作目的相比，非文学语篇的目的是实现某种实用功能。在讨论文学文体学与实用文体学的关系时，张德禄等（2015：199）认为文学性（literariness）和实用性可以是语篇连续体的两端。其中，文学语篇属于文学性最强的一端，实用语篇属于实用性最强的一端。实用文体的定义是功能性的。语篇（discourse）在不同情景中有不同的功能（function），每个语篇都有其特殊功能，其功能还跟随情景语境（context of situation）的变化而改变，因此交际功能完全相同的语篇是不多的。实用语篇专指用来传递信息或提供服务的语篇，如劝说消费者购买商品或服务的广告语篇、传递新闻时事的报刊语篇、规劝人们遵守道德规范的宗教语篇。实用文体学与文学文体学的划分可以说是在语体学框架下进行的。语体学研究因话语范围不同（社会实践）而形成了科技、新闻、法律，商务等语言的风格，因话语方式不同（交际媒介）而形成了口语文体和书面文体，因话语基调（交际双方关系）不同而形成了正式文体和非正式文体。在语体学的框架内，把所有语体的语篇分为文学语体［包括诗歌、小说（fiction）、戏剧等］和实用语体［包括科技英语（English for Science and Technology，简称 EST）、新闻英语（News English）、法律英语（Legal English）、商务英语（Business English）、日常会话（daily conversation）等］。

↬ 实用文体学研究方法

实用文体学在方法论、理论方法和具体操作方法层面与文学文体学完全一致。实用文体学也假定语言的文体特征可以被简化为一系列可观察的变量，通过统计把概念简化为可操作的变量，用数字形式来表示这些概念，因此量化方法在文体学（stylistics）中被广泛应用，但是，实用文体研究也离不开对量化数据的阐释（interpretation）和语言特征文体效应/文体效果的分析。而且，实用文体分析要从局内人视角而不是局外人视角来客观理解文本的语言特色。在理论方法上，实用文体学采用形式语言学、功能语言学、语料库语言学和认知语言学等理论进行各种非文学语篇的文体特征研究。在具体操作方法上，观察法、描述法、直觉印象法等都是实用文体学的常用方法。近年来，实证性也是实用文体学研究方法的重要发展趋势。随着心理科学和认知科学的发展，实用文体工作者越来越关注读者的文体特征加工过程。针对具体文体特征的心理实验、认知实验以及自然阅读实验能够用更严格的测量确保研究结果的客观性，大大增强了文体学的实证性。

值得强调的是，实用文体学在文体分析环节对语境格外重视。由于语境决定着要分析的意义类型和模式，以及相应的词汇语法类型和模式，实用文体学对语境的分析一般从系统和实例两个角度进行。如果是分析某个类型、某个领域的实用文体的特点，则需要对整个类别和领域的语境系统进行分析，如科技英语文体、商务英语文体、新闻英语文体等。这实际上相当于分析这个领域文体（style）的文化语境（context of culture）（它实际上是整个语言文化语境的一个部分）。做这种语境分析要注重它的整体性、系统性、层次性和重点性。"整体性"是说做这类语境分析需要把这个领域所有方面都包含在内，不要仅仅注重一个方面，而忽视了其他重要方面。例如，讲法律英语只注重讲法庭英语，而忽视了合同、宪法等领域就是不完整的。"系统性"是说整个领域各个部分要相互有机地联系起来，而不是相互独立，互不相干的。例如，在法律语言学中，各种法规与执法行为等要成为一个有机整体。"层次性"是说在整个大领域内有不同层次的小领域，要厘清它们之间的上下、并列、从属等关系。"重点性"是说语境分析采用从重到轻的顺序，首先把重要的领域和方面突出出来，在有必要的情况下，再梳理非重点的方面。

☙ 实用文体学分析实例

功能语言学的创始人 Halliday 的科技语言文体研究是实用文体学典型案例。在 20 世纪 90 年代 Halliday（1996，1998，1999）多次撰文研究科技英语的文体特色并试图剖析科技语言的语法（grammar）。他从语法建构人类经验开始，关注到了科学语篇中的语法隐喻现象。他所关注到的语法现象就是以名词化为特征的语法隐喻，他认为语法隐喻的出现不是偶然的，而是科学发展和科学论证的需要。他把 Chaucer 的《论星盘》（*Treatise on the Astrolabe*，1391）与 Newton 的《论光学》（*Opticks*，1704）进行比较，发现随着科学的发展，Newton 使用了 Chaucer 没有使用的被动结构、扩展小句复合体、投射句，而且 Newton 使用了名词化。最后，Halliday 认为 Newton 采用名词化把复杂的现象包装成一个符号实体，语篇的抽象性和客观性都增加了。辛斌（2008）对英汉新闻语篇中转述动词的使用特征进行了对比，重点关注新闻语篇中转述言语在语篇和语用上的特征，通过对《中国日报》和《纽约时报》中的转述动词进行初步的比较分析，发现两份报纸在使用转述动词的数量、平均使用次数和每个动词引导的引语字数上具有很高的一致性。这表明它们各自的新闻报道中转述言语的平均数量和比例也会具有相当程度的一致性。另外，两份报纸在一些转述动词的使用上存在着细微的差异，尤其表现在所谓的“共识性转述动词”和“新闻施为词”以及“say”和“according to”等的使用和分布上。造成这些差异的主要原因至少有两个：一是新闻报道的内容、目的和报道者的立场态度存在差异；二是双方在对一些转述动词的意义和用法的理解和掌握上存在差异。其中，个别转述词的使用可能受到母语文化的影响。作者在结尾再次强调转述动词是构成引语最直接最重要的语境，具有影响甚至支配其理解的作用。因此，在转述他人的话语（discourse）时不必添加任何描述性或者评价性的修饰语，仅凭对转述动词的恰当选择便可在很大程度上既保持报道表面上的客观公正，又取得报道者欲达到的交际效果。

☙ 讨论

相比于文学文体研究，实用文体学有以下七大特征：语境依赖性、体裁一致性、学科依赖性、语域依附性、层次直接体现性、言语行为（speech act）的直接性、话语（discourse）的语体化和体裁化（张德禄等，2015：193）。语境依赖性指实用语篇意义产生的依据来自交际事件发生的文化语境和情景语境。从这个角度讲，实用文体都是从实际的交际事件中提取出来的，是依赖语境的。体裁一致性指与文学文体的“自足性”和“体裁混合性”（genre-mixing）相比，实用语篇的体裁（genre）

需要保持一致性。例如，法律文本要从始至终保持法律文本的体裁结构；因为只有符合体裁结构的要求，才能更好地达到交际目的。学科依赖性指实用文体往往要把文体学的理论体系引入另一个学科中，用于对这个学科的语言特点的研究。例如，法律文体研究把文体学理论引入法律学科；商务文体研究的对象是商务语篇的语言特点。语域依附性是与学科依赖性吻合的，它指实用文体总是要"寄生"在一个与人类生活和实践密切联系的实践领域中，例如，法律文体学（forensic stylistics）与法律社会活动密切相关。层次直接体现性指实用语篇的意义大部分由它们比较典型的词汇语法模式和结构体现，层次之间的互动比较少，大部分是直接的决定关系。例如，在一个法庭辩论语篇中，讲话者主要关心根据交际目的的需要选择合适的表达方式，即选择合适的词汇（lexis）和语法结构，而不是为了某种结构模式而调整自己的意义。言语行为的直接性指实用语篇交际目的与在语篇中实现的言语行为具有直接的关系。例如，写一封信表达一个许诺，这个许诺就应该是真实的，是可以在将来通过作者的行为来检验的，读者也可以在将来的交际中对他的许诺做出评价等。最后是话语的语体化和体裁化。实用文体都具有比较典型的人际交流方式，如商务交际方式包括商务信函、商务谈判等；法律领域的交际方式有法律条文、合同、法庭辩论和判决、侦查破案等。语体化的结果是所有的语篇也必然会体裁化，由特定的体裁结构潜势固定下来。

实用文体的主要领域是日常会话、科技英语和新闻英语研究。首先，日常会话研究关注的是日常会话中的话轮和会话的基本原则等。Sacks et al.（1978）从话轮分配和话轮成分两个方面详细分析了以话轮为中心的会话结构。Sinclair & Coulthard（1975）提出一个研究师生会话的模型，提出"发起—反应—跟进"（initation–respose–follow-up）

的会话结构，并提出利用交易（transaction）、交流（exchange）、话步（move）和行为（act）四个成分分析会话度的理论。哲学家Austin（1962）认为人类使用语言不仅仅是在交流信息，而且是在做事。他的学生Searle（1969）详细地把语言行为（performance）分为五种：表述类、指令类、承诺类、表达类和宣告类。此外，Grice的合作会话原则、Sperber & Wilson（1986/1995）的关联理论（relevance theory）、语用学中的面子威胁理论在日常会话中都有应用。科技英语是伴随着科学技术的进步而发展起来的一种体裁，隶属于专门用途英语（English for Special Purposes）。目前，国内外对科技英语文体的研究集中表现为形式分析、功能探讨和翻译应用。大多数科技英语文体研究延续形式主义的文体分析思路，从文本的词汇层、语法层、语义层和语相层分析其语言特色。在词汇层，主要研究术语和缩略词的使用；语法层研究的重点是名词化趋势、被动语态的使用、长句和名词短语作修饰语的情况等；语义层研究科技语篇的客观性和非情感特征；语相层关注符号、图标、公式及标点符号的使用特征。系统功能语言学创始人Halliday（1996）关注到了科技语篇中不仅有大量的术语，而且以名词化为特征的语法隐喻比较突出，并认为语法隐喻的出现并非偶然，而是配合科学发展和科学论证的需要。除此之外，对科技语篇的研究还包括情态系统的研究（Sieller，1982）、语法隐喻对科技英语客观性的加强作用研究（Martin，2010）等；方梦之（2011）从服务翻译的目的出发研究了科技英语的文体特征，列举了其重要的词汇语法特征，并对其中的修辞特征和非语言表达作了细致分析。新闻英语的文体研究主要是对新闻语篇的结构主义文本特色分析、修辞学分析和批评话语分析。结构主义文体分析通常从文本的词汇、语法、修辞手法、语境和衔接（cohesion）分析展开（Leech，1981：74–118），关注新闻文体在词汇语法和修辞方面的突出特征。林觉（1987：26–29）和侯维瑞

（1987a，1987b）从词汇和修辞的角度展开新闻文体的研究；Wodak & Busch（2004：105–123）借用批评话语分析理论（Critical Discourse Analysis）分析新闻英语的文体特色；辛斌（2007，2008）利用批评话语分析理论研究新闻英语的转述言语和该类语篇的对话性。近年来，也有学者把语料库语言学、认知语言学和多模态研究的成果应用到英语新闻文体的研究中。Studer（2008）从社会问题的角度、科技创新的角度和情景语境的角度分析语料库辅助新闻文体研究的可操作性。Han（2011）研究我国网络娱乐新闻中的隐喻（metaphor）对激发读者兴趣的作用，并解释了这种隐喻机制产生的社会历史原因。Pounds（2012）结合了 Martin 的评价理论（Appraisal Theory）和多模态理论研究英语电视新闻中的表情机制。

尽管实用文体研究已取得了一定的成果，但仍存在不少问题。第一，实用文体研究领域比较固定和狭窄。目前所取得的成果主要集中在科技英语、新闻英语和会话分析等方面，而且这几方面的研究也过于狭窄，例如，对科技英语的文体研究主要集中在对科技英语语言层面特征的总结和科技英语情态的研究；新闻英语的研究也主要是对新闻语篇结构和新闻语篇不同层面语言特征的总结。第二，研究空缺较为明显，例如，对商务英语、医学英语等的文体特色关注度不高。第三，与文学文体学相比，实用文体学与其他学科的融合性也不够。例如，不论是会话分析的研究和社会学、人类学、心理学、交际科学等的融合，还是新闻英语研究与多模态语料库的结合都不够深入。

参考文献

方梦之. 2011. 英语科技文体：范式与翻译. 北京：国防工业出版社.

侯维瑞. 1987a. 漫论英语新闻（上）. 外国语（上海外国语大学学报），（2）: 1–8.

侯维瑞. 1987b. 漫论英语新闻（下）. 外国语（上海外国语大学学报），（3）: 7–12.

林觉. 1987. 英语新闻中的情感成分. 外国语（上海外国语大学学报），（1）: 26–29.

辛斌. 2007. 转述言语与新闻语篇的对话性. 外国语（上海外国语大学学报），（4）: 36–42.

辛斌 . 2008. 汉英新闻语篇中转述动词的比较分析 . 四川外国语学院学报，（5）: 61–65.

张德禄，贾晓庆，雷茜. 2015. 英语文体学重点问题研究. 北京：外语教学与研究出版社.

Austin, J. L. 1962. *How to Do Things with Words*. Oxford: Oxford University Press.

Halliday, M. A. K. 1996. Things and relations: Regrammaticizing experience as technical knowledge. In J. R. Martin & R. Veel (Eds.), *Reading Science: Critical and Functional Perspectives on Discourse of Science*. London: Routledge, 185–235.

Halliday, M. A. K. 1998. Language and knowledge: The "unpacking" of text. In D. Allison, L. Wee, B. Zhiming & S. A. Abraham (Eds.), *Text in Education and Society*. Singapore: Singapore University Press, 157–178.

Halliday, M. A. K. 1999. The grammatical construction of scientific knowledge: The framing of the English clause. In R. Rossini, G. Sandri & R. Scazzieri (Eds.), *Commensurability and Translation*. Cheltenham: Edgar, 123–130.

Han, C. 2011. Reading Chinese online entertainment news: Metaphor and language play. *Journal of Pragmatics, 43*(14): 3473–3488.

Leech, G. & Short, M. 1981. *Style in Fiction: A Linguistics Introduction to English Fictional Prose*. London: Longman.

Martin, J. R. 2010. Incongruent and proud: Revivifying "nominalization". In Wang Zhenghua Z. H. Wang (Ed.), *Studies on Discourse Semantics*. Shanghai: Shanghai Jiaotong Universality Press, 401–411.

Pounds, G. 2012. Multimodal expression of authorial affect in a British television news programme. *Discourse, Context and Media, 1*(2): 68–81.

Sacks, H., Schegloff, E. & Jefferson,G. 1978. The simplest systematics for the organization of turn-taking for conversation. In J. Schekein (Ed.), *Studies in the Organization of Conversational Interaction*. New York: Academic, 7–55.

Searle, J. R. 1969. *Speech Acts: An Essay in the Philosophy of Language*. Cambridge: Cambridge University Press.

Sieller N. J. 1982. *Modals and Modality in English for Academic Purposes: Science and Technology*. Gainesville: University of Florida.

Sinclair, J. & Coulthard, M. 1975. *Towards an Analysis of Discourse: The English Used by Teachers and Pupils*. Oxford: Oxford University Press.

Sperber, D. & Wilson, D. 1986/1995. *Relevance: Communication and Cognition*. Oxford: Blackwell.

Studer, P. 2008. *Historical Corpus Stylistics: Media, Technology and Change*. London: Continuum.

Wodak R. & Busch, B. 2004. Approaches to media texts. In J. H. Downing (Ed.), *The Sage Handbook of Media Studies*. London: Sage, 105–123.

实证文体学 EMPIRICAL STYLISTICS

虽然说文体学研究的是文本的文体特征与读者感受之间的关系，但是大多数文体分析注重文本的文体特征分析，而不是读者的感受（Allington，2011；Hall，2009：331；Swann & Allington，2009）。即使有对读者的分析，读者往往只是理论上的概念，类似于读者反应批评中的理想读者（Culler，2002；Fish，1980；Iser，1978）。Richards（1929）是最早关注真实读者反应的文体学家。他在课堂上请学生读一首诗，要求他们对诗中突出的语言特征做出书面评价。该研究发现，读者反应是非常个性化的。虽然 Richards 的研究属于实证研究，但是他的研究设计还比较粗糙，对数据的解释也不一定准确（Martindale & Dailey，1995）。Richards 研究的可贵之处在于他研究的对象是真实读者的反应。

定义

实证文体学（empirical stylistics）是应用实证方法的文体学（stylistics）研究，其实证方法主要包括从网页上收集读者评论、读者问卷调查或访谈，以及眼动实验或脑电实验，分析读者的真实感受，包括身体反应、情感反应（emotional/affective response）和认知反应，以读者的真实感受为出发点研究文本中的文体特征，从而解释真实文体效果的理据。Miall（2015：121–136）以《对文学的感受：实证文体学》为题目，以实证研究的方法分析读者的感受对读者理解文学作品的作用。van Peer 采用了类似的实证方法研究读者对文学文本中前景化（foregrounding）特征的反应。van Peer（1986）请 6 位读者读不同诗人的 6 首诗歌，在阅读时标出自己觉得最有吸引力的诗行。实验前，他本人根据前景化理论，对这 6 首诗歌中的语音层、语法层和语义层做了前景化等级评定。随后，他比较了自己划分的前景化特征等级和 6 位读者的标注，发现尽管读者的文学背景不同，但是作为受试的 6 位读者和他本人对诗歌中最吸引人的诗句的标注高度一致。van Peer 由此得出结论，前景化是文学文本中的一种可以观察出的特征，从而用读者问卷调查这种实证方法支持了许多文体学家的观点。

实证文体学研究方法

Bell & Ryan（2019）将实证文体学研究方法归纳为两种：一种是实验法，另一种是自然观察法。实验法目前在文体学领域不太常见，因为这种研究要求实验控制、测试假设，要求研究在严格控制的环境中进行（通常在一个实验室里，有一位研究人员在场），还要提取出一个文本的某些特征，对实验中受试者对于一些文体特征的反应进行分析。与实验法相比，自然观察法在文体学研究中更常见，以读者在他们的惯常环境（通常是一个读书小组或在线讨论）中对文本的讨论为读者反应的研究材料，并最少地进行研究者干预。这类研究对惯常环境中读者反应的数据几乎总是用定性方法分析。Bell & Ryan（2019）指出，虽然实验方法和自然观察法代表两种相反的范式，但是也有一些实证研究把这两种方法结合起来。该文提出了一种新的混合式方法，使用了一种传统上与实验方法相关联的定量研究工具——利克特量表，从惯常环境中发生的、真实呈现的文本中获取关于预先选定的文本特征的丰富的语言数据。因此，该文使用利克特量表并不是对其展示出的定量结果进行统计学分析，而是对其量化的文体特征进行讨论。

虽然上述两种实证研究方法各有局限性，但是最近关于实证研究在文体学研究中价值的讨论开始融合多种方法。《语言与文学》（*Language and Literature*）杂志 2016 年专刊“数字化时代的阅读”在介绍部分指出，该期专刊开设是出于坚信不同的方法可以而且应该结合，以便更好地理解阅读和阐释（interpretation）的过程。因此，他们建议文体学实证研究应该具有包容性。该杂志 2017 年专刊“读者反应研究的文体方法”的主持人也指出，文体学中的实证研究采用的方法不尽相同。方法论的灵活性可能对文体学的实证研究很有推动力，但是在 Bell & Ryan（2019）看来，文体学中的读者反应研究在很大程度上由自然观察法占主导地位，即对来自阅读组或在互联网上开展的读者讨论进行定性分析。这可能是因为自然观察法更适合于了解读者关于更大、更复杂的文学概念［如隐喻（metaphor）、移情、沉浸感］的反应，自然观察法允许读者本人确定关注和讨论的重点，可以鼓励参与者讨论文本中的特定主题或特征，但其弊端是这样不受限制的读者讨论不太可能聚焦于某个文体特征，因而难以获取关于特定的文体特征的数据。

近年来，越来越多的研究关注读者对文本的真实反应，如 PALA 的特殊兴趣集团、文体学中的读者反应研究，以及《语言与文学》杂志开设的两期专刊：《互联网时代的阅读》（2016 年第 3 期）和《读者反应研究的文体学方法》（2017 年第 2 期），都展示出文体学研究中的实证取向。这两期专刊中的认知文体学（cognitive stylistics）实证研究与从民族志到教学文体学（pedagogical stylistics）的多个文体学流派和学科结合。这说明，文体学研究中的实证方法不可避免地呈现出与其他文体学流派、其他学科交叉的趋势。

除了研究真实读者的反应，文体学实证研究的另一做法是与语料库工具和方法结合，如 McIntyre（2012：402–415）在回顾 2011 年文体学研究情况时指出，Mahlberg & McIntyre（2011：204–227）对 Fleming 的 Bond 的小说《皇家赌场》（*Casino Royale*，1953）的分析就是这样的结合研究，将语料库分析揭示出的文体特征映射到文本世界理论，以解释小说世界得以建构的语言因素。

☙ 实证文体学分析实例

Miall & Kuiken（1994）的文体学研究实验想要探索的是前景化特征对真实读者的阅读过程的影响，是典型的实证文体学研究。该实证研究的假设是：在文本中前景化特征多的部分，读者的阅读速度会减慢，因为前景化特征会引起读者更多的关注。该研究根据读者的文学阅读经历，将读者分成四组，开展了四次相同的实验。实验的具体操作是：选择三个短小的故事，将故事切分成以词组和句子为单位的片段。然后，要求读者在电脑屏幕上阅读故事两次。在受试者第一次阅读时，故事以片段的形式（form）出现，受试者读完一个片段后点击鼠标阅读下一片段，电脑记录读者的阅读时间；在第二次阅读时，每个片段和前后两个片段一起出现，要求读者对片段的吸引力做1—5级的等级评定。结果显示，读者和研究者在前景化特征的判断上高度一致。在第一次阅读中，前景化特征多的部分阅读时间明显长于其他部分；在第二次阅读中，读者对前景化部分标注的等级明显更高，表明读者更容易被前景化特征多的部分打动。该研究得出结论：前景化特征的识别及其对读者阅读的影响与读者的阅读经历无关。

☙ 讨论

文体学实证研究目前主要由西方学者所做，数量不多，而且往往采用读者访谈或者收集读者在现场撰写或网络发布的文学评论的方法，用文体学的理论和方法进行分析，很少应用认知心理学对读者做出某种情感和认知反应的心理学机制进行分析，更少有文体学实证研究用神经认知科学理论，用脑动仪、眼动仪等实验仪器来了解读者真实的神经反应，并对伴随神经反应产生的情感和认知反应做出阐释。中国的西方文体学界在“实证文体学”领域所做的研究还较少，是今后需加强关注的一个方向。

参考文献

Allington, D. 2011. “It actually painted a picture of the village and the sea and the bottom of the sea”: Reading groups, cultural legitimacy, and description in narrative (with particular reference to John Steinbeck's *The Pearl*). *Language and Literature, 20*(4): 317–332.

Bell, A. & Ryan, M. L. (Eds.). 2019. *Possible Worlds Theory and Contemporary Narratology*. Lincoln: University of Nebraska Press.

Culler, J. D. 2002. *Structuralist Poetics: Structuralism, Linguistics and the Study of Literature*. London: Routledge.

Fish S. E. 1980. *Is There a Text in This Class? The Authority of Interpretive Communities*. Cambridge: Harvard University Press.

Hall, G. 2009. Texts, readers and real readers. *Language and Literature, 18*(3): 331–337.

Iser, W. 1978. *The Act of Reading: A Theory of Aesthetic Response*. Baltimore: John Hopkins University Press.

Mahlberg, M. & McIntyre, D. 2011. A case for corpus stylistics: Analysing Ian Fleming's *Casino Royale*. *English Text Construction, 4*(2): 204–227.

Martindale, C. & Dailey, A. 1995. I. A. Richards revisited: Do people agree in their interpretations of literature? *Poetics, 23*(4): 299–314.

McIntyre, D. 2012. The year's work in stylistics 2011. *Language and Literature, 21*(4): 402–415.

Miall, D. S. 2015. A feeling for literature: Empirical stylistics. *Language and Semiotic Studies*, (2): 121–136.

Miall, D. S. & Kuiken, D. 1994. Foregrounding, defamiliarization, and affect: Response to literary stories. *Poetics*, (22): 389–407.

Richards, I. A. 1929. *Practical Criticism: A Study of Literary Judgment*. London: Kegan Paul.

Swann, J. & Allington, D. 2009. Reading groups and the language of literary texts: A case study in social reading. *Language and Literature, 18*(3): 247–264.

van Peer, W. 1986. *Stylistics and Psychology: Investigations of Foregrounding*. London: Croom Helm.

司法文体学 FORENSIC STYLISTICS

"司法文体学"(forensic stylistics)这一术语来自拉丁语，应用社会语言学的技巧、语篇分析(discourse analysis)、文体计量学或语音学知识，解决真实世界中的法律问题，包括作品抄袭、诽谤等。与 forensic stylistics 相关的语言学 forensic linguistics 于 1994 年在国外正式确立，存在多种汉译名，如法律语言学、司法语言学、法医语言学等。韩永强(2005: 78–83)对其多种汉译名进行对比辨析，提出 forensic linguistics 应该译成司法语言学。我们相应地将forensic stylistics 译为"司法文体学"。

☙ 定义

对司法文体学的定义涉及文体学(stylistics)流派划分和定义的标准问题。申丹(2008: 293–298)指出，"西方文体学流派是在历史上逐渐形成和区分的，有的流派之分聚焦于采用的语言学模式，有的流派之分关注的是分析对象，有的流派之分突出了分析目的"。按照这三个划分标准，却很难对司法文体学进行归类。司法文体学可以和女性文体学(feminist stylistics)归为一类，都是以分析目的划分标准，前者是为了解决法律问题，后者是为了分析性别问题。这两个流派的分析方法主要都是社会语言学，也可以灵活应用其他文体学流派的方法，如语料库文体学(corpus stylistics)或认知文体学(cognitive stylistics)。但是，司法文体学又与女性文体学不同，因为女性文体学没有对应的女性语言学作为语言学基础，司法文体学却有名称对应的语言学流派——司法语言学。所以，也可以把司法文体学定义为以司法语言学为基础的文体学流派。

司法语言学家经常被称为法律案件中的目击者，因为他们从口音、词汇（lexis）等语言特征辨识发言人的身份，对公安局记录的证据和供词的作者身份和真伪做出分析。司法语言学研究在美国的代表人物是 Roger Shuy，在英国的代表人物是 Malcolm Coulthard。Shuy 的里程碑著作《语言犯罪：法庭上语言证据的运用与滥用》（*Language Crimes: The Use and Abuse of Language Evidence in the Courtroom*，1993）对司法语言学作出了重大贡献，揭示了语言本身是如何构成犯罪的，并提供了一套语言技术来确定是否发生了特定的语言犯罪。Shuy 的《商标纠纷中的语言之争》（*Linguistic Battles in Trademark Disputes*，2002）展示了法律和语言学等不同领域如何在商标案件中有效合作。该书在介绍每个领域的基础知识之后，展示语言学在 10 起商标诉讼中是如何被使用的，其中 5 起诉讼的双方都有语言学家参与。最后，对语言学家和律师提出了有益的建议。

Coulthard 和 Johnson 主编的《劳特里奇司法语言学指南》（*The Routledge Handbook of Forensic Linguistics*，2010）为司法语言学的主要思想、辩论、主题、方法和方法论提供了独特的参考。该指南指出，司法语言学是研究语言和法律之关系的学科，涵盖从司法语言、法庭话语等各种主题。它还涉及应用（司法）语言学家，他们作为专家，在敲诈、商标和警告标签等不同领域为辩方和控方提供证据。

Gibbons 编写的《司法语言学——司法系统语言导论》（*Forensic Linguistics: An Introduction to Language in the Justice System*，2003）被译为“法律语言学导论”（程朝阳等，2007），说明该书的内容是司法语言学领域的研究基础，其中的文章收集自维基百科或其他免费的在线资源。该书展示出司法语言学是应用语言学的一个领域，涉及语言、法律和犯罪之间的关系。司法文本语言的研究包括广泛的文本类型和分析形式具体为对各种文件做语言学分析，如议会（或其他立法机构）法案、私人遗嘱、法院判决和传票以及其他机构（如国家和政府部门）的法规。

Rieber et al.（1990）和 Levi & Walker（1990）编辑的文集提供了各种当代司法语言学分析的例子，包括语音识别（语音学）、与版权和商标侵权相关的问题、淫秽的定义、通过方言做出的群体或个人识别、有时被称为“耳闻证人报告”、话语（discourse）和对话中的口语分析（例如，主题评论、简明语言法、参考和信息分析）、观察员记录的被告供词的口头和书面语言的差异、明言法、教育法律和政策中的双语和双方言制度，以及法庭演讲风格和语言行为（performance）及其对审判参与者的影响（例如，提问形式、陪审团指示的可理解性、交叉盘问的语言、法庭报告惯例、谨慎的回应、恭敬的语言、“有力的”或“无力的”发言、陪审团指示、模棱两可和加强语气词的使用，律师的讲话风格，以及证人回答时的犹豫）。Ariani et al.（2014：222–225）详细研究了司法语言学的框架，并简要概述其关键要素，包括该学科的历史和发展，以及语言证据在法律诉讼中的使用。此外，该文还探讨了作者鉴定、司法文体学、语篇分析、法医语音学、法医转录和变异（deviation）（作者内部和作者之间）等典型的语言证据类型。在简要介绍了一些一般问题研究之后，提出了与法医语言学直接相关的领域。为此，文件检查、软件法律、符号学和剽窃检测部分也包括在内。此外，本研究还关注了描述性语言学在法医语言学中的应用，如法医语言学家、文本类型、作者以及语言学家对作者身份的研究等。这篇文章最后建议律师和语言学家为了司法的利益应该更紧密地合作，不仅语言学家应该增加对法律问题的理解，律师也应该增强语言学意识。

☙ 司法文体学研究方法

Mcmenamin 的《司法文体学》（*Forensic Stylistics*，1993）是最早也是目前唯一一部以司法文体学命名的著作。该书首先对比了司法语言学与司法文体学。Crystal（1995：xiii）在评述该书时提出，出版该书的目的是“提醒司法界，语言风格的分析长期以来一直是文件审查和法律的一部分，并建议系统的文体分析成为审查有问题的作品的‘一线’方法之一”。该书的目标读者显然是律师，而不是语言学家，因为在一般性讨论的段落之间插入了一系列的事实总结，这些可能对熟悉这种调查传统的美国律师有用。第 4 章“文体学作为证据”（57—74），用了 6 页的篇幅介绍证据规则，一个州接一个州，之后是 4 页的引文，确定在证据中使用的文体学要点。第 5 章“文体证据的可采用性”（75—110）列出了 30 页的判例，显示了文体证据在法庭上的可采用性。第 6 章“文件审查中的文体分析”（111—120）回顾了许多文件审查员对文体（style）的关注。一般的语言学家对这些列表的兴趣会比较小，会查看后面的章节，其中有对相关的语言学主题的描述：第 7 章“写作的本质”（121—138）、第 8 章“风格”（139—158），以及第 9 章“文体学”（159—179）。

McMenamin 的《法律语言学：司法文体学的进展》（*Forensic Linguistics: Advances in Forensic Stylistics*，2002）全面地介绍了司法文体学的概念和研究方法及其与法律语言学的关系。法律语言学有时仅以法律文体分析的形式（form）呈现，但该领域正在迅速扩展，实际上还包括各种其他类型的专业语言分析，这些分析成为民事和刑事诉讼中的专家意见证词的基础。

美国司法文体学应用于质疑作者身份的问题的研究有 Blake 的硕士论文（加州大学伯克利分校）《有争议的作者：作为证据的定量文

体学及其在法律科学中的应用》(“Disputed authorship: Quantitative stylistics as evidence and its application to forensic science”, 1978),是对司法文体学的历史和进展的综述,具有重要意义。Wachal 的博士论文(威斯康星大学)《语言学证据、统计推断和争议作者》(“Linguistic evidence, statistical inference, and disputed authorship”, 1967),虽然没有特别关注法律中的应用,但是为 Blake 和其他人后来的工作提供了全面的方法学基础。

鉴定作者身份的司法文体学包含了对写作风格分析的多种理论和应用方法,这些方法已经在非司法语境中得以应用。

对词义的解释,特别是在词汇和句法存在歧义的情况下,也可以通过司法文体分析来完成。意义问题是诉讼中经常出现的问题,这在对先例和案例的讨论中得到了证明,如单词和短语。对词汇意义的司法解释的另一个重要贡献是 Bryant 的《法庭英语》(*English in the Law Courts*, 1930),这是一本语言学方法健全且充满先例的书,讲述了功能词(冠词、介词和连词)在法律判决中的作用。

Canning 撰写并被收入《劳特里奇文体学手册》的“司法文体学”提出,司法文体学和其研究范围更广泛的伙伴——司法语言学一起,是一门令人兴奋的、正在发展的学科,越来越多地采用文体学的分析框架和方法,用于作者分析、话语呈现(如演讲和思想)、对话分析(如调查性访谈)、在警察撰写的文本中引出犯罪和归责表现的模式、在证人陈述中框架和态度定位,以及描述制度偏见等。该书概述了司法文体学的现状,包括其关键问题和概念,并提供了文体学对司法实践中的工作方式和目的的分析。

司法文体学分析实例

McMenamin（2002）根据他对80个作者身份鉴定案例的研究经验，提出了一个潜在文体风格标记列表，用于鉴定文档的作者身份，其中包括但不限于以下类型的变体（variety）：文本格式、数字和符号的使用、缩略词、标点、大写、拼写、构词法、句法、话语、错误和更正，以及高频词。McMenamin（1993）在第1章以一个作者身份被质疑的案例为例，提供了15个分析标准，包括诸如“干净和整洁的表达”和“对珠宝的注意”等内容范畴，以及诸如“特征词汇和短语”和“各种句法选择”等结构范畴。在Crystal（1995）看来，这些标准很模糊，而且没有得到后面例子表现出的选择性的支撑。

讨论

从上述司法文体学的论著可以看出，司法文体学虽然有了专著和少量论文，但是司法文体学与司法语言学之间的区别尚不清楚。司法语言学主要用于作者身份鉴别，所以很大程度上依赖于计算语言学（computational linguistics），通过统计某些语言特征确定作者的身份，为司法工作服务。司法文体学目前主要的分析也是用于作者身份鉴别，所以和司法语言学并没有真正区分开来。司法文体学作为文体学的一个分支，应该满足文体学的基本要求，即在语言分析与文学／非文学作品的主题意义之间架起桥梁。司法文体学应该从对司法领域文本的语言分析入手分析作品的主题意义，才能体现出文体学的本质特征。

参考文献

韩永强 . 2005. 也谈“forensic linguistics”的汉译名及我国法律语言学的主要研究对象 . 宁波大学学报（人文科学版），*18*（5）: 78–83.

申丹. 2008. 再谈西方当代文体学流派的区分. 外国语文，（4）: 293–298.

Ariani, M. G., Sajedi, F. & Sajedi, M. 2014. Forensic linguistics: A brief overview of the key elements. *Procedia-Social and Behavioral Sciences*, (158): 222–225.

Blake, M. A. 1978. *Disputed authorship: Quantitative stylistics as evidence and its application to forensic science*. Master's thesis, University of California.

Bryant, M. 1930. *English in the Law Courts*. New York: Columbia University Press.

Canning, P. 2022. Forensic stylistics. In M. Burke (Ed.), *The Routledge Handbook of Stylistics* (2nd ed.). New York: Routledge, 21.

Coulthard, M. & Johnson, A. 2010. *The Routledge Handbook of Forensic Linguistics*. New York: Routledge.

Crystal, D. 1995. Review of *Forensic Stylistics* by G. R. McMenamin. *Language*, *71*(2): 381.

Gibbons, J. 2003. *Forensic Linguistics: An Introduction to Language in the Justice System*. Oxford: Blackwell.

Gibbons, J. 2004. Review: Linguistic battles in trademark disputes. *Applied Linguistics*, *25*(2), 277–279.

Gibbons, J. 2007. *Forensic Linguistics*. 程朝阳 , 毛凤凡 , 秦明译. 北京：法律出版社.

Levi, J. N. & Walker, A. G. 1990. *Language in the Judicial Process*. New York: Plenum Press.

McMenamin, G. R. 1993. *Forensic Stylistics*. Amsterdam: Elsevier.

McMenamin, G. R. 2002. *Forensic Linguistics: Advances in Forensic Stylistics*. London: CRC Press.

Rieber, R. W., Stewart, W. A. & Sciences, N. 1990. *The Language Scientist as Expert in the Legal Setting: Issues in Forensic Linguistics*. New York: New York Academy of Sciences.

Shuy, R. 1993. *Language Crimes: The Use and Abuse of Language Evidence in the Courtroom*. Oxford: Blackwell.

Shuy, R. 2002. *Linguistic Battles in Trademark Disputes*. Basingstoke: Palgrave Macmillan.

Wachal, S. R. 1967. *Linguistic evidence, statistical inference, and disputed authorship*. Doctoral dissertation, University of Wisconsin.

文体 STYLE

文体（style）是文体学（stylistics）中最常用的概念之一。

由于“style”一词在汉语中可以被译为“文体”“语体”“风格”等，对我国读者来说，对文体的理解需要澄清以下几个概念。首先，汉语的文体表示文章的体裁（genre），如文学文体包括诗歌、小说（fiction）、戏剧、散文等；非文学文体包括其他各种类型的文章形式，如记叙文、说明文、论述文等。其次，“style”也是语体，指人们在各种社会活动领域，针对不同对象、不同环境，使用语言进行交际时所形成的常用词汇（lexis）、句式结构、修辞手段（rhetorical device）等一系列语言运用的特点，如系统功能语言学的语域（register）所覆盖的范围，分为口头语体和书面语体，其中口头语体包括谈话语体和演讲语体，书面语体又分为法律语体、事务语体、科技语体、政论语体、文艺语体、新闻语体、网络语体等。最后，“style”也翻译为风格，指具有区别于其他人的特点、表现、打扮、行事作风等的行为和观念，表现的是事物的独特性，不仅指语言的独特性特点，还指各种各样的行为、事物的独特性特点；在文学创作中，文体则指其表现出来的一种带有综合性的总体的个体特点。这些不同的概念在汉语中分布于三个不同领域，在英语中则集中在一个术语中。所以，“style”的语义负荷很大，需要从定义、研究方法和自身特点等几个方面理解。

☙ 定义

在文体学中，“style”的定义也是一个很有争议的话题。刘世生（1998：10）把文体的定义归纳为 31 种，而 Ferenčik（2004）却认为现有的对文体的定义已经有几百种。有许多观点从表面上看是相互矛盾的，实际上只是在不同层次和角度上的不同表现而已。

从词源学的角度看，“style”源自古希腊语和拉丁语，其词根为“stile”“stilus”，原指一根一端削尖的棍子，是物体，不是概念。削尖的一方可以用来在纸上画画、写字，就是我们现在用的笔，包括钢笔、圆珠笔、毛笔，但它的意义还要广泛些，还包括刀在表面上雕刻的刀尖、留声机上的唱针、日晷仪的时针等。扁平的一方可以用来擦掉写错的、画错的、不需要的部分，其作用等同于我们现在用的黑板擦、橡皮擦等。在漫长的语义进化中，style 的意义不断转移、虚化和概括化，由写字的物质实体转化为所写的字的特色和特点等。在漂移的基础上，style 的语义范围不断扩展，成为“独特的表达方式，如书写表达方式、说话的表达方式等”（Wales，2011：397）。因此，简而言之，文体就是书面或者口头的表达方式，如海明威风格（Hemingway style）就是海明威作品的独特表达方式。也有人认为，文体有鉴赏的含义，例如，“高雅的”风格就对语言的表达方式含有积极的评价色彩。

由于文体随着语境的变化而变化，也就是说在不同的时间、地点和场合语言的表达方式不同，因此，文体或者风格可以看作语言使用的变体（variety），语域专业术语常常用来指具有该语言共同特征的系统变体，如广告语言、法律语言、新闻报道语言等。

无论在什么情况下，文体都被看作有特色的东西，本质上它是一些典型语言特征的综合（胡壮麟、刘世生，2004：304）。由于文体特征基本属于语言特征，因此文体在某种意义上被等同于语言。例如，有人说“Hemingway 的语言”，就表明 Hemingway 语言对作品的主题表达具有重要意义的区别性特征。显然，任何作家都是从属于一个特定时期的总语库中汲取语言资料的。之所以形成独特语言风格，是因为作家对语言模式做出了不同选择，而作家对语言模式的选择部分地取决于体裁、形式（form）、主题等因素的要求（Traugott & Pratt，1980）。

张德禄等（2015：32–34）将文体定义的内涵高度概括为以下三个：（1）文体是“选择”；（2）文体是“偏离”（deviation）；（3）文体是有动因的突出（motivated prominence），也就是前景化（foregrounding）。首先，文体学家认为文体是说话人选择语言表达意义的产物，也就是说，文体就是说话人或者作者对语言进行的选择和排序（selection and ordering of language）。文体选择观的前提是意义依靠语言形式实现。其次，文体是对语言常规的“偏离”。也就是说，文本的语言在词汇、语法（grammar）、语音（sound）、字形、语义（meaning）、语域等层级存在打破常规用法的现象。从语言学意义上讲，偏离通常表示明显与一般用法相反的特殊用途。最后，文体是有动因的突出或者前景化。系统功能语言学家 Halliday（1971）认为文体不仅是突出（prominence，即布拉格学派的 foregrounding），而且是“有动因的突出”。也就是说，突出的语言使用特征，如排比、反衬、隐喻（metaphor）、拟人等，本身并不是文体特征，只有与语言的情景语境（context of situation）产生关系，在情景语境中起作用，才可成为文体特征。这组特征与说话者的交际意图有关，在情景语境中有一定功能，能够由听话人（包括读者）译码出来，并能在其心目中产生一定的效应。

ɞ 文体研究方法

无论文体是选择、偏离还是动因的突出，它的主要研究方法之一都是比较。尽管有一元论（monism）和二元论（dualism）的区别，但是，两者对文体的确立都是建立在与其他语言形式比较的基础上。"一元论者"（monist）认为形式和内容是不可分割的，任何形式上的区别都会引起意义上的变化。对语言形式的选择同时也是对意义的选择，同时也是对文体的选择。如 Buffin（1972）认为"文即其人"（The style is the man himself.）。在这里，对一种形式的选择因为不同于其他形式而成为一种文体。"二元论者"（dualist）认为文体为"附加在思想上的外衣"，也就是说相同的意义可以选择不同的方式表达，这些不同的方式就是文体。Enkvist et al.（1964：11）的"以最有效的方式讲恰当的事情"（saying the right thing in the most effective way）就是典型的二元论例子。目前文体研究中比较流行的观点是一元论的选择观，即任何选择都是同时对形式和意义的选择，对形式的选择和对意义的选择因此都具有文体意义，即"没有不存在文体的区域"（Halliday，1971：97）。这样，对音系、词汇和语法等的选择，因为在形式和意义上都与其他选择不同而成为一种文体，并产生文体效应 / 文体效果（stylistic effect）。

对文体是偏离的观点更是如此。形式文体学（formal stylistics）认为词汇、语法、语音、字形、语义、语域等的偏离是诗歌语言的重要文体特征（Leech，1969）。从语言学意义上讲，偏离通常表示明显与一般用法相反的用途。但是，常规（norm）和偏离都是相对的概念，所以，需要首先确定哪些是常规。另外，偏离的特征可以是对常规的违反，也可以是对常规的强化。例如，某个一般特征的高频率出现也应该是偏离特征，因为它对这个一般特征的常规本身是一种强化，如说明书和菜谱中高频率出现的祈使句和独立的名词词组等。正如Halliday（1971）所说，偏离的观点强调特殊的、偏颇的东西，把文体特征看作不正常的、违背常规的东西，但实际上，文体特征是语篇（discourse）中最有效的、正常的特征。从这个角度讲，文体不应该是偏离的、不正常的概念，而应该是更加显著和突显的。综上所述，偏离可以分为语言模式（包括语音层、词汇层、语法层或语义层的使用模式）不符合常规结构的使用现象和常规语言模式在使用频率上超出正常范围的现象。因此，文体分析通常的做法是首先确立语言使用的常规，然后把文本中的语言表达方式与常规进行比较，确立语言在使用数量或者使用规范上的偏离和突出。

最后，当文体是有动因的突出或者前景化时，文体学家不仅需要通过比较和对比确立语言使用在数量（quantity）和规范（congruity）上的突出，还需要将突出的语言使用特征与语言使用的情景语境关联，探讨在具体的语场（field / field of discourse）、语旨（tenor / tenor of discourse）和语式（mode / mode of discourse）中，这些突出的语言特征能否发挥作用。因为，只有与语篇的整体意义表达和作者的意图（intention）相关的突出特征才是文体特征。

☙ 文体研究分析实例

针对文体这个较为抽象的概念，下面使用一个实例从偏离的角度阐释具体语篇中的文体及其效果。例如，

love is more thicker than forget

more thinner than recall

—E. E. Cummings

这首诗歌中，作者 Cummings 对形容词比较级“more thicker”和“more thinner”的使用就是一种文体特征。从偏离的角度来看，“more thicker”和“more thinner”是不符合形容词比较级常规表达的语法形式。按照常规，“thick”和“thin”都是单音节词，它们的比较级是“thicker”和“thinner”。然而，作者使用“more thicker”和“more thinner”这种打破常规的用法，能够更加形象生动地表达爱情的理解难度。同样，在这首诗歌中动词“forget”和“recall”也是偏离常规的用法。由于比较级的句型“more... than”中，连词“than”后面应该紧跟的是一个只保留主语的省略句，“than”后面往往跟的是一个名词；因此，作者对动词“forget”和“recall”的使用就是一种偏离。在这首诗歌中，“than”后面使用了两个动词，因此，这两个动词的使用也是一种文体风格，因为动词更能形象地突显爱情的驾驭难度。从上面的分析可以看出，通过对诗歌中比较级表达与常规表达的比较，我们揭示了诗歌的文体特征，阐释了其在诗歌主题表达方面的效应。

❦ 讨论

由于，文体的概念相对抽象，对文体特点的了解则有助于深化文体概念本身的理解。张德禄（2005：24–30）提出文体的层级性（hierarchy）、比较性、相对性、功能性和分级性。第一，层级性是指语言的文体可以体现在不同的抽象层上。某些较低层次的文体包括在较高层次的文体之中，是较高层次文体的组成成分，或表示较高层次文体的独特性。例如，我们可以探讨广义上的不同言语社团的语言（方言）的文体特点（如美国英语、英国英语、澳大利亚英语，北京话、上海话等的特点），以及在较高抽象层上的语域特点（如科技语言、文学语言、日常用语等的特点）。第二，比较性指某一语篇或语段文体特征的确定需要与其他的语篇或语段比较。Halliday（1971：114）说："文体学实质上是比较性的。"偏离是把一个语言使用情况与常规使用比较而言的。例如，Hemingway 小说的简洁性和 Faulkner 小说的细致性都是通过与同时代或者当代大型小说语料库中同类语言的使用特征相比较得出的结论。第三，文体是一个相对概念。文体的相对性首先表现在文体的层级性上。某个文体特征在一个层次上是共性的特征，而在另一个层次上就是独特的。文体的相对性其次表现在文体学的研究范围上，从语言单位上讲，小至词素，大至长篇巨著都可以说具有文体特征。从涉及的方面来讲，文体研究可以是共时的，也可以是历时的。如可以研究某一个现代作家作品的文体特征，也可以研究 19 世纪小说与 20 世纪小说的不同文体。文体研究可以是个体的，也可以是群体的。再则，文体的相对性还表现在体现形式上。文体的中性特点常被认为是"共核语言"的特征，然而共核语言并非一个统一体。某个语体中表现出的文体特征是与其他语体相比较而产生的，同时也是与所谓"共核语言"相比较而突出的。在文体上有意义的"异常"现象都是相对于某些常规而言的。然而，所谓常规是在直觉的基础上建立起来的。第四，文体的功能性指文体都是与其功能（function）密切联系的。在情景中没有任何功能的语言特征不是文体特征。某一语言特征，如果在语篇中出现时与语篇在情景中的作用是一致的，对于实现交际者的目标起到了一定作用，那么在这一情景中它就是文体特征。各种语言形式和手段都有成为文体特征的潜势，只有在情景中具有一定功能的形式手段才可称为文体特征。第五，文体的分级性指文体是有强弱程度区分的。分析者通常依据语言特征偏离常规的程度和语言特征与情景语境的关系确定语篇文体的强度。

最后，值得一提的是以上定义的都是语言文体。伴随着多模态文体学（multimodal stylistics）的出现，图像、字体、布局、色彩等非语言模态的特征也构成语篇的文体特征，因此，文体可以被理解为有动因的或者前景化的模态使用特征。

参考文献

胡壮麟，刘世生. 2004. 西方文体学辞典. 北京：清华大学出版社.

刘世生. 1998. 西方文体学论纲. 济南：山东教育出版社.

张德禄. 2005. 语言的功能与文体. 北京：高等教育出版社.

张德禄，贾晓庆，雷茜. 2015. 英语文体学重点问题研究. 北京：外语教学与研究出版社.

Buffon, C. L. 1972. Discourse on style：An address delivered before the French academy. *Essays in Stylistic Analysis*. New York: Harcourt Brace Jovanovich.

Enkvist, N. E., Spencer, J. & Gregory, M. 1964. *Linguistics and Style: Language and Language Learning, 6*. London: Oxford University Press.

Ferenčik, M. 2004. *A Survey of English Stylistics*. Presov University Library.

Halliday, M. A. K. 1971. Linguistic function and literary style: An inquiry into the language of William Golding's *The Inheritors*. In S. Chatman (Ed.), *Literary Style: A Symposium*. Oxford: Oxford University Press.

Leech, G. N. 1969. *A Linguistic Guide to English Poetry*. New York: Routledge.

Traugott, E. C. & Pratt, M. L. 1980. *Linguistics for Students of Literature: Vol. 10*. New York: Harcourt Brace Jovanovich.

Wales, K. 2011. *A Dictionary of Stylistics*. Harlow: Pearson Education.

文体效应/文体效果 STYLISTIC EFFECT

大多数文体研究的目的是阐释语言模式在文本建构和解读中的作用，因此有必要讨论文体效应/文体效果（stylistic effect）这个重要概念。对文学语篇来说，突出的语言特征有助于文学作品的主题表达和人物塑造（characterization）；对实用语篇而言，突出的语言特征有助于实现交际目的。实际上，不论是文学语篇，还是非文学语篇，文体效应/文体效果的阐释（interpretation）都是文体分析的最后一个环节，也是最重要的环节。

☙ 定义

简而言之，文体效应/文体效果是指文体特征在文本意义建构和解读中的作用。文体学（stylistics）中的效应/效果与文体研究的目的密切相关。作为语言学和文学研究的交叉学科，来自不同领域的文体分析者往往采取不同的立场（stance），而且有不同的研究目的。文体研究的目的可以概括为：语篇阐释和理论建设（张德禄，2007：15）。文学批评工作者使用语言学理论分析语篇（discourse）的最终目的是揭示文本的主题意义和美学意义。从这个角度讲，对文学作品语言特征的分析对作品主题意义的解读有帮助。除此之外，对文学作品语言特征的分析也对作品的人物（character）理解有帮助。总而言之，对文学批评工作者而言，文体分析的效应主要体现在文学作品的意义建构和解读上。理论建设指对现有文体学理论和语言学理论的完善、发展、补充、批判和整理。也就是说，一种语言学假设或语言学理论能够在具体的文体分析中得以完善、补充、批判和发展。从这个角度讲，文本的分析只是一种手段，文体分析的最终目的是理论的建构和完善。如果能够最终完善和修补理论，文体分析的效应或者说效果就达到了。

☙ 文体效应 / 文体效果的研究方法

对文体学研究而言，描述语篇的形式特征是为了把文体效果与来自语言的理据联系起来，因此，解释技巧对于文体学相当重要。形式文体学（formal stylistics）、功能文体学（functional stylistics）、认知文体学（cognitive stylistics）三大现代文体学（modern stylistics）流派对文体效果的解释不同，因而研究方法也不同。

形式文体学家认为文体效应 / 文体效果是通过偏离常规（norm）形成的，如 Aristotle 在《诗学》（*Poetics*，350BC）中就提出“偏离常规用途的非熟悉化”可提高效果；Shklovsky 则提出了“非熟悉化”“陌生化”（defamiliarization）等概念来描述产生偏离（deviation）的语言机制；布拉格学派的 Havránek（1964：3–16）提出了“前景化”（foregrounding）概念，认为文体效果是违反语言常规形成的。根据 Mukaїovský（1938）的观点，日常用法使语言完全自动化和常规化，其使用者再也发现不了它的表达潜势或美学潜势。诗歌则需要运用违反日常语言的常规方式来使语言非自动化（deautomatize），使其前景化。不论是“陌生化”，还是“前景化”，形式主义文体学强调的是这些偏离常规的文学语篇能够带给读者新鲜的阅读体验。因此，它们所谓的文体效应 / 文体效果实际上就是一种偏离常规的语言给读者阅读带来的心理体验。虽然早期的文体效果即偏离观有过度强调质的偏离、忽视量的突出之嫌，但是偏离仍然不失为判断文体特征的一个重要标准。Traugott & Pratt（1980）认为，偏离理论的优点是它帮助我们抓住一个语篇的语法概念，懂得文学语言并不总是和日常语言相同。形式文体学派的文体效果源于偏离的观点强调了文学语言的独特性，即“文学语言的特征在于经常使读者注意语言表达本身，通过对语言形式的感受、思索，进而欣赏语言的艺术性”（侯维瑞，1988：221）。由于形式文体学认为语言偏离特征能产生心理感受，其主要研究方法是寻找语言的各个层面偏离常规的用法和探讨这些偏离在展现人物形象和表达作品的主题意义方面给读者带来的体验。

功能文体学的文体效果是前景化。功能文体学的创始人 Halliday 重新解释了“前景化”概念，区分了突出（prominence）和前景化，认为突出是形式上的，只是心理效果（等同于形式文体学家的前景化概念），不是文体效果；只有当引起突出心理效果的语言特征在语境中具有功能（function），即被前景化时，这种语言特征才具有文体价值，而该语言特征引起的心理效果才是文体效果。此外，功能文体学提出突出的方式不仅是偏离语言常规的用法，也可以是常规用法在量上的突出，也就是说，一些语言表达即使没有偏离语言使用常规，但是高频率地使用这种语言结构也可能引起突出。功能文体学认为突出的方式可以是失协（incongruity）（质的突出），也可以是失衡（deflection）（量的突出）。最后，功能文体学强调文体效果不仅产生于失协或失衡的语言特征，而且把突出的语言特征与语境的相关程度，即把语言突出特征在语境中具有的功能作为判断文体特征和分析文体效果的标准。从这个角度讲，功能文体学强调的突出特征与语境间关系的分析，主要方法是阐释性的。

20 世纪 90 年代兴起的认知文体学则认为文体效应 / 文体效果是读者与语篇语言特征之间的认知互动。认知文体学从外部语境进一步深入内部认知语境，解释了文体效果的认知理据，即某些语言特征之所以具有文体效果是因为该语言特征与读者的认知结构相呼应。认知语言学的观点是，“语义（meaning）不是基于客观的真值条件，故不能简单地理解为真值条件的对应配列。语义不对应于客观外在世界，而是对应于非客观的投射世界（projected world），并与其中约定俗成的概念结构（conceptual structure）直接发生关系”（熊学亮，2001：11）。因此，认知文体学的着眼点是该语言特征体现的人物或读者的某种认知方式及其意义。也就是说，认知文体学从“个体内”的角度为文体效果进一步提供认知理据。因此，心理学和认知神经科学的研究方法被用来揭示读者在文本阅读过程中对特定语言特征的认知机制。如 Burke（2011）借鉴神经生理学的研究成果探讨了文体（style）的认知理据，并指出认知文体学理论之一的意象图式（image schema）理论与镜像神经元（mirror neuron）的活动有关。认知文体学对神经生理学研究成果的借用使得人们认识到文体效果产生的全过程，即与认知结构有关的语言特征会先通过镜像神经元等神经的活动引发读者的身体体验，然后使得读者产生情感反应（emotional/affective response），继而达到认知。

综上所述，形式文体学的文体效果是语言偏离特征带来的心理感受。功能文体学以外部情景语境作为衡量文体特征的标准，把文体效果解释为语言在情景语境（context of situation）中的功能；认知文体学则将外部语境转为内部认知语境，探讨了文体效果产生的认知理据。对于认知文体学来说，文体效果产生于语篇中的文体特征与读者的相关语言图式和范畴化知识的互动，换句话说，认知文体学把功能文体学的语境内化。虽然功能文体学和认知文体学对文体效果的阐释比形式文体学更加全面、更有说服力，但是形式文体学的观点仍有合理之处。我们在分析文体效果时可以根据语篇的语言特征有选择性地应用一种分析方法，也可以综合两种或多种方法，取长补短，更加全面地解释文体效果。

文体效应 / 文体效果分析实例

下面以 Proust 在《追忆似水年华》(*Remembrance of Things Past*, 1922)中对主人公吃玛德莱娜蛋糕时感受的描写为例，展示认知神经理论对文体效应 / 文体效果的阐释。

> 母亲着人拿来一块点心，是那种又矮又胖名叫“小玛德莱娜”的点心，看来像是用扇贝壳那样的点心模子做的。那天天色阴沉，而且第二天也不见得会晴朗，我的心情很压抑，无意中舀了一勺茶送到嘴边。起先我已掰了一块“小玛德莱娜”放进茶水准备泡软后食用。带着点心渣的那一勺茶碰到我的上颚，顿时使我浑身一震，我注意到我身上发生了非同小可的变化。一种舒坦的快感传遍全身，我感到超尘脱俗，却不知出自何因。我只觉得人生一世，荣辱得失都清淡如水，背时遭劫亦无甚大碍，所谓人生短促，不过是一时幻觉；那情形好比恋爱发生的作用，它以一种可贵的精神充实了我。也许，这感觉并非来自外界，它本来就是我自己。我不再感到平庸、猥琐、凡俗。这股强烈的快感是从哪里涌出来的？

在吃“小玛德莱娜”时，主人公首先产生的是强烈的身体反应，“顿时使我浑身一震，我注意到我身上发生了非同小可的变化。一种舒坦的快感传遍全身”。在这种身体体验之后，主人公产生了“超尘脱俗”的感受。他在后文中接着描述当时的情感：“它那样令人心醉，又那样实实在在，然而却没有任何合乎逻辑的证据。”由此可见，身体体验早于情感的产生，而认知到来得则更晚。主人公在经历上述身体体验和情感体验之后用了很长的篇幅上下求索“小玛德莱娜”给他带来这种快感的原因。他“感到内心深处有什么东西在颤抖，而且有所活动，像是要浮上来，好似有人从深深的海底打捞起什么东西，我不知道那是什么，只觉得它在慢慢升起；我感到它遇到阻力，我听到它浮升时一路发出汩汩的声响”。显然认知要比身体体验和情感反应来得晚，且费力得多。经过追忆喝第一口茶的感觉和“闭目塞听”，认知才终于到来。“见到那种点心，我还想不起这件往事，等我尝到味道，往事才浮上心头。”Proust 的这段描写生动具体地展现了身体体验引发情感反应，继而促使认知的过程。从神经生理学的角度进行的文体研究还只是刚刚开始，以上是主观印象和阐释的方法。在认知神经科学的辅助下，未来也可以采用实验方法研究语言描写在读者身上产生的神经反应和情感反应。

☙ 讨论

从以上举例可以看出，前景化是一个重要的概念，因为形式文体学家和功能文体学家都使用这个概念讨论文体效应 / 文体效果。但是，在对这个概念的理解上，往往存在两个误区。一个误区是关于前景化概念的提出者；另一个误区是认为 Halliday 的前景化等于 Mukařovský 的前景化，以至于弄不清楚 Mukařovský 判断文体特征的标准究竟是偏离还是前景化。下文重点澄清这两个误区。

几十年来，前景化一直是文体学领域的一个核心概念。我们可以毫不夸张地说它几乎出现在每一部文体学著作中。大多数使用这个概念的学者认为 Mukařovský 在他的著名论文《标准语言与诗歌语言》（“Standard Language and Poetic Language”，1970）中提出了这个概念。这在很大程度上是因为该论文的编译者 Paul Garvin 的误导，Garvin（1970：40）在介绍中说：“前景化最早是由 Mukařovský 提出的。”许多学者沿袭了 Garvin 的说法，把 Mukařovský 当作这个概念的提出者。但是只要读过 Mukařovský 的论文，我们就会注意到 Mukařovský 在详细解释前景化是“自动化的反义词”和“对图式的破坏”之后，清楚地说明“文中所说的所有关于标准语言中的前景化和自动化现象在本书 Havránek 的论文中已经详细地介绍过。我们在这儿主要关心的是诗歌语言”（Mukaiovský，1970：43）。他这里说得很清楚，前景化原则是由 Havranek 在论文《标准语言的功能区分》（“The Functional Differentiation of the Standard Language”）中提出，而他在该论文中所做的只是讨论诗歌中的前景化现象。只有徐有志（2000：68）和张德禄（2005：5）等为数不多的学者注意到这一点。徐有志（2000：66）指出，Mukaiovský（1970：43）发展了布拉格学派元老 Havranek 首先明确而系统阐述的“前景化说”，提出诗歌 / 文学语言的特点在于从审美角度对标准语有意的扭曲（Mukaiovský，1958）。Mukaiovský（1958：17–30）认为“文体是前景化，是使人们注意，使其新颖，是系统地违背标准常规”。根据 Mukařovský 的观点，日常用法使语言完全自动化和常规化，其使用者再也发现不了它的表达潜势或美学潜势；诗歌则需要运用违反日常语言的常规的方式来使语言非自动化，使其前景化。

Halliday 文体学理论的主要概念之一是前景化。Halliday 接受了 Mukaiovský 的观点，把文体视为前景化，但他对前景化的理解是不一样的。Mukaiovský 的前景化是相对于语言常规的，即在语言常规这个背景的衬托下前景化。这也是为什么形式文体分析的对象都是偏离语言应用常规的语言特征。而 Halliday 的前景化是相对于语篇的整体语境和意义的。Halliday 明确地把前景化视为“有动因的突出”（motivated prominence）。我们在阅读文学作品时，常常感觉作品中的一些模式，语音（sound）、词汇（lexis）和结构上的规则现象在语篇中从某种程度上突出出来。但是，除非这种突出对作者的整体意义有贡献，否则它就似乎缺乏动因（motivation）；一个突出的特征只有与语篇整体的意义相关才能前景化。Halliday（1973：112）是这样解释前景化的：

> 前景化，据我理解，是有动因的突出。我们不难发现诗歌或散文语篇中的一些模式，语音、词汇和结构上的规则现象在语篇中从某种程度上突出出来，或者通过仔细阅读显露出来。通过发现这种突出对表达作者的整体意义有贡献，它常使我们有新的见解。然而，除非这种突出性与文本的整体意义相关联，否则它似乎就缺乏动因。一个突出的特征只有与语篇整体的意义相关才能前景化。这种关系是一种功能关系：如果某个语言特征，由于其突出，而对整个作品的意义有所贡献，它是通过它自身在语言中的价值——通过它意义产生的功能——作出的。

Halliday 的这段话显然是针对文学文体而言。在文学作品中，作品的整体意义和与意义相关的情景都是作者创造出来的，因此，文学作品的情景语境要根据语篇来推断。这样，在文学作品的解码（decoding）过程中，解码者一般应采用自下而上的过程，即首先通过语音文字来解释词汇语法，再通过词汇语法来解释语义，最后再通过语篇的意义来推断情景语境。这样，某个突出的语言特征只要与作者的整体意义相关就是与语篇的情景语境相关，就是有动因的突出，就能前景化。就实用文体而言，语篇是在情景语境中产生的。某个突出的语言形式特征只有与情景语境相关，才是被激活的，才能产生文体效应 / 文体效果。由此，实用文体中突出的语言特征必须到情景语境中去寻找动因。

参考文献

侯维瑞. 1988. 英语语体. 上海：上海外语教育出版社.

熊学亮. 2001. 认知语言学简述. 外语研究,(3): 11–25.

徐有志. 2000. 有关普通文体学理论建构的几个问题. 外语与外语教学,(11): 24–31.

张德禄. 2005. 语言的功能与文体. 北京：高等教育出版社.

张德禄. 2007. 功能文体学研究方法探索. 四川外语学院学报,(6): 12–16.

Aristotle. C. 350 B. C. *Poetics*. S. H. Butcher, trans. Retrieved Aug 16, 2023, from The Internet Classics Archive.

Burke, M. 2011. *Literary Reading, Cognition and Emotion: An Exploration of the Oceanic Mind*. New York: Routledge.

Garvin, L. 1970. Foreword to *Standard Language and Poetic Language*. In D. C. Freeman (Ed.). *Linguistics and Literary Style*. New York: Holt, Rinehart & Winston, 40.

Halliday, M. A. K. 1973. *Explorations in the Functions of Language*. London: Edward Arnold.

Havránek, B. 1964. The functional differentiation of the standard language. In L. G. Paul (Ed.), *A Prague School Reader on Esthetics, Literary Structure, and Style*. Washington D. C.: Georgetown University Press, 3–16.

Mukařovský, J. 1938. Standard language and poetic language. In A. Hazard (Ed.), *Critical Theory Since Plato*. Orlando: Harcourt Brace Jovanovich, 975–982.

Mukařovský, J. 1958. Standard language and poetic language. In P. L. Garvin (Ed.), *A Prague School Reader on Esthetics: Literary Structure and Style*. Washington D. C.: Georgetown University Press, 17–30.

Mukařovský, J. 1970. Standard language and poetic Language. Reprinted in D. C. Freeman (Ed.), *Linguistics and Literary Style*. New York: Holt, Rinehart & Winston, 40–56.

Shaklovsky, V. 1965. Art as technique. In L. T. Lemon & M. J. Reis (trans.), *Russian Formalist Criticism: Four Essays*. London: University of Nebraska Press, 3–24.

Traugott, E. C. & Pratt, M. L. 1980. *Linguistics for Students of Literature*. New York, London & Sydney: Hartcourt Brace Jovanovich.

文体学 STYLISTICS

文体学（stylistics）是一个有着悠久历史的古老学科，对这个学科的了解需要考虑古今中外四大维度。因为现代文体学（modern stylistics）在西方已形成健全的理论体系并拥有独立的学科体系，我国外语界学者的文体研究与西方文体学体系完全吻合，而我国的汉语文体研究比较零散，还没有取得独立的学科地位。因此，对文体学理论的介绍一般以西方现代文体学为主。实际上，不论是西方文体学还是我国的汉语文体研究都始于修辞学。西方修辞学在两千多年前的意大利和希腊时期就已成形，而文体研究则是 20 世纪初开始的。虽然在西方从两千多年前一直到 20 世纪初都是只有修辞学，没有文体学，但在修辞学研究中，语言的文体（style）都是研究的主要对象之一。20 世纪初，Saussure 的学生、瑞士语言学家 Bally 在《法语文体学》（*Traite de Stylistique Francaise*，1909）一书中对文体学的任务、研究对象和研究方法做了明确阐述，标志着现代文体学的问世。

☙ 定义

简而言之，文体学是对语篇语言使用特征进行研究的科学（Wales，2011：339）。鉴于语言结构的层级性（hierarchy），文体分析主要挖掘语篇（discourse）在语音层、词汇层、语法层、语义层、语用层的语言模式特征，并阐释这些语言特征对语篇意义建构的作用。从以上定义可以看出，文体学研究涉及语言学和文学两个学科，是连接语言学研究和文学研究的桥梁（胡壮麟，2000）。对文学研究工作者来说，对语言学理论的借鉴和使用能提供文学鉴赏和分析的新视角；对语言学家来说，文学语篇是语言学理论运用的场所，因此语言学理论可以在文学语篇中得到检验和发展。就文体学的具体研究对象而言，人们的普遍误解是文体学的研究对象是文学作品。实际上，文学文体学（literary stylistics）只是狭义文体学。广义文体学也叫普通文体学（general stylistics），它覆盖对各种体裁总体特征的研究（徐有志，2003：57）。按照不同的研究对象，普通文体学分为文学文体学和非文学文体学［又称实用文体学（practical stylistics）］。其中，文学文体学是以文学作品为分析对象的文体学分支，而非文学文体学或实用文体学是以非文学作品为分析对象的文体学分支。除了以上分类，按照研究目的不同，文体学又有文学文体学和语言学文体学（linguistic stylistics）之分。文学文体学以阐释文学作品之文学性（literariness）、主题意义为目的；语言学文体学的目的或者说其"兴趣焦点不完全是研究文学语篇，而是提炼和完善一种语言学模式，以便进行进一步的语言学或文体学分析"（胡壮麟、刘世生，2004：306）。

☙ 文体学研究方法

在研究方法上，文体学将定量研究与定性研究有机结合。文体学假定语言的文体特征可以被简化为一系列可观察的变量，通过统计把概念简化为可操作的变量，用数字形式来表示这些概念。但是，仅仅依靠量化语言特征是不够的，文体研究离不开对量化数据的阐释（interpretation）和语言特征文体效应/文体效果（stylistic effect）的分析。而且，文体分析要从局内人视角而不是局外人视角来客观理解文本的语言特色。由于定性阐释质疑价值中立的可能性，纯粹的客观性对文体学研究来说是不可能的，文体分析的目标只能是文体分析者达到一种共识。文体学方法论是方法背后的理论，起到指导文体研究的作用。

在具体文体研究中，文体学家需要一套行之有效的操作工具和方法。这些具体的操作方法包括语言学理论方法、实证研究方法和推理方法。现代文体学是利用语言学理论对文本的语言特色进行分析的科学，所以文体学研究首先应该解决的问题就是确定文体分析使用的语言学理论。结构主义语言学理论、转换生成语法、系统功能语法、语用学理论、语料库语言学理论和认知语言学等都是进行文体分析可以选择的语言学理论。实证研究方法是理论建构的基本方法，在建构理论的过程中，观察法、直觉印象法、描述法、调查法是具体的实证方法。然而，对文本进行观察和描写只是完成了理论建构的第一步，文体研究中对资料的处理、对文体特征的分析、对文体效应/文体效果的解释都必须建立在推理的基础上。文体学研究中通常使用的推理方法包括演绎推理、归纳推理、类比推理、对比推理和经验推理。其中，演绎和归纳是两种主要的逻辑推理方法。演绎是一种从一般到具体、从共性到个性、从抽象到具体、从宏观到微观、从理论到经验的推理过程。从理论建构的角度讲，演绎法主张先有假设，所以文体学首先要建立假设，然后需要根据选定的语料对已有的假设进行验证。归纳是一种从具体到一般、从个性到共性、从具体到抽象、从经验到理论的推理过程。文体分析中的归纳是一个对语料进行分析，对分析进行总结，得出结果的过程。但是，鉴于归纳无法穷尽所有的语言现象，它得出的结论只能是对一些具体的个别的语言现象的概括，要上升到理论高度，必须经历再次检验，需要与演绎推理有机结合。所以，张德禄（2007：14）也认为，在文体分析中，归纳推理和演绎推理必须结合使用，并应从不同的角度出发认识两者的先后关系。从对语言材料处理的角度看，应该首先使用演绎推理的方式对语言材料进行剖析，直到完全彻底地分析清楚语料的特征，然后再对其进行归纳，找到规律性的东西；但从理论建构的角度讲，应该首先对现有的材料进行归纳，从归纳中得出假设，然后通过演绎推理对假设进行验证，得出结论。

此外，文体学是主要以文本为分析对象的实证科学，所以使用定量研究方法是一种必然趋势。文体学研究中的定量研究方法主要包括统计方法和语料库方法。近年来，随着心理科学和认知科学的发展，文体学工作者越来越关注读者对文体特征加工过程的研究。Burke & Evers（2014：35）认为“早期文体学的实证性并不是通过观察数据提出假设，然后采用量化或实验方法检验假设而体现出来的，而是通过采用语言学理论开展文本语音层、字形层、句法层和语义层的语言特征分析，并对文本的意义进行更加深入的判断和评价而体现出来的”。最后，针对具体文体特征的心理实验、认知实验以及自然阅读实验能够用更严格的测量确保研究结果的客观性，大大增强了文体学的实证性。

☙ 文体学分析实例

采用文体学的视角和方法对语言现象进行系统研究是文体学的常用做法，下面是文体学家对言语思想表征这一语言学现象系统研究的实例。基于对文学作品中的言语和思想表征的观察和描述，文体学家 Leech & Short（1981）系统地把语言和思想表征区分为对引语 / 思想的叙述性报道（narrative report of speech/thought presentation）、间接引语 / 思想（indirect speech/thought）、自由间接引语 / 思想（free indirect speech/thought）、直接引语 / 思想（direct speech/thought）和自由直接引语 / 思想（free direct speech/thought）五个类型，并认为这五个类型从左到右形成一个叙述者参与逐渐减少的连续体。Semino & Short（2004）采用语料库语言学方法对 20 世纪书面英语中的言语和思想表征方式进行研究。他们搜集了120篇长度在2 000字左右的语篇，共计约258 348字，语篇类型包括散文、报刊文章、纪传和自传等。然后以Leech和Short的言语和思想表征模型为依据，采用人工标注的方式完成了所有语料中言语表达、书面表达和思想表达的穷尽性标注，不仅揭示了这一时期英语中的言语表达、书面表达和思想表达的使用特征，还检验和完善了Leech和Short的言语和思想表征模型。因为在标注中，研究者们发现了新的种类，合并了一些种类，观察到了各种表达的次类，做到了在语料库标注过程中对理论的修订。以上两个文体研究相辅相成，完善了语言学理论，属于语言学文体学研究的范畴。

☙ 讨论

由于文体分析以语言学理论为工具，伴随着语言学理论的层出不穷，文体学也不断地重新评估其模式和术语。20世纪初，在结构主义语言学理论的影响下，Saussure的学生Bally于1909年出版了《法语文体学》，标志着现代文体学学科地位的确立；Spitzer（1948）对文学语篇语言偏离现象的研究和他的语文圈研究方法标志着文学文体学的确立。20世纪60年代，基于结构主义语言学理论和转换生成语法的文体学流派是形式文体学（formal stylistics）流派；20世纪70年代和80年代，话语分析和语用学的发展催生了语用文体学（pragmatic stylistics）；20世纪90年代的批评性话语分析、认知语言学和语料库语言学理论的发展带来了批评文体学（critical stylistics）、认知文体学（cognitive stylistics）和语料库文体学（corpus stylistics）；进入21世纪后，多模态话语分析理论的发展催生了多模态文体学（multimodal stylistics）；文体学理论和叙事学理论的结合带来了叙事文体学（narratological stylistics）。与此同时，文体学研究不仅关注文本语言特征的研究，也关注读者对语言特征的感受。20 世纪 70 年代，Fish 等人对文学作品读者的关注引发了感受文体学（affective stylistics）；进入 21 世纪后，心理学家和认知语言学家对读者阅读反应的实验研究引发了读者接受（reader reception）研究和文学作品的情感实证研究。尽管如此，我们发现文体研究从根本上尊重文本本身的"权利"，不论是文本语言特征研究，还是文本读者阅读，都以文本语言特征为出发点，避免了对语言使用的主观解释。除了语言学理论，有些文体学流派以研究目的命名。例如，教学文体学（pedagogical stylistics）的主要目的是提高学生对文本在语言和意识形态（ideology）上如何运作的认识（Widdowson, 1975）。从这个角度讲，文体学是语言教学的重要工具，在以英语为母语者和以英语为外语者的文学教育方面发挥作用。除此之外，翻译文体学（translation stylistics）的研究以指导翻译理论和翻译实践为目的；法律文体学（forensic stylistics）的研究目的是揭示法律文本的文体特征和指导法律规范。

尽管文体研究在 21 世纪有新的发展，语料库文体学（corpus stylistics）、认知文体学（cognitive stylistics）、多模态文体学（multimodal stylistics）和真实读者研究（real reader experiment）迅速崛起，为文体学研究带来了生机和活力，但文体学在学术界的地位遇到了前所未有的挑战和机遇（张德禄等，2021）。首先，文体学自身的寄生问题无法彻底改变。因为来自其他学科的理论给文体学带来了生机和活力，成为文体学的优势，但同时也暴露出文体学被动性、间断性和非核心性的缺陷。其次，文体学的研究对象也存在争议。文体学的主要研究对象是文学语篇，并且是文学语篇中的诗歌和小说（fiction），但是这并不意味着非文学语篇不在文体学的研究范围内。实际上，现代文体学的研究对象既包括文学语篇，也包括非文学语篇。只是文体学工作者对非文学语篇的文体研究不够重视。最后，文体学的研究目标也具有不确定性。语言学家认为文体学是应用语言学的分支，为语言研究服务；文学工作者认为文体学是一种文学研究方法和视角，能更好地阐释文学作品。对初学者来说，研究目标的不确定性容易引起混乱。进入 21 世纪后，西方文体学与中国文体学的交融问题和文体研究的本土化问题日趋明显。西方文体学研究者引介西方文体学到中国是完全必要的，但西方文体学研究者并没有真正把西方的理论应用于中国汉语语篇文体的研究，原因是从事西方文学研究的基本都是外语教师，其汉语文体学的理论基础不够，又不善于与汉语文体学家沟通与合作，导致文体研究的本土化发展缓慢。

参考文献

胡壮麟. 2000. 理论文体学. 北京：外语教学与研究出版社.

胡壮麟，刘世生. 2004. 西方文体学辞典. 北京：清华大学出版社.

徐有志. 2003. 文体学流派区分的出发点、参照系和作业面. 外国语（上海外国语大学学报),（5）: 53–59.

张德禄. 2007. 功能文体学研究方法探索. 四川外语学院学报,（6）: 12–16.

张德禄，贾晓庆，雷茜. 2021. 文体学新发展研究. 北京：清华大学出版社.

Bally, C. 1909. *Traite de Stylistique Francaise*. Heidelberg: Carl Winters.

Burke, M. & Evers, K. 2014. Formalist stylistics. In M. Burke (Ed.), *The Routledge Handbook of Stylistics*. London & New York: Routledge, 31–44.

Leech, G. & Short, M. 1981. *Style in Fiction: A Linguistic Introduction to English Fictional Prose*. London & New York: Longman.

Semino, E. & Short, M. 2004. *Corpus Stylistics: Speech, Writing and Thought Presentation in a Corpus of English Writing*. London: Routledge.

Spizter, L. 1948. *Linguistics and Literary History: Essays in Stylistics*. Princeton: Princeton University Press.

Wales, K. 2011. *A Dictionary of Stylistics* (3rd ed.). Harlow: Pearson Education.

Widdowson, H. G. 1975. *Stylistics and the Teaching of Literature*. London: Longman.

文学批评 LITERARY CRITICISM

文学批评（literary criticism）是文学活动的重要组成部分。自文学作品出现、传播、消费和接受以来，文学批评就随之产生和发展，并且构成文学理论不可或缺的重要内容，成为文学活动整体中的一种动力性、引导性和建设性因素，既推动文学创作和影响文学思想及文学理论的发展，又促进文学的传播与接受。

定义

文学批评有广义和狭义两种：广义的文学批评属于文学理论研究的范畴，从作品评介到理论研究都包含其中，在西方几乎是文学研究的同义词。狭义的文学批评属于文艺学的范畴，是以文学鉴赏为基础，以文学理论为指导，对作家作品（包括文学创作、文学接受等）和文学现象（包括文学运动、文学思潮和文学流派等）进行分析、研究、认识和评价（evaluation）的科学阐释活动。文学批评以文学鉴赏为基础，同时又是文学鉴赏的深化和提高。在文艺学的诸种研究形态中，文学批评是最活跃、最常见、最普遍的一种。文学批评从文学实践出发，又反作用于文学实践。它能影响作家认识和理解文学的性质、特点和规律，从而影响创作的发展；它还通过对作品的分析与评论影响读者对文学的鉴赏和理解，从而直接关系到文学社会作用的发挥。达到时代先进水平的文学批评，不仅对同时代个别作家作品起到支持、鼓励和指导作用，还对同时代作家的创作思想及创作倾向产生很大影响，甚至能改变当时的文学风尚和创作风格；不仅能提高读者的接受能力和艺术趣味，而且能帮助、促进一定时代审美理想的建立和形成。

☙ 文体学批评方法

尽管文学批评的具体运作因人而异，但批评家在批评方式上却体现出一定的惯例与规范。审美体验、理性分析和价值判断是文学批评应该遵守的三个要点。第一，批评家要成为接受者就需要对作品产生审美体验。文学批评的主要对象是文学作品。文学作品是以情感与艺术形象来表现人对现实的审美关系的。因此，进行文学批评时，批评家应该以文学的方式阅读文学作品，以审美的态度观照与体验作品中的艺术形象。这是一名合格的文学接受者都能够做到的，批评家首先应该做到。当批评家像普通读者那样进入阅读、欣赏角色，在作品的形象世界中产生由衷的、真切的审美体验之后，他才拥有批评作品的权利。第二，理性分析是文学批评的核心。尽管文学批评必须先感知艺术形象，对艺术形象进行审美上的把握，但它的主要特征是一种理性的分析和认知活动。批评的目的是对作家、作品和其他文学现象做出较为客观的认识与评价，这就需要将它从偏于感性的欣赏与体验上升到理性的分析与评判的层次，需要考虑和关注作品在读者中唤起的普遍的接受效果与社会反应，还要限制个人偏爱与情感倾向在批评中的干扰或支配作用。把文学批评纳入文艺学或文学理论的范畴，其深刻的意义就在于强调文学批评是一种客观的、理性的分析与认知活动。第三，批评的最终落脚点是价值判断。批评家对作品的整体价值判断是在理解与阐释作品的基础上做出的。理解与评价是一种相互依存的关系：理解中渗透着评价，是整体评价指导下的理解；评价是理解引导的最后结论，也为作品的理解与阐释（interpretation）提供了证据。批评家对作品的价值判断包括审美判断与倾向性判断，也就是说价值判断是批评家对作品的艺术价值与思想价值做出的主观评价。从这个意义上来说，价值判断带个人性和主观性；然而，批评家的价值观又是社会的某种审美趣味和意识形态的反应，因而价值判断也具有集体性与客观性。总之，批评家对作品的评价与被评价的作品，共同担负着影响读者和作用于社会的文学功能。

就批评的标准而言，每一种文学作品都有其理想的形式、内容和精神，批评家常以此作为判断的标准。这些理想的评判标准是建立在公认的文学艺术原则之上的，可以从文学作品的内在和外在两个方面理解。其中，外在因素涉及措辞（diction）、结构、物质、精神或目的等，比如，措辞要准确，句子结构要清晰，诗歌应该遵循诗化的规律等。内在因素指向作品的内容，如作品要有统一的思想，表现崇尚对称，陈述追求真实，以及感情力求真诚和克制等。在以上判断标准中，文学作品内容具有重要价值。有时，一种从作家的个性出发、超越一切艺术规则的创作往往具有独特的魅力。再如，一部文学作品的个人元素或精神尤其突出时，就能抵消形式的缺陷，而且赢得大众的喜爱。所有的文学，在某种意义上，都是批评的材料。它可以使用各种文学判断标准进行检验，尤其是在它所属的类别中按照基本原则评估它的价值。值得一提的是，文学批评通常局限于狭义的文学，包括各种形式的诗歌、散文、历史、演讲和小说（fiction）等。

在漫长的发展中，文学批评形成了社会历史批评、女性主义批评、心理批评、审美批评、伦理批评、读者反应批评、后殖民主义文学批评和语言批评等众多的批评类型和流派。实际上，采用不同的视角，文学批评可以探索文本可能具有的不同含义。例如，新历史主义或文化理论批评将文本置于其写作的文化和社会背景中来看待。使用这一理论来探索一部文学作品的评论家，可能还会查阅作者所写的信件或报纸上对作品创作时所发生的事件的报道，以试图更全面地理解文本的含义。女性主义批评是从女性的视角看待作品。它可以分析女性作家的文学作品，观察女性作家的创作经历和思想变化，也可以探讨文学中的女性角色是如何被男性角色对待的，并在此基础上得出女性人物塑造特点的结论。读者反应批评着眼于读者群体对同一文本的反应，并探索不同读者对同一文本阐释的异同。后殖民主义文学批评者通常会在文学作品中观察殖民者看待和对待被殖民者的方式。语言批评则关注文学作品中语言的使用情况。其实，任何一种文学批评的目的都是对文本及其意义形成一种判断，它也可以帮助读者通过对文本的深入探索来看待事物。此外，如果文本中存在冲突，运用文学批评可能有助于解决这些冲突，并提供一个更为清晰的理解。

☙ 文体学批评分析实例

束永珍（2001）运用当代女性主义文学理论对 Woolf 的小说《到灯塔去》（*To the Lighthouse*，1927）进行女性主义的文本解读。该文不仅运用两性关系理论分析了《到灯塔去》中由传统男性逻各斯中心思想所决定，呈二元等级对立的男女性别角色模式和女性主义对男性和女性等级二元对立的颠覆，还采用女性书写理论分析了女性之间的关系和女性独特的体验及话语（discourse），认为《到灯塔去》是一部带有鲜明女性主义特征的文学作品，其对女性主义理解的深度和广度早已超越了时代的限制，与后世的激进女性主义相比，也毫不逊色。论文从文本内容到文本本身对作品中女性形象和女性意识的多方位分析，就是女性主义文学批评的案例，不仅有助于读者理解作品本身的主题，也能帮助读者了解作者的创作风格。

☙ 讨论

文学批评历史悠久，早在 Plato 的《理想国》(*Republic*，约公元前 4 世纪）中就有了关于文学与现实关系的讨论，而与文体学（stylistics）关系密切的文学批评流派是英美新批评流派。英美新批评流派于 20 世纪 30 年代在美国出现，但是其孕育和发展离不开 19 世纪末和 20 世纪初的欧洲文化大背景。在 19 世纪末的欧美国家，尤其是在德国、英国和美国，文学研究成为一门显学。文献学、语言学、民俗学以及为圣经批评而设计的文本原则为文学研究提供指导，而学术品位反映了对作者精神品质的普遍印象主义的关注。几股思潮的共同作用使系统性的文学史的创作成为可能。原始主义和中世纪主义唤醒了人们对早期文本的兴趣；科学实证主义鼓励人们谨慎地尊重事实。到了 20 世纪 20 年代和 30 年代，随着英语研究的兴起和古典研究的衰落，客观研究的思想继续指导着英美文学创作和文学批评，为新批评（New Criticism）的出现做好了准备工作。以剑桥学者 Leavis 和 Richards 为代表的新批评派诞生。Richards（1929）主张使用"细读"的文学批评方法，认为读者必须关注书页上的文字，并且从它们中提取出意义。Empson（1930）提出了一种中立的、不加任何预设的经验主义式的文本分析方法。Ransom（1941）在文学批评的原则中不仅强调文学批评的核心任务是对文本自身的细读，还认为新批评派的目标是成为一种科学、准确且系统的文学批评方法。在冷战的格局之下，新批评派提供了一种相对简单且不引起政治争议的文学批评方法，被当时的学界广为接受。

新批评流派对文学批评科学方法的重视与这一时期兴起的形式主义文体学研究不谋而合。然而，文学批评与文体研究的目标不同，不能混为一谈。文学批评（包括英美新批评）把语言批评看作对文学作品进行价值判断的一个手段，目的是对文学作品的社会价值给出准确的定位；而文体学研究的目的则是对文本主题的解读和语言模型的检验。正因为如此，文学批评工作者与文体学家之间的沟通和关系成为敏感的话题。在这一时期，尽管文学文本语言的研究和批评成果显著，许多传统文学评论家却一直对文体学持怀疑态度，他们认为文体学像语言学一样过于"客观"，有可能破坏读者所需要的反应灵敏性。另外，在批评家中也存在这样一种倾向，即专注于内容而非形式，于是他们将语言视为一种"透明"的媒介（medium）。尽管如此，文学批评对文体学仍具有重要的影响，尤其是英美新批评促进了形式主义文体学在20世纪中期的繁荣和发展。

参考文献

束永珍. 2001. 区别与整合:《到灯塔去》中的女性主义解读. 外国文学研究,（1）: 61–66.

Empson, W. 1930. *Seven Types of Ambiguity*. Harmondsworth: Penguin.

Ransom, J. C. 1941. *The New Criticism*. Westport: Greenwood Press.

Richards, I. A. 1929. *Practical Criticism: A Study of Literary Judgment*. London: Kegan Paul.

Woolf, V. To the Lighthouse. Retrieved Oct 21, 2024, from Gutenberg website.

文学文体学 LITERARY STYLISTICS

文学文体学（literary stylistics）是现代文体学（modern stylistics）的一个重要分支。

由于文学文体学的主要研究对象是文学作品，因此对文学文体学概念的理解往往有以下两个误解：一是简单地认为文体学（stylistics）就是文学文体学；二是不充分考虑文学文体学背后的分类标准。

☙ 定义

对文学文体学准确定义需要考虑研究对象和研究目的。就研究对象而言，文学文体学是和非文学文体学 / 实用文体学（practical stylistics）相对应的一个概念。普遍认为，按照研究对象的不同，普通文体学（general stylistics）分为文学文体学和非文学文体学 / 实用文体学。鉴于普通文体学是广义的文体学，它覆盖对各种体裁总体特征的研究（徐有志，2003：57），其中，文学文体学是以文学作品为分析对象的文体学分支，而非文学文体学 / 实用文体学是以非文学作品为分析对象的文体学分支。然而，按照研究目的不同，文体学又有文学文体学和语言学文体学（linguistic stylistics）之分。文学文体学以阐释文学作品之文学性（literariness）、主题意义为目的；语言学文体学的目的或者说其“兴趣焦点不完全是研究文学语篇，而是提炼和完善一种语言学模式，以便进行进一步的语言学或文体学分析”（胡壮麟、刘世生，2004：306）。简而言之，由于研究对象比研究目的宽泛，也可以把以文学作品为研究对象的文体学统称为广义文学文体学，把以阐释文学作品文学性和主题意义为研究目的的文体学分支称为狭义文学文体学。

☙ 文学文体学研究方法

尽管现代文体学的研究方法都使用于文学文体学研究，但是不同研究对象有不同的研究方法。王佐良、丁往道（1987）把文学文体学分为诗歌文体学和散文文体学，后者包括小说文体研究、戏剧文体研究和狭义的散文文体研究。申丹（2008：297）提出“在文学文体学下面，可相应区分诗歌文体学、小说文体学和戏剧文体学等”。下面具体介绍诗歌文体学、小说文体学和戏剧文体学的具体研究方法。

诗歌文体学的主要研究方法是把诗歌中语言特征总体视为诗歌内部语境，常常选取几个特征进行分析，并对诗歌的语义（meaning）、诗歌中人物（character）的思维特征、性格特点等做出解释。Leech（1969）列出了诗歌中的排比、声音模式、韵律（rhyme）、悖论以及相关的语义错位，如隐喻（metaphor）、反讽（irony）、语境和内容含糊等语言特征。Simpson（2004）、刘世生（2002）列举了诗歌文体在音系（字位）、词汇语法、语义这三个层面各种可能突出的语言特征。张德禄（2005）从词汇语法层和音系（文字）层这两个层次探讨了诗歌的文体特点。此外，也有文体学家应用功能文体学（functional stylistics）、话语分析等方法解读诗歌的语言特征与社会历史文化语境的关系，例如，研究诗歌中的语码转换等语言特征反映的女权主义思想、奇卡诺文化的种族民族主义思想（如 Pratt，1993：171–187）等。随着认知科学的发展，有文体学家使用认知文体学（cognitive stylistics）方法分析读者和诗歌中语言特征的互动，分析读者通过指称、时态、时空指示词、人际指示词、世界建构词以及各种词汇语法特征构建出文本世界（text world）的过程；或者通过实证研究分析读者情感和认知因素对解读诗歌文体的影响（如 Stockwell，2009）。多模态文体学（multimodal stylistics）主要分析多模态符号与诗歌的文体特征的协同作用（王红阳，2007；Verdonk，2005）。还有学者根据诗歌语言的具体特点把上述方法融合进行文体分析。例如，Wales（2010）在分析英国诗人 Walter de la Mare 的诗歌时既分析了它的声音模式、韵律等语言特征，又分析了诗歌中包含的认知隐喻，其中的意象和象征需要读者激活的认知图式（cognitive schema）等，从而解释读者阅读诗歌时产生情感反应（emotional/affective response）的文体理据。

小说文体学研究的主要方法是按照 Leech & Short（1981，2007）的文体分析检查表从语音（sound）/ 文字、词法 / 句法、修辞、语境和衔接（cohesion）等四个层面寻找小说（fiction）中与主题相关的语言特征，或者用功能文体学方法分析小说中体现概念元功能（ideational metafunction）、语篇元功能（textual metafunction）和人际元功能（interpersonal metafunction）中的一种或多种元功能（metafunction）的语言特征及其在小说整体语境中的意义。也有文体学家使用认知文体学方法分析小说中的概念隐喻（conceptual metaphor）、作者或人物的思维风格（mind style），以及读者的认知图式对阅读的影响，读者借助指示词、空间建构词所构建出的心理空间（mental space）、可能世界、语篇世界（Burke，2011; Stockwell，2009）等。此外，语料库方法也被广泛应用到小说文体研究中，以挖掘更大规模的语篇（discourse）中呈现出的某种模式的语言特征，并结合小说语境对其表达的主题意义进行解释（Mahlberg，2010）。此外，鉴于现代和后现代小说在形式（form）上的大胆创新，有学者把文体分析方法与分析非语言特征的多模态理论结合起来，对文本的整体特征和主题意义做出新的阐释（interpretation）（Nørgaard，2009，2019）。鉴于视角是小说的重要组成部分，20 世纪对小说的研究在很大程度上是对视角的研究，Short（1996：256）区分了小说中讲述的内容和讲述视角，并且认为这种区分使得小说成为就话语结构而言最复杂的文学体裁。Simpson & Mayr（2009）研究了小说视角与人物塑造（characterization）的关系。伴随着方法融合的大趋势，小说文体学研究也走向了方法的融合，开始寻找叙事学、语料库方法与文体分析的更多接面研究，期望对更多小说的文体特征和主题意义做出有新意的解释（张德禄等，2015：179）。

到目前为止，戏剧文体学分析的主要方法首先是应用语用学的言语行为理论、礼貌原则、话轮转换等和话语分析方法分析人物对话的结构、语言特征，解释人物形象、人物关系和主题意义。其次，戏剧文体学研究不仅结合语料库语言学方法对人物对话中的某些语言项目进行统计，从而解释人物形象和主题意义，而且还结合戏剧表演对剧本进行多模态分析（McIntyre，2008）。最后，和诗歌、小说文体一样，对戏剧的文体分析也可以融合两种或多种方法，如与传统文体学、语料库语言学、语用学和认知文体学分析方法的融合。总的来说，对戏剧文体的研究集中于用语用学、话语分析理论来分析人物对话的结构和语言特征，并解释人物关系、主题意义等。对小说、诗歌文体研究来说，戏剧文体研究的方法和语料都还有很大的发展空间。

随着认知科学的飞速发展，文学文体学也呈现出明显的认知转向。在研究方法上，文学文体学兼收并蓄的特点使其呈现出两种或多种文体分析方法结合的趋势，语料库工具的使用有助于研究者发现更大篇幅文本中的语言使用特征。文学文体学与多模态理论的结合可以扩大文学文体的分析范围，研究语言模态和非语言模态的文体特征。此外，文学文体学与其他学科如叙事学、翻译学等的跨学科融合也将为文学文体研究带来新的契机。

文学文体学分析实例

Stubbs（2005：5–24）采用语料库方法研究 Joseph Conrad 的小说《黑暗的心》（*Heart of Darkness*，1902）的语言风格，以 Brown、LOB、Frown 和 FLOB 等语料库中的“散文类”语篇以及 BNC 语料库中约 100 万字的书面语作为参照语料库，使用词频表、词汇分布、索引等检索手段对小说的语言使用进行检索和描述，发现小说中不确定性的实词、虚词、某些抽象名词、带有否定前缀的形容词和名词，还有某些类型的短语和搭配（collocation）的反复使用都对表达主人公马洛心理上对现实的不确定性有特殊意义。该研究使用了语料库语言学理论和方法揭示了文学作品中偏离常规（norm）的语言形式在小说主题意义表达中的特殊作用，对文学作品的解读和鉴赏有重要作用，是文学文体研究的典型代表。此外，申丹（2006：4–10）通过分析 Langston Hughes《在路上》（*On the Road*，1976）中的及物性模式，挖掘了 Hughes 在采用同一种及物性过程中形成的对比及其表达的深层象征意义。该研究采用了功能文体学理论进行文本分析，不仅挖掘了文学作品背后的深层象征意义，还证明以语言特征为依据的文体分析有助于读者了解隐含作者与真实作者间的复杂关系，阐释了文学文体学为文学作品解读和研究服务的目的。

讨论

尽管文学文体学在 20 世纪中期才确立，但是对文学文体的探讨开始于古希腊时期。Aristotle 在他的修辞学理论中涉及体裁研究，他认为修辞学主要发生在演讲体裁（genre）中。后来体裁的概念和理论被推广到文学创作领域，在文学的各种类别中得到运用，产生了有关体裁的系统理论。文艺复兴时期（Renaissance，14—17 世纪），Puttenham 研究了诗歌的修辞，出版了他的专著《英语诗歌的艺术》（*Arte of English Poesie*，1589）。在启蒙时期（Age of Enlightenment，17—18 世纪），传统修辞学与美学、文学、历史、诗歌和文学评论结合了起来。20 世纪 50 年代，Spitzer（1948）对文学语言偏离现象的研究和他使用语文圈研究方法（Philological Circle）进行的研究标志着文学文体学的确立。Spitzer 认为"一个民族的精神可见之于它的文学；反之，从文学经典名著的语言中也可以看到一个民族的精神"（胡壮麟，2000：56–57）。俄国形式主义学家的"陌生化"（defamiliarization）概念和"前景化"（foregrounding）概念揭示了文学语言的本质，是分析文学作品语言特征的重要理论依据。布拉格学派创始人 Jakobson 认为言语事件的六大要素是发话人、受话人、语境、接触、信息和语码（code），与这六大要素对应的功能（function）是情感功能、意动功能（conative function）、所指功能、寒暄功能、诗学功能（poetic function）和元语言功能；在文学语篇中，诗学功能和元语言功能发挥重要作用。

就文学文体学的发展而言，诗歌文体学、小说文体学和戏剧文体学各有特色。英语文体学界对英语诗歌文体的研究开始较早，而且相关著述很多。最早的系统研究英语诗歌文体的专著是 Leech 的《英语诗歌的语言学导引》（*A Linguistic Guide to English Poetry*，1969）；Stockwell 的《文本机理：关于阅读的认知美学》（*Texture: A Cognitive Aesthetics of Reading*，2009）是以诗歌为主要语料的认知文体学专著；Verdonk 的《二十世纪诗歌：从文本到语境》（*Twentieth-Century Poetry: From Text to Context*，1993）和《诗歌文体学：语境、认知、话语和历史》（*The Stylistics of Poetry: Context, Cognition, Discourse, History*，2013）是两本专注于诗歌文体研究的论文集。小说文体研究是文学文体学研究的主要部分。国外研究小说文体的重要著作有：Fowler 的《语言学与小说》（*Linguistics and the Novel*，1977）、Leech 和 Short 合著的《小说文体论：英语小说的语言学入门》（*Style in Fiction: A Linguistic Introduction to English Fictional Prose*，1981）、Toolan 的《小说文体学》（*The Stylistics of Fiction*，1990）和 Burke 的《文学阅读、认知与情感》（*Literary Reading, Cognition and Emotion*，2011）等。戏剧文体研究是三种文学文体研究中起步最晚、数量最少的。但是，戏剧文体学在近 20 年来也取得了很大的进步。Burton 的《对话和话语：现代戏剧对话和自然发生的对话的社会语言学分析》（*Dialogue and Discourse: A Sociolinguistic Approach to Modern Drama Dialogue and Natural Occurring Conversation*，1980）是最早的戏剧文体研究著作，探讨了如何应用社会语言学方法分析戏剧的对话。Short 的《诗歌、戏剧及小说的语言探讨》（*Exploring the Language of Poems, Plays and Prose*，1996）专章探讨了戏剧文体，提出戏剧语言是会话性体裁，详细分析了戏剧对话与日常对话的相同点和不同点，建议文体学家应用语用学理论研究戏剧会话。总而言之，文学文体学的三个分支研究侧重点不同，成果也不同，其中，小说文体学发展最快，成果也相对丰富，戏剧文体学研究面较窄，但有更大的发展空间。

参考文献

胡壮麟. 2000. 理论文体学. 北京：外语教学与研究出版社.

胡壮麟，刘世生. 2004. 西方文体学辞典. 北京：清华大学出版社.

刘世生. 2002. 文学文体学：理论与方法. 外语教学与研究，（3）：194–197.

申丹. 2006. 及物性系统与深层象征意义——修斯《在路上》的文体分析. 外语教学与研究（外国语文双月刊），（1）：4–10.

申丹. 2008. 再谈西方当代文体学流派的区分. 外语教学与研究，（4）：293–298.

王红阳. 2007. 卡明斯诗歌“l（a”的多模态功能解读. 外语教学，（5）: 22–26.

王佐良，丁往道. 1987. 英语文体学引论. 北京：外语教学与研究出版社.

徐有志. 2003. 文体学流派区分的出发点、参照系和作业面. 外国语（上海外国语大学学报），（5）: 53–59.

张德禄. 2005. 语言的功能与文体. 北京：高等教育出版社.

张德禄，贾晓庆，雷茜. 2015. 英语文体学重点问题研究. 北京：外语教学与研究出版社.

Burke, M. 2011. *Literary Reading, Cognition and Emotion*. New York: Routledge.

Burton, D. 1980. *Dialogue and Discourse: A Sociolinguistic Approach to Modern Drama Dialogue and Natural Occurring Conversation*. London: Routledge and Kegan Paul.

Fowler, R. 1977. *Linguistics and the Novel*. London: Methuen.

Leech, G. 1969. *A Linguistic Guide to English Poetry*. London: Longman.

Leech, G. & Short, M. 1981. *Style in Fiction: A Linguistics Introduction to English Fictional Prose*. London: Longman.

Leech, G. & Short, M. 2007. Style in fiction: New directions for research. *Style, 41*(2): 15–116, 252–253.

Mahlberg, M. 2010. Corpus linguistics and the study of nineteenth-century fiction. *Journal of Victorian Culture, 15*(2): 292–298.

McIntyre, D. 2008. Integrating multimodal analysis and the stylistics of drama: A multimodal perspective on IanMcKellen's *Richard III*. *Language and Literature, 17*(4): 309–334.

Nørgaard, N. 2009. The semiotics of typography in literary texts: A multimodal approach. *Orbis Litterarum, 64*(2): 141–160.

Nørgaard, N. 2019. *Multimodal Stylistics of the Novel: More Than Words*. New York & London: Routledge.

Pratt, M. L. 1993. "Yo soy la Malinche": Chicana writers and the poetics of ethnonationalism. In P. Verdonk (Ed.), *Twentieth-Century Poetry: From Text to Context*. London & New York: Routledge, 171–187.

Puttenham, G. 1589. *The Arte of English Poesie*. A facsimile reproduction. Intro. Baxter.

Short, M. 1996. *Exploring the Language of Poems, Plays and Prose*. London: Longman.

Simpson, P. 2004. *Stylistics: A Resource Book for Students*. London & New York: Routledge.

Simpson, P. & Mayr, A. 2009. *Language and Power: A Resource Book for Students*. London: Routledge.

Spizter, L. 1948. *Linguistics and Literary History: Essays in Stylistics*. Princeton: Princeton University Press.

Stockwell, P. 2009. *Texture: A Cognitive Aesthetics of Reading*. Edinburgh: Edinburgh University Press.

Stubbs, M. 2005. Conrad in the Computer: Examples of Quantitative Stylistic Methods. *Language and Literature, 14*(1): 5–24.

Toolan, M. J. 1990. *The Stylistics of Fiction*. London: Routledge.

Verdonk, P. (Ed.). 1993. *Twentieth-Century Poetry: From Text to Context*. London: Routledge.

Verdonk, P. 2005. Painting, poetry, parallelism: Ekphrasis, stylistics and cognitive poetics. *Language and Literature, 14*(3): 231–244.

Verdonk, P. 2013. *The Stylistics of Poetry: Context, Cognition, Discourse, History*. London & New York: Bloomsbury.

Wales, K. 2010. The stylistics of poetry: Walter de la Mare's *The Listeners*. In D. McIntyre & B. Busse (Eds.), *Language and Style*. London: Palgrave, 71–83.

现代文体学　MODERN STYLISTICS

现代文体学（modern stylistics）是相对于古代西方修辞学中的文体

研究而言的。文体学（stylistics）有着悠久的历史，早在公元前700多年前的古希腊就有文体研究，只是这种文体研究是修辞学的一部分，没有形成独立的学科。20世纪初，Saussure的学生、瑞士语言学家Bally在《法语文体学》（*Traite de Stylistique Francaise*，1909）一书中对文体学的任务、研究对象和研究方法做了明确阐述，标志着现代文体学的问世。

☙ 定义

Leech（1969：1）把现代文体学定义为“文学作品中语言使用情况的研究”；Simpson（2004：1）认为现代文体学是“利用语言学理论开展文本阐释的方法”；Wales（2011：339）认为文体学是“对语篇文体特色进行研究的科学”。Leech的定义解释了现代文体分析的基本思路，Simpson和Wales的定义明确了现代文体学研究的方法性和科学性。因此，从历时的角度看，现代文体学是区别于修辞学中的文体研究的一门学问；从共时的角度讲，现代文体学是利用语言学理论研究语篇意义建构的科学。从文体学的定义就可以看出，跨学科性和兼容性是现代文体学的基本特征。首先，跨学科性是文体学的基本属性。语言学家Jakobson（1960：377）明确提出：“一个不懂得应用语言学方法和视角进行文学研究的文学工作者和一个不研究文学语言的语言学家很明显都是落伍的。”胡壮麟（2000）提出文体学是连接语言学研究和文学研究的桥梁。对语言学家来说，文学语篇是语言学理论运用的场所，因此，语言学理论可以在文学语篇中得到检验和发展；对文学研究工作来说，对语言学理论的借鉴和使用能提供文学鉴赏和分析的新视角，推进文学作品研究的深度。综上所述，作为一个独立的学科，文体学不隶属于语言学，也不隶属于文学研究，但是，它的跨学科性质能够为语言学和文学研究带来新的生机和活力。其次，文体学的兼容性是不言而喻的。由于语言学理论构成了文体分析的理论基础，文体学并不局限于某一种语言理论，而是从不同的语言学视角出发开展文体研究。从20世纪初建立至今，形式主义文体学、功能主义文体学、语用文体学（pragmatic stylistics）、语料库文体学（corpus stylistics）、认知文体学（cognitive stylistics）和多模态文体学（multimodal stylistics）都是语言学理论促进文体研究的结果。Bally对口语文体的研究和Spitzer等人对文学作品语言特征的研究均基于结构主义语言学理论；Halliday的功能文体学（functional stylistics）的理论基础是系统功能语言学；语料库文体学得益于语料库语言学理论的发展，而认知文体学的理论基础是认知语言学。尽管以上语言学理论研究范式不同，研究方法各异，但是在文体分析中都发挥了重要作用，共同构成了现代文体学的理论基础。

☙ 现代文体学研究方法

研究方法的科学化是现代文体学的重要特征。现代文体学自诞生之日起，就将实证性作为其与其他文学研究的重要区别性特征。文体学在开始阶段主要采用定性的实证研究方法，对文本进行分析，得出数据，解释其文体效应/文体效果（stylistic effect）。文体学早期的科学性和实证性主要体现在基于文本的观察法和描述法在文体分析中的应用。随着科学技术的发展，统计方法和语料库方法在文体研究中得到应用，深化了文体分析的实证性本质，也大大提升了文体研究的科学性。近年来，文体学家开始关注读者如何在文学文本中找到意义，以及文体分析涉及的假设和理论框架能否在真实读者那里找到充分的证据。文学实验研究（the empirical study of literature，ESL）围绕前景化的研究和自然阅读研究（the naturalistic study of reader, NSR）对真实读者的研究不仅促进了我们对阅读背后的认知过程和社会过程的理解，而且以不同的方式帮助文体学家在“具体读者的反应”（van Peer，2001：337）中对文本进行“纸上谈心的分析”。目前的文体实验主要采用心理实验方法、认知神经实验方法和自然阅读实验。阅读心理实验，如眼动实验，主要关注阅读速度、阅读路径、大脑记忆等变量与阅读效果之间的关系；认知神经实验，如 ERP 实验，通过观察反映大脑神经活动的脑电波与研究文本的阅读过程，尤其是前景化特征的加工过程；自然阅读实验则致力于探究阅读小组的阅读行为如何受社会文化等因素影响。

☙ 现代文体学分析实例

由于科学性是现代文体学的重要特征，下面介绍一个采用实验方法开展文体特征读者反应的实例。Emmott et al.（2006）使用心理实验方法研究了叙事文本中碎句（text fragment）这一前景化特征的读者反应。考察的主要对象是语篇（discourse）中的句片（sentence fragment）和微型段落（mini paragraph）。在详细讨论了叙事文本中语篇分裂文体作用的基础上，Emmott et al. 邀请了 24 名学生两次阅读预先选定的 36 个短小的叙事段落，并识别两次阅读中的语言变化，以考察读者对句片和微型段落的阅读敏感度。研究发现，读者经常能检测到句片中的信息变化，但微型段落的变化识别并不理想，其他部位则更加困难。因此，Emmott 等人得出结论：“就像我们通常在文体分析中所假设的那样，读者在阅读中对句片这一前景化特征进行更加仔细和更加深入的处理”（Emmott et al.，2006：23）。该研究将文体学研究与心理实验相结合，从新的角度检验了文体学关于前景化的基本假定，形成了一种新的跨学科研究途径，也代表了现代文体学的研究方向。

讨论

现代文体学诞生于20世纪初，在20世纪70—90年代得到繁荣和发展。尽管瑞士语言学家Bally是现代文体学之父，但是Saussure对语言和言语概念的区分为现代文体学的建立创造了条件。语言是同一社团约定俗成的符号使用规范，而言语则指个人在具体情况下对语言的使用。文体学的研究对象正是个人语言使用的特征，也就是说，文体学以言语为具体的研究对象。现代文体学正是在明确区分语言和言语这两个概念的基础上得到了内生动力，走向了学科独立。

20世纪70—80年代是现代文体学的繁荣时期。根据文体分析使用的不同语言学理论，这一时期的主要流派有形式文体学（formal stylistics）、功能文体学、感受文体学（affective stylistics）、教学文体学（pedagogical stylistics）、批评文体学（critical stylistics）、女性文体学（feminist stylistics）、语用文体学等。形式文体学是利用语言学理论对作品语言形式特征进行分析的文体学流派的统称。形式主义语言学家比较关注文学作品语音层、字形层、词汇层、语义层和句法层形式特征的分析，但忽视语篇产生的语境，因此备受争议。兴起于20世纪70年代的功能文体学克服了形式文体学的以上缺陷。功能文体学的创始人Halliday（1971）认为功能是联系语言形式特征与意义的桥梁，不同语言机构的选择（choice）能够实现语篇概念意义（ideational meaning）、人际意义（interpersonal meaning）和语篇意义（textual meaning），突出（prominence）的语言模式［包括失协（incongruity）和失衡（deflection）］只有与语境和作者的创作意图相关，才是前景化特征；因此，功能文体学首先统计语言的突出特征，然后联系语境确定前景化特征，并阐释前景化特征在语篇意义建构中的作用。感受文体学是在20世纪70年代迅速兴起并衰落的文体学分支。感受文体学主要关注读者在阅读文本时引发的动态效果，并认为文体学研究的对象是读者阅读过程中产生的假设、期望和解释性的心理过程（Fish，1970，1973）。尽管感受文体学对读者和阅读过程的重视值得肯定，但是它对文本客观性的否定就说明了其文体分析的狭隘性，更何况其分析还无法摆脱文体分析相对性的困扰（申丹，1988：28；Weber，1996：3）。教学文体学是研究文体分析教学价值的一个文体学分支，试图证明作为一种阅读方式的文体分析对母语学习和外语学习都很有帮助（Carter，1996；Widdowson，1975）。批评文体学出现于20世纪80年代，批评语言学家将文学视为社会语篇，注重分析各种文本尤其是新闻媒体语言结构中蕴涵的阶级观念、权力关系和性别歧视等意识形态（ideology）（Fowler，1991；Fowler et al.，1979；Hodge & Kress，1979/1993）。这一时期兴起的还有女性文体学。女性文体学的研究对象是女性作家的作品和女性人物形象，旨在通过文本的语言使用特征分析揭示意识形态领域与性别有关的话题，尤其是女性主人公面对的不平等社会地位（Burton，1982；Mills，1992，1994，1995，2006）。语用文体学是20世纪80年代兴起的文体学分支，其主要研究对象是会话交流、话轮转换、语句衔接等为完成交际任务使用的言语方式。语用文体学家对文学语篇中交际的过程、会话层次（Toolan，1989）、礼貌策略（Simpson，1989）等进行了深入研究，取得了引人注目的成果。

进入21世纪后，认知文体学、语料库文体学、叙事文体学（narratological stylistics）、多模态文体学和真实读者研究成为现代文体学的新兴分支。认知文体学兴起于20世纪后半叶，它主要应用认知语言学理论，如图式理论（schema theory）、概念隐喻（conceptual metaphor）和概念整合理论（conceptual blending theory）、文本世界理论等揭示文本的认知机制（Semino & Culpeper，2002；Turner，

1996; Werth，1999）。语料库文体学是世纪之交兴起的现代文体学分支之一，在个体语言特征的语料库标注和分析、作家风格研究、作品主题和人物塑造表现方式研究等方面成果显著（卢卫中、夏云，2010：51）。语料库文体研究的优势在于采用大数据捕捉那些读者和分析人员难以观察的语言模式。叙事文体学是 21 世纪出现的一个新兴文体学分支，是叙事学和文体学互补的产物（Shen，2014：204）。文体分析者主要是使用叙事学理论和框架来指导细致的文体分析，也可以同时展开文体分析和叙事分析，并观察两者在文本中的互动。多模态文体学是 21 世纪初兴起的文体学分支，是把文体分析范围扩大到语言之外的模态和媒介（medium）的一个崭新的文体学分支（Nørgarrd et al.，2010：30），是系统研究文字模态和非文字模态及其协同关系在语篇意义建构和解读中作用的一门科学。真实读者研究始于 20 世纪 80 年代，伴随着心理科学和认知实验等实证研究方法的发展，读者对文体特征的加工过程研究也成为 21 世纪文体研究的新兴领域，主要包括文学实证研究（the empirical study of literature，简称 ESL）和自然阅读研究（the naturalistic study of readers，简称 NSR）。文学实证研究利用实验方法研究读者对前景化文体特征的反应（Emmott et al.，2006; Zyngier et al.，2007），自然阅读研究提倡研究"习惯性阅读过程"中产生的文学解读（Swann & Allington，2009：248），使用人种志方法，通过参与自然阅读小组活动的方式，客观收集读者的阅读活动语料，并从数据中"原原本本"地获取最原始的读者阅读活动数据。

在科技发展和学科融合的大背景下，现代文体学有以下发展趋势：第一，认知文体学的突破性进展。不论是对文本认知过程进行阐释的文体研究，还是以观察读者为目的的真实读者研究，都会因心理科学和认知神经科学的发展而取得突破性进展。第二，多模态文体研究的深化发展。作为一个新兴的文体学分支，多模态文体学有待在模态语法的完善和发展、认知神经科学的新方法应用和英汉语篇多模态文体对比研究等方面进一步深化。第三，文体研究方法的发展与融合。随着人文社科研究的不断科学化，文体学研究方法的科学化将会继续向纵深发展。语料库方法、实验方法和多模态方法不仅会进一步完善，各种文体研究方法也会逐步融合。第四，非文学语篇文体研究的扩展和深化。现代文体学研究的主要对象一直是文学语篇。少量的非文学语篇文体研究主要集中在广告、海报、新闻、演讲等语篇，今后的非文学语篇文体研究可以涵盖新媒体语境催生的各种多模态语篇（如网页语篇、微信语篇、融媒体语篇等），以拓展非文学语篇文体研究的广度与深度。第五，汉语文体学理论与西方文体学理论的交流与融合。我国汉语文体学的学科建设滞后，一直没有形成健全的汉语文体学学科体系，更不能与西方文体学融合发展。因此，中西文体学理论的融合发展是现代文体学一个重要的发展方向。

参考文献

胡壮麟. 2000. 理论文体学. 北京：外语教学与研究出版社.

卢卫中，夏云. 2010. 语料库文体学：文学文体学研究的新途径. 外国语（上海外国语大学学报），(1)：47–53.

申丹 . 1988. 斯坦利·费什的“读者反应文体学”. 山东外语教学，(3–4)：25–28.

Bally, C. 1909. *Traite de Stylistique Française*. Heidelberg: Carl Winters.

Burton, D. 1982. Through glass darkly: Through dark glasses. In R. Carter (Ed.), *Language and Literature: An Introductory Reader in Stylistics*. London: George Allen & Unwin, 195–214.

Carter, R. 1996. Study strategies in the teaching of literature for foreign students. In J. J. Weber (Ed.), *The Stylistic Reader: From Roman Jakobson to the Present*. London: Arnold, 149–157.

Emmott, C., Sanford, A. J. & Morrow, L. I. 2006. Capturing the attention of readers: Stylistic and psychological perspectives on the use and effect of text fragmentation in narratives. *Journal of Literary Semantics, 35*(1): 1–31.

Fish, S. 1970. Literature in the Reader: Affective Stylistics. *New Literary History*, 2(1): 123–162.

Fish, S. 1973. What is stylistics and why are they saying such terrible things about It?. In S. Chatman (Ed.), *Approaches to Poetics*. New York: Columbia University Press Reprinted in D. C. Freeman(Ed.), *Essays in Modern Stylistics*. London: Methuen, 325–360.

Fowler, R. 1991. *Language in the News*. London: Routledge.

Fowler, R., Hodge, R., Kress, G. & Trew. T. 1979. *Language and Control*. London: Routledge & Kegan Paul.

Halliday, M. A. K. 1971. Linguistic function and literary style: An inquiry into the language of William Golding's *The Inheritors*. In S. Chatman (Ed.), *Literary Style: A Symposium*. Oxford: Oxford University Press, 330–368.

Hodge, R. & Kress, G. 1979/1993. *Language as Ideology*. London: Routledge.

Jakobson, R. 1960. Closing statement: Linguistics and poetics. In T. A. Sebeok (Ed.), *Style in Language*. Cambridge: MIT Press, 350–377.

Leech, G. N. 1969. *A Linguistic Guide to English Poetry*. London: Longman.

Mills, S. 1992. Knowing y/our place: Towards a Marxist feminist contextualised stylistics. In M. Toolan (Ed.), *Language, Text and Context: Essays in Stylistics*. London: Routledge, 182–207.

Mills, S. 1994. Close encounters of a feminist kind: Transitivity analysis and pop lyrics. In K. Wales (Ed.), *Feminist Linguistics in Literary Criticism*. Woodbridge: Boydell & Brewer, 137–156.

Mills, S. 1995. *Feminist Stylistics*. London: Routledge.

Mills, S. 2006. Feminist stylistics. In K. Brown (Ed.), *Encyclopaedia of Language and Linguistics*. Amsterdam: Elsevier Science, 221–223.

Nørgaard, N., Montoro R. & Busse. B. 2010. *Key Terms in Stylistics*. London: Continuum.

Semino, E. & Culpeper, M. J. (Eds.). 2002. *Cognitive Stylistics: Language and Cognition in Text Analysis*. Amsterdam: John Benjamins.

Shen, D. 2014. Stylistics and narratology. In M. Burke (Ed.), *Routledge Handbook of Stylistics*. London: Routledge, 204.

Simpson, P. 1989. Politeness phenomena in Ionesco's *The Lesson*. In R. Carter & P. Simpson (Eds.), *Language, Discourse and Literature: An introductory Reader in Discourse Stylistics*. London: Unwin Hyman, 171–193.

Simpson, P. 2004. *Stylistics*. London：Routledge.

Swann, J. & Allington, D. 2009. Reading groups and the language of literary texts: A case study in social reading. *Language and Literature, 18*(3): 247–264.

Toolan, M. 1989. Analysing conversation in fiction: An example from Joyce's *Portrait*. In R. Carter & P. Simpson (Eds.), *Language, Discourse and Literature: An introductory Reader in Discourse Stylistics*. London: Unwin Hyman, 194–211.

Turner, M. 1996. *The Literary Mind*. Oxford & New York: Oxford University Press.

van Peer, W. 2001. Justice in Perspective. In S. Chatman & W. van Peer (Eds.), *New Perspectives on Narrative Perspective*. Albany: State University of New York, 325–336.

Wales, K. 2011. *A Dictionary of Stylistics* (3rd ed.). Harlow: Pearson Education.

Weber, J. J. 1996. *A Stylistic Reader: From Roman Jakobson to the Present*. Amsterdam-Atlanta: Rodopi.

Werth, P. 1999. *Text Worlds: Representing Conceptual Space in Discourse*. London: Longman.

Widdowson, H. G. 1975. *Stylistics and the Teaching of Literature*. London: Longman.

Widdowson, H. G. 1992. *Practical Stylistics*. Oxford: Oxford University Press.

Zyngier, S., van Peer, W. & Hakemulder, J. 2007. Complexity and foregrounding: In the eye of the Beholder? *Poetics Today, 28*(4): 653–682.

新批评 NEW CRITICISM

新批评（New Criticism）是20世纪30—50年代流行于美国的文学批评理论，也称为英美新批评、形式主义批评、美学批评、文本批评和本体论批评。新批评的早期观点主要源于英国批评家 Richards 和 Empson 等人。该流派起初并没有名称，直到1941年 John Crowe Ransom 出版了《新批评》（*The New Criticism*）一书，其名称才确定下来。

定义

新批评是相对于传统文学批评而言的，它是关注文学文本主体的形式主义批评。新批评认为文学研究应以作品为中心，对作品的语言、构成、意向等进行细致的分析。传统的文学批评（literary criticism）从语文学和历史的角度来研究文学作品，关注单个词汇的历史意义以及这些词汇与外语或者古代语言之间的关系，强调对不同资料的比较研究，并重视作者的背景资料。更加重要的是，传统的文学批评方法不关注文本的意义，完全忽视其美学价值，只热衷于对外部因素的讨论。也就是说，传统文学批评并没有将文学作品当作一个独立的艺术品来看待。新批评正好相反，它强调作品的内在价值，将作品当作一个独立、完整且具有自指性的美学对象看待，反对借助历史或者传记资料等对作品进行解读。此外，当时的文学鉴赏方式将自身局限在寻找出文本中的“美”和道德升华的特质上。新批评派认为这种鉴赏方式过于主观与情绪化。他们谴责这种浪漫主义式的鉴赏方法，并试图找到一种更新、更加系统且客观的方法。

☙ 新批评研究方法

新批评早期的主要研究方法是文本细读。新批评派的早期思想来源于英国批评家 Richards 的《实用批评》(*Practical Criticism*，1929）和 Empson 的《复义七型》(*Seven Types of Ambiguity*，1930)。Richards 试图发展一门关于“细读”的文学批评方法，认为读者必须关注书页上的文字，并仅从它们中提取出意义。Empson 在其著作中提出了一种中立的、不加任何预设的经验主义式的文本分析方法。这种分析方法与科学的分析方法不同，它展现出一个训练有素的读者如何从文学作品（特别是诗歌）的多重意义与其固有的歧义性中获取意义。此外，他还认为应该避免对作品的比较和评价（evaluation)，即认为一个文本的意义主要源于文本自身的内容而非作者的意图（intention)。此外，新批评工作者对于形式（form）与内容（content）间的关系采取一元论（monism）视角，即认为文本（特别是诗歌文本）是作为一个整体来进行阅读的，其“内容”与这个整体是不可相互分离的。Ransom 在其著作《新批评》中宣称将自己投入一种排除所有外部因素（如社会、伦理因素等）的文学批评中，而只将自己限制在文本（特别是诗歌）之内，限制在书页上的文字之内。他同时提出这种文学批评的四条原则是：（1）文学批评的核心任务是对文本自身的细读；（2）新批评的目标是成为一种科学的文学批评方法，使批评更加科学、精确和系统；（3）文学批评家要成为“专家”(professional)；（4）英语需要摆脱分支学科的地位，成为独立自主的学科。Wimsatt 与 Beardsley 提出了意图谬误（intentional fallacy）的观点，同样认为不应该给予作者所谓的意图以过多的权威性。他们认为，文学作品既不是对外部现实的模仿，也不表达作者的内部现实。同 Ransom 一样，他们强调文学文本作为一种“客观对象”或“语言事实”的特性，将自己的批评称作“客观批评”或“客观评价的科学”。这种客观批评的核心任务则是关注文本的“内部”内容，而不在乎语境或“外部”的影响。Brooks（1947）推崇作品本身，而非对作品的解读，他强调作品的“本质核心”，而不是读者阅读、理解和欣赏作品的过程。同Ransom一样，Brooks拒绝援引历史或传记资料的批评方法与对文本的主观印象，而是更关注作品自身。他的批评方式试图寻找诗歌的“内部”或“本质”结构。对Brooks来说，一首诗歌的“意义”即是其“结构”，因此其形式也就是其意义（form is meaning）。也就是说，诗歌的形式与内容无法分离，阅读一首诗的文字的经验本身也是这首诗的“意义”。正因为这样，对一首诗文字内容的任何改写都会改变诗歌的内容。

简单地说，新批评派关注的是文本的内容与形式间的关系。他们认为作品并非作者的所有物，作品在诞生之际就与作者相脱离。作者的意图并不重要，也不一定能将其视作解读文本的方式。而且，一个已完成的文本的意图可能与作者原本的意图不一致；文本的意义存在且只存在于书页上的文字之内。同样，他们认为读者的阅读感受和解读也不重要，因为它们可能会歪曲作品的意义本身，甚至造成误读。因此，新批评派呼吁将文本当作一种独立于作者的意图与读者的感受的形式来对待。新批评派在对文本进行分析时，会对其进行极为严苛的细读，关注诸如押韵、音步、背景（setting）、人物塑造（characterization）和情节等形式因素来识别文本的主题（theme）。除此之外，新批评派还会寻找文本中的矛盾（paradox）、歧义（ambiguity）、反语（irony）和张力（tension）等特征来对文本做出最具统一性的解读。

具体落实到操作层面上，新批评者在进行细读时，会提出一些问题，这些问题有助于读者将注意力集中在形式和结构方面。例如，在诗歌阅读中，研究者会提问：诗中说话的人是谁？语气如何？是讽刺、鞭挞还是同情？诗中用了哪些隐喻（metaphor）和意象？这些隐喻和意象各自独立的作用是什么？放在一起时，又能发挥什么样的作用？诗行压什么韵？采用什么格律？最后，在读者处理了这些问题之后，还可以再次通读全诗。通过通读，可以发现作品中是否存在着可以统领全局并将作品连接在一起的整体意象，从而领悟作品的主题。

☙ 新批评分析实例

王欣、王越（2010）采用新批评视角解读了英国浪漫主义诗歌的张力性有机整体结构。他们提出，在诗歌有机结构中，张力论是体现复杂性和统一性的文本构成理念，比喻、悖论、反讽（irony）等都可以将诗歌中异质、矛盾、辩证的因素协调统一到诗歌的整体中构成充满张力的有机整体结构。他们对 Shelley 诗歌《魔鬼的散步》（*The Devil's Walk*, 1812）中的隐喻进行了分析。认为四个诗节连续使用的比喻的喻旨都是作为统治阶级的妖魔鬼怪。他们肥得像异域的“喝够血的弟兄”，像“恶鸟”，像“坟墓里的蛆”，像“稚弱的脑子”。这样的比喻无疑是带来“陌生化”（defamiliarization）效果的远距异质比喻。而诗人又通过这些喻体的具体修饰语形象地将这些妖魔鬼怪与施暴政、欺压百姓的统治者联系到一起。尽管将暴君比作魔鬼并非什么新鲜的比喻，但诗歌中那不同角度的细致描绘着实带有一定的远距性和异质性。隐喻的语言构筑出形象万千的意象，浪漫主义诗歌中隐喻的使用无疑给诗歌所表达的张力性带来了更多生动的色彩。这个诗歌好比是纵横交错的意象所编织的网络，每一个意象都被赋予了情感，在带来张力效果的同时体现出浪漫主义诗歌那强烈的感情和浓浓的意境。他们对浪漫主义诗歌的新批评解读，不仅能完美诠释浪漫主义诗歌的张力性有机整体结构，也为读者展示了新批评研究的具体方法。

☙ 讨论

从新批评的发展来看，英国诗人 Eliot 的思想对新批评派的观点作出了贡献，如他的文章《传统与个人才能》（“Tradition and the Individual Talent”，1941）和《哈姆雷特及其问题》（“Hamlet and His Problems”，1920）。在文中，Eliot 发展出了“客观对应物”（objective correlative）的概念。Eliot 对 Milton 和 Shelley 的批评，对玄学派诗歌（metaphysical poetry）的喜爱，以及他的“非个性化诗歌”（impersonal poetry）的观点，都对新批评派产生了巨大的影响。随后，新批评派运动开始在美国流行，相关的代表人物有 John Crowe Ransom、Monroe Beardsley、Richard Palmer Blackmur、Cleanth Brooks、Robert Penn Warren、René Wellek 与 William Kurtz Wimsatt, Jr. 等人。新批评派的鼎盛时期是 20 世纪 30—50 年代中期。由于在冷战的格局之下，新批评派提供了一种相对简单且不引起政治争议的文学批评方法，因而在当时的文学界被广泛接受。Brooks & Warren 的《理解诗歌》（*Understanding Poetry*，1938）与《小说鉴赏》（*Understanding Fiction*，1943）便是那一时期的主要著作。尤其是《理解诗歌》一书对新批评理论在美国学术界的传播起到了至关重要的作用。进入 20 世纪 60 年代，越来越多的批评家开始反对新批评细读的观点，转而强调解读（interpretation）的重要性，新批评派也因此逐渐衰退下来。虽然新批评派已经不再是美国文学研究占主导地位的理论，但它产生了极为深远的影响。它的一些方法，比如文本细读，仍然是当今文学批评研究的重要工具之一，为后来的一系列文学理论，如后结构主义（poststructuralism）、解构主义理论（Deconstruction Theory）以及读者反应理论（Reader-response Theory）等奠定了理论基础。

新批评虽然比俄国形式主义出现要晚一些，但两者却没有传承或者任何直接联系。新批评与结构主义出现的时间大致相同，但发展比结构主义快。新批评和结构主义都坚持意义是由文本内部结构决定的观点，强调情感语言不同于实证语言。结构主义者大都是理论家，其批评旨在为其理论提供实证，而新批评家兼顾理论、批评与创作，其理论本身也富有实践性。新批评与后结构主义尤其是解构主义都乐意看到作者的死亡，并致力于揭露文本呈现的虚伪表象，并一致反对文本的明晰性。尽管新批评把形式主义批评从反理性主义推向理性主义方向，并努力探索理性与感性的结合，但是新批评固守本体论立场，把文学批评从那个先前的外部研究完全引向另外一个极端，专注文本和语言的内部研究，从而忽视了文学与社会和文化之间的天然联系。此外，新批评的批评实践注重单一作品的研究，并把作品视为自给自足的封闭世界，忽视作品与作家的联系、作品与其他作品的联系，还有作品与历史文化和现实生活的联系，破坏了文学研究的整体性，不利于对文学进程进行客观全面的观察。

由于对文学作品形式和结构本身的关注，新批评并不重视作品中的情感和读者的情感反应（emotional/affective response）。William Kurtz Wimsatt, Jr. 与 Monroe Beardsley 将这种对情感的强调称为情感谬误（affective fallacy），认为考虑文本对读者的情感会产生谬误；读者的情感反应被认为是与文本的批评研究不相关的。总的来说，新批评不仅认为读者对文本产生的情感反应与对文本的批评和诠释不相关，还认为过度关注作者自身所谓的意图也有可能导致对文本不清晰的解读或者误读。这种对读者和作者的忽视，以及对文本自身的关注，使得新批评派认为文本是一个完整独立的对象，由其内在结构构成，仅与外界因素有有限的联系（如作者自传、读者的反馈、历史、文化、种族或身份）。这种强调文本形式自身胜于其他因素的观点表明新批评派所具有的形式主义观点。鉴于以上原因，新批评派强调对文学作品本身的细读，拒绝运用诸如作者传记、历史、社会、道德因素等外部资源来对文本进行解读。但是，新批评派并非完全忽视作者、背景信息等外部因素，他们只是认为这些知识对文学作品自身的价值和解读影响甚微。更加重要的是，新批评对文本自身形式的关注及其对文本语言的重视大大促进了文学研究与语言学研究的融合，对 20 世纪 60 年代兴起的形式主义文体学产生了巨大推动作用。

参考文献

王欣，王越. 2010. 英国浪漫主义诗歌的张力性有机整体结构——新批评世界的解读. 安徽大学学报（哲学社会科学版），（4）: 61–68.

Brooks, C. 1947. *The Well Wrought Urn*. New York: Hatcourt, Brace & World.

Brooks, C. & Warren, R. P. 1938. *Understanding Poetry*. New York: Holt.

Brooks, C. & Warren, R. P. (Eds.). 1943. *Understanding Fiction*. New York: Appleton-Century-Crofts.

Eliot, T. S. 1920. *The Sacred Wood: Essays on Poetry and Criticism*. London: Methuen.

Eliot, T. S. 1941. *Points of View* Mondon: Faber and Faber Ltd.

Empson, W. 1930. *Seven Types of Ambiguity*. Harmondsworth: Penguin.

Richards, I. A. 1929. *Practical Criticism: A Study of Literary Judgment*. London: Kegan Paul.

Ransom, J. C. 1941. *The New Criticism*. Westport: Greenwood Press.

形式文体学 FORMAL STYLISTICS

形式文体学（formal stylistics）指 1910—1930 年的一群被称为俄国形式主义者的理论家，以及后来的文体学家，特别是 20 世纪 60—70 年代的文体学家所从事的文体学研究（Nørgaard et al.，2010：24）。除了俄国形式主义之外，晚期的形式文体学主要用 Chomsky 的生成语法进行文体分析，即生成文体学（generative stylistics）。生成文体学关注的也是形式（form），但是主要围绕语法句子生成背后的规则进行分析（Nørgaard et al.，2010：25）。

ᴄᴂ 定义

按照文体学流派以其应用的语言学理论为基础的命名方法，形式文体学即以形式主义语言学为理论基础的文体学（stylistics）流派。徐有志（2000：67）提出，“形式文体学来自结构主义语言学和转换生成语言学的两分法语言观，其理论基础是一种二元论模式：内容—形式”。形式文体学与其他文体学流派的主要区别是对语言特征做本体研究，从理论上排除其他因素的干扰，将理论研究局限在一个静态的框架之中，而其他文体学流派更多地关注语境、社会等因素对交际语言所产生的作用，倾向于动态研究（于善志，2003：36-39）。

ᴄᴂ 形式文体学研究方法

一般来说，法国文体学家 Bally 不被归入形式文体学阵营，但是，Bally 的文体学研究不仅与早期的俄国形式文体学在同一个时期，而且对后者产生了很大影响。Taylor 在《语言学理论与结构主义文体学》（*Linguistic Theory and Structural Stylistics*，1980）中把 Bally 和几位形式文体学家都归为结构主义文体学家。所以，我们先探讨 Bally 的结构主义文体学思想，以便更好地理解形式文体学家的文体观。

Bally 于 1909 年发表了《法语文体论》(*Traite de Stylistique Francaise*)，开创了现代意义上的西方文体学研究。他是最早对文体现象做结构主义解释的文体学家（Taylor，1980：20）。为了解释语言在多种情境中的不同功能（function），Bally 扩充了 Saussure 的语言系统，划分了各种结构和不同的内容类型。Bally 虽然探讨语境和语言的多种功能，但是他不是通过分析语境等语言外因素，而是通过扩充 Saussure 划分的语言系统中的二元对立来解释语言的不同功能和效果，因而是典型的结构主义文体观。特别需要指出的是，Bally 在表达性范畴中没有包含文学或诗学效果（Taylor，1980：40）。这是他与形式文体学家的主要差别，因为后者认为诗学效果是文体学解释的中心任务（Taylor，1980：40）。Bally 之所以把文学效果排除在文体研究范畴之外，是因为文学效果是作者有意识地和自愿地操纵语言的结果，而文体学应该研究普通的、自发的语言应用（Taylor，1980：40）。

Jakobson 是形式文体学派的重要人物之一，其论文《结束语：语言学与诗学》（“Closing Statement: Linguistics and Poetics”）（Jakobson，1960：350–377）对于文体学作为一个学科的发展具有里程碑意义。在该论文中，他把文体（style）描述为文学文本的固有特征，并且提倡应用当时占主导地位的语言学模式—结构主义语言学，建构一个清晰、客观、科学的结构主义文体学分析体系（Weber，1996：1）。

Jakobson 对现代文体学（modern stylistics）的一个主要贡献是他

全面探讨了语言表达的功能。Jakobson 提出，任何信息都可能具有六种功能，对应于言语事件的六个构成要素，即发话人、听话人、语境、信息、交流和语码（code）。与 Bally 相反，Jakobson 认为文体分析的对象是文学作品，更确切地说是“文学性”（literariness）或“诗学功能”（poetic function），即文学之所以成为文学的语言特点。有趣的是，在信息的六种功能中，Jakobson 认为文学性或者文体功能不是信息的外指功能，而是信息本身（Taylor，1980：49）。换句话说，Jakobson 在谈语言功能时不是不考虑情境的，但是在谈诗学功能，即文体时，否认情境的作用（方汉泉、何广铿，2005：53）。Jakobson 对现代文体学的另一个重要贡献在于，他尝试界定一个话语（discourse）在交流中具有某种功能的语言标准（Taylor，1980：44）。Jakobson 摆脱了 Bally 的印象主义，将语言学分析方法更深入地推进到文体学中，可能这也是 Jakobson 在文体学界影响深远的主要原因（方汉泉、何广铿，2005：44）。他在 1960 年提出“投射说”（the projection theory），其理论基础是 Saussure 的横组合和纵聚合关系理论。Jakobson 认为，语言的诗学功能将等价原则从选择轴投射到组合轴。“作为 Jakobson 的语言学诗学的最重要论说，‘投射说’为布拉格学派所界定的诗学功能提供了一个实证主义的语言学准则，在《语法的诗歌和诗歌的语法》（*Poetry of Grammar and Grammar of Poetry*，1968）中对用六种不同的欧洲语言写成的一组从 13—20 世纪的诗歌加以论证，为运用语言学分析诗篇提供了生动的范例”（方汉泉、何广铿，2005：385）。

Riffaterre 把由 Bally 发起、由 Jakobson 推进的文体学中的功能视角进一步引入心理学领域，而感受文体学（affective stylistics）在其后的 20 年都是文体学领域的主流（Taylor，1980：67）。实际上，Riffaterre 只是把读者反应当作发现文体技巧的信号。也就是说，读者的反应只是证明文体刺激的存在，而文体分析不考虑读者所受到的具体的文体刺激。Riffaterre坚持，不管读者反应的性质如何，它们一定都产生于同样的语言来源，或者，用他所借用的行为主义术语，产生于同样的“刺激”（Taylor，1980：73）。因此，Riffaterre的文体观本质上是形式主义的。

形式文体学家不是不提“功能”，但是他们所提的功能是语言的功能，即语言在日常生活中所起的作用；形式文体学家也提语境，但是往往只关注某一个语境因素，比如Riffaterre只关心交流语境中的听话人。正如Taylor（1980：83）所说，在这些文体观中，其他情境因素扮演的重要角色都被否定（或者被描述为仅仅是一种修饰性的影响）。更重要的是，在形式文体学研究中，语境要么只有理论没有实践，要么是语言学意义上的而不是文体学意义上的。尽管形式文体学家的观点不尽相同，有的认为文体效果来自深层的语言结构，有的认为来自表层语言结构，但是他们的基本观点是一样的，即文体效果来自语言结构本身，与交流语境、读者的认知背景都没有关系；虽然他们也提说话人、读者等语境因素，但是在分析实践中不会分析语言特征与语境的互动，也不会了解读者的真实反应并分析触发具体的读者反应的文体动因。形式文体学家提出了很多有价值的观点，在文体学的发展过程中产生了深远影响，但是因为该文体学流派在分析中只关注形式特征，不考虑语境，因而该流派随着注重语境的各个文体学流派的兴起而淡出文体学研究者的视线。

☙ 形式文体学分析实例

以Chomsky的转换生成语法为基础的生成文体学也属于形式文体学。于善志（2003：36–39）对比了Jakobson和Ohmann的形式文体学做法，提出“真正意义上的形式文体学应该是Jakobson（其语言观和Saussure以及哥本哈根学派的Hjelmslev很相似），而不是用Chomsky的转换生成语法作为分析工具的Ohmann”。Taylor（1980：93）认为：“生成文体学什么也没发现，对文体学没作任何贡献。”即便如此，Ohmann的论文《生成语法与文学文体概念》（“Generative Grammars and the Concept of Literary Style”，1970）不仅是生成文体学的奠基之作，对形式文体学关注形式的特点也具有代表性。Ohmann通过分析Hemingway和Faulkner的文体，发现两位著名小说家的文体差别在于使用不同的转换规则。Faulkner常常使用“添加”转换规则，比如关系从句（relative clause）、连词转换，而Hemingway则更多地使用“删减”转换规则（Ohmann，1970：89）。生成文体学的文体观可以概括为：“两个表层结构可以从同一个深层结构转换而来并因而具有相同的意义，它们的表面差异就是文体的不同。”（刘世生、朱瑞青，2006：52）

☙ 讨论

如于善志（2003）所说，形式主义和功能主义是语言研究中的两大流派，从不同的角度审视语言研究。形式主义者致力于对语篇（discourse）的结构进行形式化的描述，在文本内部寻找语篇的内在特征，力图使语篇文体特征的描述精密化、科学化，从语言的本体存在研究其内在特征，功能主义则研究语言的具体使用，分析语言形式实现的社会功能。形式主义文体学的合理成分是对语言本体特征的细致研究，其不足是不分析文体特征在语境中实现的功能。虽然现在文体学界几乎没有人用形式主义文体学的方法做文体分析，但是，每个曾经存在的流派都有自己的合理之处和不足，随着时间的流逝，其合理的成分将被其他流派所延续，其不足之处将被替代。

参考文献

方汉泉，何广铿. 2005. 布拉格学派对现代文体学发展的贡献. 外语教学与研究，（5）: 383–386.

刘世生，朱瑞青. 2016. 文体学概论. 北京：北京大学出版社.

徐有志. 2000. 现代文体学研究的 90 年. 外国语（上海外国语大学学报），（4）: 65–74.

于善志. 2003. 文体学和语言学研究中的形式主义——评 Chomsky 的“最简”说和 Jakobson 的“投射”说. 外语教学，24（2）: 36–39.

Bally, C. 1909. *Traite de Stylistique Francaise*. Heidelberg: Carl Winters.

Jakobson, R. 1960. Closing statement: Linguistics and poetics. In T. A. Sebeok (Ed.), *Style in Language*. Cambridge: MIT Press, 350–377.

Jakobson, R. 1968. Poetry of grammar and grammar of poetry. *Lingua*, (21): 597–609.

Nørgaard, N., Busse, B. & Montoro, R. 2010. *Key Terms in Stylistics*. London: A & C Black.

Taylor, T. J. 1980. *Linguistic Theory and Structural Stylistics*. Oxford: Pergamon Press.

Weber, J. J. 1996. *A Stylistic Reader: From Roman Jakobson to the Present*. Amsterdam-Atlanta: Rodopi.

叙事文体学 NARRATOLOGICAL STYLISTICS

叙事文体学（narratological stylistics）是世纪之交出现的新兴文体学分支。

Simpson 在《文体学》（*Stylistics*，2004）中首次正式使用“叙事文体学”一词，但叙事理论在文体学（stylistics）中的应用早在 20 世纪

70 年代就开始了。Fowler（1977）试图借鉴叙事学理论，把故事和话语（discourse）的叙事学区别作为文体分析的总体框架。Leech & Short（1981）不仅借鉴了叙事结构和语言结构这一叙事学类比，还使用了小说（fiction）层面上的呈现方式选择和语言层面上的文体选择之间的类比。Toolan（1990）多次使用叙事学的概念，如 Genette（1980）的“故事外叙事的”（extra-diegetic）与“故事内叙事的”（intra-diegetic）概念，Chatman（1978）的“隐蔽的叙述者”（covert narrator）与“公开的叙述者”（overt narrator）的概念，还有 Genette（1980）和 Bal（1985）等人提出的“视点”（focalization）概念等。Simpson（1993）以多种形式提及故事和话语的区分，提到了 Genette 对叙事时间的论述，还有叙事学的视点模型和叙述模型。Short（1999）通过对 Welsh《秃鹳梦魇》（*The Marabou Stork Nightmare*，1995）叙事结构和文本语言特征的探讨展示了这部小说的叙事创新和文体创新是如何相互作用的，对文体学和叙事学的融合进行了大胆尝试。

♋ 定义

叙事文体学是文体学与叙事学结合的产物，是联合叙事学理论和文体学理论为文学作品的解读作出贡献的文体学分支。因为叙事学主要研究叙事作品的宏观结构特征，文体学以语言特征的研究而闻名，两者都关注文学作品的形式特征，这是两个学科结合的基础。显而易见，一部作品的形式是由叙事技巧和文体技巧共同构成的，仅分析微观层面的语言现象可能会使文体学家“只见树木，不见森林”；只分析宏观层面的叙事技巧又可能会因为缺乏具体语言细节的支持而流于空泛和直觉化。所以，叙事学和文体学分析的融合是非常必要的。事实上，尽管文体学和叙事学的研究对象都是文学作品，两个学科却有着巨大的差异。文体学区分“内容”和“文体”(style)，叙事学区分“故事”和“话语”。从表面来看，文体学的“文体”似乎与叙事学的“话语”对应；实际上，文体学中的“文体”与叙事学中的“话语”有很大区别。“文体”是故事呈现的语言方面，而“话语”是故事呈现的结构方面。两者的相关性也仅仅表现在视点、人物塑造(characterization)和时态这几个方面(Shen，2014：191–205)。而且，文体学和叙事学在以上三个领域的研究侧重点也不同。首先，文体学和叙事学都非常重视视点，这是两个学科之间为数不多的交叉研究领域之一。然而，即使在这一交叉领域，研究的重点仍然是相当不同的。在叙事学研究中，视点指观察者(聚焦者)相对于故事的位置；在文体学中，有关视点的研究重点探讨视点实现的语言形式(Leech & Short，2007：139)。就人物塑造而言，文体学和叙事学的研究也有很大差异：文体分析通常关注的是语言选择如何被用来描述或呈现虚构的人物(character)(Culpeper，2001：164–233)，而叙事学家关注的是人物的不同结构模式及其分类(Rimmon-Kenan，2002：59–71)。最后，时态在文体学和叙事学中是完全不同的概念。尽管我们普遍认可时态的语法意义，时态在叙事学中是一套用来描述叙事“紧张”(Prince，2003：98)的时间关系，根据 Genette(1980：114)，时态包括“时序”(chronological order)、“时距”(duration)和“频率”(frequency)。正因为文体学和叙事学之间存在有限的交叉和巨大的差异，为了更全面地理解和欣赏叙事技巧，我们才需要关注两个学科间的互补性融合(Shen，2014：204)。

☙ 叙事文体学研究方法

就叙事文体学的研究方法而言，叙事文体学不是把两者单独分析的结果简单相加，两种技巧在对方的观照下获得更深的意义，从而更全面地揭示主题意义。从上述理论分析中能够看出，叙事学更多是对叙事作品宏观叙事结构和技巧的研究，而文体学往往深入作品内部，关注作品的遣词造句，从而揭示作品的文体风格。同时，与文体技巧相比，叙事技巧不仅处于宏观层次而且数量有限，所以在叙事文体分析中大多可以以叙事技巧为出发点，寻找相关叙事技巧和文体特征，并进行分析。张德禄等（2015）提出以下四个叙事文体的研究步骤。第一步是寻找叙事作品中前景化（foregrounding）的叙事技巧，并对其进行描述和解释。叙事技巧主要包括视角、人物形象的充实、地点的具体化、事件的具体化（特别是时间顺序、速度和频率）和空间形式。不过，对于这些叙事技巧的发现也需要对相关文体技巧的分析。上文提过，叙事学与文体学的最佳接面应该是叙事学对宏观结构的研究，因此叙事文体研究中主要关注的叙事技巧是让叙事作品呈现某种宏观结构的视角、时间技巧和空间形式。第二步是发现与上述叙事结构相关的文体特征，结合该叙事结构对文体技巧进行分析。第三步是在分别分析了可能存在的前景化叙事技巧和文体技巧之后，以新发现的文体技巧作为参照，回头去审视之前发现和分析的叙事结构，对其进行修正和补充。第四步是对这两种技巧进行双向分析之后，尝试在形式分析的基础之上解读整个叙事作品，包括作品中的人物、主题以及作者的世界观。

叙事文体学分析实例

叙事文体学强调采用叙事学的概念、理论为文体分析搭建框架，并使用文体学理论指导微观语言的分析。这也是温和派的基本特征，戴凡（2005）的《〈喜福会〉的人物话语和思想表达方式——叙述学和文体学分析》应该也可以归入这一类。尽管在叙事文体分析中作者主要关注的也是叙事学和文体学共同研究的两个领域，即视角和话语、思想表现，但是她创造性地分析了叙事技巧和文体技巧在这两个方面的互动。在分析视角的时候，她采用了视角的三分法，即视觉的、心理的和意识形态的视角，以美国华裔作家谭恩美的小说《喜福会》（*The Joy Luck Club*，1990）为语料，说明视觉的视角，即她所说的叙事学意义上的视角，与心理的和意识形态的视角之间是积极的、互动合作的关系。对后两种视角的揭示主要依靠文体学分析。本研究也说明宏观层面的叙事技巧在为微观的文体分析提供框架的同时，也反过来被文体分析支持。比如，像相信（believe）、希望（hope）之类的词可以同时表示心理、语言和行为过程，因此，这些词的出现使得第一人称叙述者可以在不违反写作惯例的情况下进入其他人物的内心世界（戴凡，2005：205）。这便是文体特征帮助解释叙事学意义上的视角越界的例子。如果没有这些文体特征，那么第一人称叙述者擅自越界进入其他人物内心世界的现象便是违反写作常规的。但是，通过使用上述词汇，小说作者使得第一人称叙述者的视角越界变得合情合理。此外，戴凡发现小说中的叙述视角随着主题的发展也在不断地调整，最明显的变化就是，随着小说的第一人称叙述者金梅逐渐获得自信，她从原先的被聚焦者变成聚焦者，小说的文体特征也发生了明显的变化，即从最初人们对金梅的消极评价转变成积极评价。在对视角的分析上，本研究不仅有力地证明了叙事理论为文体分析搭建框架的事实，还说明了叙述视角和文体特征之间相互作用的密切关系。

☙ 讨论

尽管叙事文体学是叙事学与文体学融合的产物，但是两者的结合方式不尽相同。申丹（2005：383）把文体学家在分析中融合叙事学的方法分为三类，即温和的、平行的和激进的。第一类，被归入温和派的有 Simpson（1993）、Culpeper（2001）和 Fludernik（2003）。Fludernik（2003）的论文用几个叙事学的技巧，包括时间安排、聚焦和体验性，为叙事作品中时态模式的细致分析建立框架（申丹，2005：384）。此外，Mills 的《女性文体学》（*Feminist Stylistics*，1995）、Simpson 的《语言、意识形态和视角》（*Language, Ideology and Point of View*，1993）、Culpeper 的《语言与人物刻画》（*Language and Characterization: People in Plays and Other Texts*，2001）和 Stockwell 的《认知诗学》（*Cognitive Poetics*：*An Introduction*，2002）都是温和派的代表。以上论著的作者们都意识到了这两个学科对于彼此的价值，并且试图以综合分析让两个领域的研究者们认识到这两个学科之间是互相补充，而不是互相排斥的关系。第二类即平行派，其代表人物是 Toolan，他撰写了关于叙事学和文体学两方面的论著。《叙事：批评语言学介绍》（*Narrative: A Critical Linguistic Introduction*，1988a）是一部地地道道的叙事学著作；出版于 1998 年的《语言与文学：文体学介绍》（*Language in Literature: An Introduction to Stylistics*）是一部典型的文体学著作。Toolan 对这两个学科的探讨几乎没有交叉，更不用说融合。这是典型的叙事学、文体学平行研究。第三类是激进派，他们把这两个学科在最严格的意义上融合在一起。其中，Simpson 的研究最具有代表性。他出版于 2004 年的专著《文体学》（*Stylistics*）中有一章就叫作“叙事文体学”。他在该章的研究中把叙事学和文体学进行全面的融合。但是，在这种激进的融合中，他在某种程度上混淆了这两个学科的核心概念，即叙事学的话语和文体学的文体。Simpson（2004：20）认为叙事话语中常常会出现一些文体特征，比如闪回（flashback）、前叙（prevision）和重复（repetition）等，所以，要理解叙事话语，我们需要整理构成叙事话语的各种文体成分。显然，他的这种提法模糊了叙事学和文体学之间的界限和学科特性。姑且不说闪回、前叙和重复不是语言本身的特征，就不应归入文体学的研究范畴，只是把由情节变成叙事话语的过程归为采用文体策略的结果本身就会让人感到困惑。从基本故事层到叙事话语层的转变不仅有文体特征的使用，也有叙事策略的作用。所以，这样的说法扩大了文体学的研究范畴，使其完全覆盖了叙事学关注的对象（申丹，2004）。

进入 21 世纪后，叙事文体学家在视点、人物塑造和时态研究方面都取得了可喜的成绩。Leech & Short（2007：139–141）把注意力转向了“虚构的观点”，重点研究作者在为读者建构一个虚拟的文本世界（text world）过程中的语言选择；他们认为这些语言模式“无论是在意义上还是在内涵（connotation）上，都表达了某种价值元素”（Leech & Short，2007：218–221）。在人物塑造方面，Culpeper Rimmon-Kenan 的人物塑造三模式（直接描述、间接呈现和类比强化模式），区分了“显性”“隐性”和“作者性”特征线索，根据会话结构、会话含义、词汇（lexis）、句法特征、重音和方言等对“隐含”线索进行划分，并通过详细的文体分析展示了语言特征与人物性格的相关性（Culpeper，2001：164–233），是叙事学和文体学互补分析的成功案例。此外，Herman（2002：115）将 Greimas 对叙事行为者的描述和 Halliday 的及物性模型有效结合研究不同角色的作用和角色间的关系。在叙事学的影响下，Leech & Short（1981：176–180）开始关注小说文体分析中的顺序，并区分了表征的、时间的和心理的三种顺序。Fludernik（2003）详细阐述了叙事学和文体学中时态的差异和互补性，并采用了叙事学框架分析 Ondaatje 在《英国病人》（*The English Patient*，1992）中的时态模式和时间安排等。Page（2003，2006）关于女性主义叙事学的语言学研究也为文体学和叙事学的结合作出了贡献。在国内，沿着申丹（1998）的叙事学和文体学理论互补性思路，贾晓庆（2009）构建了一个叙事—文体分析框架，展示了叙事分析和文体分析如何有机结合产生更有说服力的文学叙事解释；雷茜（2017）从多模态认知文体学的角度出发，研究多模态特征如何帮助读者更好地解读 Rawle 的多模态小说《女性世界》（*Woman's World*，2005）中两位复杂人物和理解小说的深刻社会主题，是认知文体学（cognitive stylistics）和多模态叙事学理论巧妙结合的成功实践。

尽管有关叙事文体学的讨论方兴未艾，但是，到目前为止国内外尚未单设叙事文体学这门学科，叙事文体学的系统融合框架还不成熟。因此，叙事文体学还是一个萌芽学科，有着广阔的前景。此外，叙事文体学在未来还会与其他学科结合，实现优势互补，以解决更多问题。例如，叙事文体学已经被用于翻译研究，探讨叙事学和文体学在翻译研究中的应用（方开瑞，2007：58–61）。因此，建立一个更为全面、明确的叙事文体综合分析框架和谋求与其他新兴文体学分支的融合是叙事文体学未来的发展方向。

参考文献

戴凡. 2005.《喜福会》的人物话语和思想表达方式——叙述学和文体学分析（英文）. 广州：中山大学出版社.

方开瑞. 2007. 叙述学和文体学在小说翻译研究中的应用. 中国翻译，(4)：58–61.

贾晓庆. 2009. 叙事文体学——理论建构与应用. 开封：河南大学博士学位论文.

雷茜. 2017. 格林海姆洛雷拼贴小说《女性世界》人物认知研究——多模态认知文体学视角. 北京第二外国语学院学报，*39*(6)：57–68，124.

申丹. 1998. 叙述学与小说文体学研究. 北京：北京大学出版社.

申丹. 2004. 试论文体学与叙述学之间的辩证关系，王守元主编《文体学研究在中国的进展》. 上海：上海外语教育出版社，19–37.

申丹. 2005. 叙述学与小说文体学研究（第三版）. 北京：北京大学出版社.

张德禄，贾晓庆，雷茜. 2015. 英语文体学重点问题研究. 北京：外语教学与研究出版社.

Bal, M. 1985. *Narratology: Introduction to the Theory of Narrative.* C. V. Boheemen, trans. Toronto: University of Toronto Press.

Chatman, S. 1978. *Story and Discourse.* Ithaca: Cornell University Press.

Culpeper, J. 2001. *Language and Characterization: People in Plays and Other Texts.* Harlow: Longman.

Fludernik, M. 2003. Chronology, time, tense and experientiality in narrative. *Language and Literature, 12*(2): 117–134.

Fowler, R. 1977. *Linguistics and the Novel.* London: Methuen.

Genette, G. 1980. *Narrative Discourse.* J. E. Lewin, trans. New York: Cornell University Press.

Herman, D. 2002. *Story Logic: Problems and Possibilities of Narrative.* Lincoln: University of Nebraska Press.

Leech, G. & Short, M. 1981. *Style in Fiction: A Linguistics Introduction to English Fictional Prose.* London: Longman.

Leech, G. & Short, M. 2007. *Style in Fiction: A Linguistics Introduction to English Fictional Prose* (2nd ed.). London: Pearson Education.

Mills, S. 1995. *Feminist Stylistics.* London: Routledge.

Page, R. 2003. Feminist narratology? Literary and linguistic perspectives on gender and narrativity. *Language and Literature, 12*(1): 43–56.

Page, R. 2006. *Literary and Linguistic Approaches to Feminist Narratology*. New York: Palgrave MacMillan.

Prince, G. 2003. *A Dictionary of Narratology* (rev. ed.). Lincoln: University of Nebraska Press.

Rimmon-Kenan, S. 2002. *Narrative Fiction* (2nd ed.). London: Routledge.

Shen, D. 2014. Stylistics and Narratology. In M. Burke (Ed.), *Routledge Handbook of Stylistics*. London: Routledge, 191–205.

Short, M. 1999. *Graphological deviation, style variation and point of* view in *Marabou Stork Nightmares* by Irvine Welsh. *Journal of Literary Studies*, (15): 305–323.

Simpson, P. 1993. *Language, Ideology and Point of View*. London: Routledge.

Simpson, P. 2004. *Stylistics: A Resource Book for Students*. London & New York: Routledge.

Stockwell, P. 2002. *Cognitive Poetics: An Introduction*. London: Routledge.

Toolan, M. J. 1988. *Narrative: A Critical Linguistic Introduction*. London: Routledge.

Toolan, M. J. 1990. *The Stylistics of Fiction*. London: Routledge.

Toolan, M. J. 1998. *Language in Literature: An Introduction to Stylistics*. London: Arnold.

印象主义文体 IMPRESSIONISTIC STYLE

印象主义文体（impressionistic style）本质上是一种文体特征，“印象主义”是一个修饰语，指向文体特征的来源和研究方法。因此，我们主要从定义和研究方法入手理解印象主义文体的概念。

☙ 定义

印象主义文体是依靠分析者直觉印象感知到的文学作品创作风格。尽管现代文体学（modern stylistics）的基本思路是使用实证方法对直觉文体进行检验，然而所有的文体分析都以印象判断为基础，而且分析者对文本直觉文体的感知大多数情况下是正确的。究其原因，文体分析者对文本语言特点的选择（choice）和观察不是盲目的，而是依靠自己积累的语言经验有目的、有条件地选择所分析的项目。其实，凭借直觉印象观察文本的语言特征对研究者的语言敏感度要求较高，但是这种语言特征的分析反过来又能加强我们的语言直觉或审美直觉。O'Toole（1988：12）提出文体阐释的“螺旋式进程”，也就是说对文体特征的直觉判断和语言分析呈现不断向上发展的“穿梭运动”（shuttling process）。每一个循环都不是简单的重复，而是呈螺旋式上升的过程，语言直觉促进文本分析的正确性，而语言分析的过程又反过来促进分析者的直觉潜能。因此，可以肯定地说，印象主义文体是文体分析的基础。

☙ 印象主义文体研究方法

从方法论的角度来看，印象主义文体与现代文体学所提倡的客观文体（objective style）或者实证主义文体（empirical style）相对应。但是，并不是说两种文体（style）就是相对立的。正好相反，印象主义文体和实证主义文体有着密切的联系。印象主义文体是现代文体学所追求的实证主义文体的基础，不仅是因为所有的量化和实验研究需要基于直觉印象的文本观察，还因为量化研究离不开阐释（interpretation）。

现代文体学从诞生之时起，就秉承了实证主义的哲学立场，这也是它与传统文体学和修辞学的根本区别。文体学（stylistics）的实证主义表现在以下几个方面：首先，现代文体学秉持基础主义本体论，把文本看作一个真实存在的外部世界，等待研究者去发现和解释；其次，现代文体学认为分析者与文本之间的关系是客观的，文体分析的结果应尽量不受分析者主观价值观的影响。而且，无论是形式主义文体学家还是功能主义文体学家均注重文本语言特色的定量分析，统计文体学家、语料库文体学家和实验文体学家对文本进行的量化和实验研究都是实证方法在文体研究中的运用。这种文体研究方法假定研究语言使用特征可以被简化为一系列可观察的变量，通过统计把概念简化为可操作的变量，用数字形式来表示这些概念。但是，所有的量化研究都是建立在文体学家对文体做出观察和直觉判断的基础上。

更重要的是，实证主义文体分析离不开对语言特征的定性阐释和研究者的主观印象。实证性是现代文体学的基本特征，但是现代文体学绝对不能仅仅依靠量化数据。研究者需要从局内人视角而不是局外人视角来理解文本的语言特色。作为一门利用语言学理论对文学作品的语言风格进行研究的科学，阐释主义的成分相当重要。因为实证研究需要大量的推理和阐释才能上升到理论的高度。由于阐释主义更多从主观的个人经历和感受出发解释社会现象，因此阐释主义者认为，绝对客观的研究是做不到的。此外，既然文本和研究者均是由多重事实构成的，那么文体学家对作品的分析不可能脱离主观因素的影响。同时，并不是所有的文体学家都完全迷信实证主义的理论取向，功能文体学（functional stylistics）、话语分析文体学、社会历史／文化文体学和批评文体学（critical stylistics）关注的是文本与各种社会因素的互动；感受文体学（affective stylistics）把研究的对象从文本这一客观实体转移到读者这一主观实体，使文体研究对象的主观性成为影响文体研究的重要因素。定性研究质疑价值中立的可能性，假定个人价值对意义的影响无处不在，价值已成为研究过程的一部分，纯粹的客观性对文体学研究来说是不可能的，文体分析的目标只能是文体分析者达成一种共识。因此，现代文体学的哲学立场是实证主义和阐释主义的有机结合，这充分说明直觉印象在文体研究中的重要地位。

此外，直觉印象法本身就是一种文体分析的方法。不可否认，直觉印象法受主观性困扰，但是文体学家都不否认这种方法的有效性，也不否认印象主义文体在实证主义文体研究中的重要作用。值得一提的是，印象主义文体分析在我国汉语文体学研究中占尤其重要位置。由于我国传统文体研究继承了刘勰“原始以表末，释名以章义，选文以定篇，敷理以举统”的研究范式，主要采用语言描绘和主观阐释的研究方法，类似西方文体学中的直觉印象法，文体分析主观性强，对文体分析者丰富的语言经验和语言敏感度依赖较大（张德禄等，2021）。相应的问题是对文本语言使用模式的量化研究不够，也没有采用现代化的信息技术处理文本的传统。因此，将印象主义文体研究与实证主义分析结合也是我国文体研究的一个新发展方向。

☙ 印象主义文体分析实例

印象主义文体分析常常被用在文体研究的初期，并作为一种参照作用于实证分析。例如，下文来自 Foer 的小说《特别响、非常近》（*Extremely Loud & Incredibly Close*，2005）中的老年 Oskar 信中片段：

> I don't know how many animals I killed, I killed an elephant, it had been thrown twenty yards from its cage, I pressed the rifle to the back of its head and wondered, as I squeezed the trigger. Is it necessary to kill these animals? I killed an ape that was perched on the stump of a fallen tree, pulling its hair as it surveyed the destruction, I killed two lions...
>
> （Foer，2005：213）

当读者阅读到这个选段时，注意到反复使用的动词“killed”，凭借其直觉印象可以断定“killed”可能是一个重要的文体特征。在信中，老人描述了自己由于战争的原因被迫枪杀了很多大型动物。也正因为这样的经历，残杀动物的场景反复出现在老人的头脑中，成为老人战后创伤后遗症的主要表现。凭借主观印象，读者可以得出结论：反复使用的动词“killed”能形象再现枪杀场景，也能再现老人的痛苦和折磨。这种主观印象就可称为实证主义文体分析的基础。在接下来的语料库文体分析中，分析者就可以使用语料库方法统计“killed”在文中出现的频率，并判断“killed”是否为关键词，以达到对主观印象的验证。从这个角度讲，直觉印象不仅可以形成一个螺旋式上升的理解过程，还是实证文体分析重要的参照。

☙ 讨论

印象主义文体与印象主义文学作品也密切相关。因为“文体”的另外一个意义是各种类型文章的体裁（genre），如文学文体包括诗歌、小说（fiction）、戏剧、散文等；非文学文体包括其他各种类型的文章形式，如记叙文、说明文、论述文等。从这个角度讲，印象主义文体也被用来指印象主义文学作品，尤其是小说和诗歌。文学史家认为印象主义在 19 世纪 70 年代以后进入文学，尽管印象主义文学没有形成流派，但能够确定的是 19 世纪末 20 世纪初西欧一些文学家有在文学创作中采用类似印象派绘画和音乐的创作方法，即在文学创作中致力于捕捉模糊不清又转瞬即逝的感觉印象。由于文学创作的特殊性质，文学中的印象主义更注意这种瞬间感觉经验转化为感情状态的过程。他们与绘画和音乐中的印象主义者相同，也拒绝对所描写的事物之间的联系进行合乎逻辑或理性的提炼加工。此外，象征主义文学流派的部分作品透露着明显的象征主义思想。英国 19 世纪末的 Wilde 等人的作品中，印象主义的倾向比较明显。例如，Wilde 的唯美主义文学作品摆脱了道德观念的束缚，追求艺术带给读者的纯粹美感。象征主义的某些代表诗人被认为是印象主义作家，例如，Verlaine 的《诗艺》（*Poetic Art*，1874）与其说是在谈象征主义，不如说是一篇印象主义宣言。法国自然主义流派的代表人物作家 Edmond de Goncourt 和 Jules de Goncourt 的作品也充满了印象主义元素；另一位被看作印象主义的代表人物是法国诗人、小说家 Loti，他的某些诗歌如印象派画家那样在"捕捉瞬间的感觉印象"，但并非所有作品都是如此。此外，一部分英美诗人组成的意象诗派的诗歌也和印象主义一样强调对感觉印象的描绘，其中美国诗人 Amy Lowell、Hilda Doolittle、John Gould Fletcher 等人的许多作品与印象主义的诗歌非常相似。

最后，另外一个与印象主义文体密切相关的概念是印象主义批评。印象主义批评也称感受式批评。这种批评拒绝对作品进行理性且科学的分析，强调批评家的审美直觉，认为最好的批评只是记录批评家感受美的过程，至多指出这美的印象是如何产生的，是在哪种条件下被感受到的。因此，印象主义批评是一种朦胧的、没有明确论证的"以诗解诗"式的批评，而且往往写成散文诗的格式。这样一来，文学批评（literary criticism）就成为一种与文学创作没有本质区别的艺术门类，写这种批评文字的人往往本身也是诗人或作家。文学批评与文体学是两个不同的概念，两者最大的区别在于研究目的。文学批评把语言批评看作对文学作品进行价值判断的一个手段，目的是对文学作品的社会价值给出准确的定位，而文体学研究的目的是对文本主题的解读和语言模型的检验。但是，了解印象主义文学体裁和文学批评可以帮助读者从不同的角度理解印象主义文体的概念。

参考文献

张德禄，贾晓庆，雷茜. 2021. 文体学新发展研究. 北京：清华大学出版社.

Foer, J. S. 2005. *Extremely Loud and Incredibly Close*. London: Hamish Hamilton.

O' Toole, M. 1988. *Henry Reed and what follows the "naming of parts"*. In D. Birch & M. O' Toole (Eds.), *Functions of Style*. London: Printer, 12–30.

语料库文体学 CORPUS STYLISTICS

语料库文体学（corpus stylistics）是世纪之交兴起的文体学（stylistics）分支之一。其实，早在20世纪50年代和60年代就有文体学家（Fucks，1952；Milic，1967；Somers，1966）使用统计方法研究作家创作风格和鉴别作品的作者，产生了计量文体学（stylostatisitcs/stylometry stylistics）或者统计文体学（statistical stylistics）。Leech & Short（2007：286）在《小说文体学》（*Style in Fiction: New Directions for Research*）中明确指出文体学研究中的"语料库转向"。Mahlberg（2014：378）认为语料库文体学流行的部分原因是语料库语言学家越来越多地将电子文学文本视为研究数据，文体学家也从日益增加的现成的语料库工具中获益。

☙ 定义

语料库文体学是语料库语言学和文体学结合的产物。语料库文体学与计算文体学（computational stylistics）既有相似之处，又有不同之处。与计算文体学一样，语料库文体学"必须通过计数和比较来验证异常和特征"（Hoover，2013：518），正是这种计数和比较为文学文体学（literary stylistics）增添了额外的系统性，似乎使语料库文体学成为一项有吸引力的工作（O'Halloran，2007；Stubbs，2005）；与计算文体学不同，语料库文体学更注重对统计结果的定性分析和阐释（interpretation）。Mahlberg（2014：389）认为，如果不把索引或生成关键词频用于解决文学研究问题，那么检索索引或生成关键词就不是一种有用的研究方法。换言之，如果不把用语料库方法得出的数据与意义阐释建立起联系，那么就可能仅仅做出对文本缺乏洞察力的天真的观察。

☙ 语料库文体学研究方法

目前国内外的语料库文体分析主要有两种做法。一种是先确定要统计的词汇类型，比如情态动词、代词、指示词等，用语料库软件进行选定词汇类型的频率统计，接着通过与参照语料库比较，从中挑选出频率相差较多的语言特征，并分析该作品的语言风格，或者结合作品主题对其进行分析、解释。另一种做法是不确定用语料库统计哪种语言特征，而是先用语料库检索软件列出主题词和不同长度的词丛／词簇（cluster）频率表，接着观察、分析高频词汇和词丛／词簇，以其为基础分析作品的语言风格，或者这些语言特征可能表现的主题意义。

近年来，语料库文体学不仅在数量上有快速增长，而且在理论和方法上也取得了较大发展，主要展示出三个趋势：（1）语料库文体学工具增加、分析的体裁类型和语言特征也不断增加；（2）系统介绍语料库文体学的论著出现，探讨了语料库文体学从建库到分析语料的整个流程；（3）语料库文体学与认知文体学（cognitive stylistics）等其他文体学流派或学科的结合。

文体学研究的重要杂志《语言与文学》（*Language and Literature*）的

书评主编 Lugea（2017：340–360）评述了语料库文体学的发展，指出尽管越来越多的论著应用语料库做文体研究（如 Lugea，2016a，2016b；Ringrow，2016），有些论著对语料库的应用更加典型。例如，以 Mahlberg（2013）对 Dickens 的小说所做的语料库文体研究为基础，Ruano San Segundo（2016）借用语料库软件 WordSmith 来分析 14 部 Dickens 小说组成的语料中对言语报道动词的使用，认为这些言语报道动词有助于塑造 Dickens 笔下的独特人物形象。

Mahlberg 在语料库文体学研究领域作出了非常大的贡献。2007 年至今的十多年中，Mahlberg 用丰富的案例分析展示了语料库工具和方法给文体分析提供的强有力的数据支持，甚至帮助发现肉眼难以觉察的文体特征。Mahlberg 的著作《语料库文体学和狄更斯的小说》（*Corpus Stylistics and Dickens's Fiction*，2013）对目前的语料库文体学研究方法做了梳理。不仅如此，该书还把语料库文体学与认知文体学联系起来。因此，该书不仅是语料库文体学领域的重要著作，对 Dickens 的小说特别是其中的词丛／词簇做了细致的分析，而且还展示出语料库文体学与认知文体学等其他学科结合的趋势。通过把语料库文体学和认知文体学结合，她的研究展示出，词丛／词簇可以作为文本世界理论中人物塑造（characterization）和世界建构成分的文本触发（textual trigger）。

目前数量众多的语料库文体分析表现出一个共性，就是都关注语言特征在频率即数量上的突出，即功能文体学（functional stylistics）所说的失衡（deflection）；而很少关注对语言规则的偏离（deviation），即功能文体学所说的失协（incongruity）（Halliday，1973；张德禄，2005）。对于失协语言特征的关注是 2018 年 10 月 McIntyre 在福建省福州大学举办的文体学国际会议主旨发言中重点呼吁和展示的。McIntyre 在该主旨发言中以实例说明，首先对一个作品的语料库文体学分析可以始于作者直觉观察出的失协的语言特征，然后通过在参照语料库中搜索，发现这些失协语言特征确实存在，接着通过分析这些语言特征出现的特殊语境来阐释它们的意义，最后把这些语言特征自带的意义代入作品，从而阐释出作品通过应用这些失协的语言特征表现的深层内涵。

☞ 语料库文体学分析实例

Mahlberg 的著作《语料库文体学和狄更斯的小说》说明，语料库工具能为已经得到广泛研究的文本提供新的视角。Mahlberg 特别关注 Dickens 小说的遣词造句，分析词丛 / 词簇（重复的单词序列），例如，“他的手放在口袋里”“好像他已经”等。Mahlberg 认为，这些词簇是虚构世界的“文本构建材料”，把人物（character）的特定特征外化。她的研究结果是通过比较 Dickens 的作品语料库和范围更广的 19 世纪小说这个参考语料库获得的。Mahlberg 的研究对 Dickens 作品的文体特征和主题意义研究作出重大贡献。

Hoover（2007：174–203）也是语料库文体学研究领域的重要人物。他采用词语聚类分析法对比 James 前后期的作品，分析其作品在词汇使用风格上的差异，还发现了一类风格中立的作品。Hoover（2010：67–81）建立了专门的书信体小说语料库，以高频词为变量研究语料库中不同书信体小说的叙事者在语言风格上的差异和同一部小说中不同通信者或叙事者在语言风格上的差异，证明语料库文体学能挖掘出文体学家凭肉眼观察不到的一些文体差异及其蕴含的主题意义。

Hardy（2007）用社科分析软件 SPSS 和语篇分析软件 TEX-TANT，搜索、分析 O’Connor 作品中的词汇搭配，发现单词 eye 构成的搭配出现频率很高，接着分析这种高频率搭配的主题意义，结合作品的语境对其做出阐释，认为该搭配反映出作者对人体内部或精神方面的意义很关注。

☙ 讨论

雷茜、张德禄（2016：278–286）还指出了语料库文体学自身的一些局限性：第一，语料库方法围绕有限的文体特征展开研究，无法穷尽支撑某个文体特征的所有语言资源；第二，语料库方法提供的统计数据，如不针对具体问题，不与理论阐释挂钩，就会陷入对文本的无知观察；第三，文体学家与语料库语言学家缺乏合作，语料库方法本身的技术性仍然是其在文体研究中推广和应用的障碍。

我们认为上述局限性中第二条和第三条是目前的一些语料库文体学研究中存在的普遍问题，在采取语料库文体方法分析文本时应该先通过阅读观察发现其中的一些突出的语言特征，然后再以语料库工具和方法统计这些语言特征在该文本和参照语料库中的频率。这样的语料库文体分析的目的会更加明确，研究过程更加有的放矢、合理有效。另外，因为文体学研究者们大多是文学和语言学出身，所以对语料库工具的应用和开发并不擅长。为了做出具有创新意义的语料库文体研究成果，文体学家不仅需要学习、掌握常用语料库工具的使用方法，更需要与语料库语言学家积极合作。

参考文献

雷茜，张德禄. 2016. 现代文体学研究方法的新发展. 现代外语，(2)：278–286.

张德禄. 2005. 语言的功能与文体. 北京：高等教育出版社.

张德禄，贾晓庆，雷茜. 2021. 文体学新发展研究. 北京：清华大学出版社.

Fucks, W. 1952. On the mathematical analysis of style. *Biometrika, 39*(1): 122–129.

Halliday, M. A. K. 1973. *Explorations in the Functions of Language*. London: Edward Arnold.

Hardy, D. E. 2007. *The Body in Flannery O'Connor's Fiction: Computational Technique and Linguistic Voice*. Columbia: University of South Carolina Press.

Hoover, D. 2007. Corpus stylistics, stylometry and the styles of Henry James. *Style*, *41*(2): 174–203.

Hoover, D. 2010. Some approaches to corpus stylistics. *Journal of Foreign Language, 33*(2): 67–81.

Hoover, D. 2013. Quantitative analysis and literary studies. In R. Siemens & S. Schreibman (Eds.), *A Companion to Digital Literary Studies*. Oxford: Blackwell, 517–533.

Leech, G. & Short, M. 2007. Style in fiction: New directions for research. *Style, 41*(2): 15–116, 252–253.

Lugea, J. 2016a. *World Building in Spanish and English Spoken Narratives*. London & New York: Bloomsbury.

Lugea, J. 2016b. A text-world account of temporal world-building strategies in English and Spanish. In M. Romano & M. D. Porto (Eds.), *Exploring Discourse Strategies in Social and Cognitive Interaction*. Amsterdam & Philadelphia: John Benjamins, 245–372.

Lugea, J. 2017. The year's work in stylistics 2016. *Language and Literature, 26*(4): 340–360.

Mahlberg, M. 2013. *Corpus Stylistics and Dickens's Fiction*. London & New York: Routledge.

Mahlberg, M. 2014. Corpus stylistics. In M. Burke (Ed.), *Routledge Handbook of Stylistics*. London: Routledge, 378–392.

Milic, L. T. 1967. *A Quantitative Approach to the Style of Jonanthan Swift*. The Hague: Mouton de Gruyter.

O'Halloran, K. L. 2007. The subconscious in James Joyce's "Eveline": A corpus stylistic analysis that chews on the "Fishhook". *Language and Literature, 16*(3): 227–244.

Ringrow, H. 2016. *The Language of Cosmetics Advertising*. Basingstoke: Palgrave Macmillan.

Ruano San Segundo, P. 2016. A corpus-stylistic approach to Dickens' use of speech verbs: Beyond mere reporting. *Language and Literature, 25*(2): 113–129.

Somers, H. H. 1966. Statistical Methods in Literary Analysis. In J. Leed (Ed.), *The Computer and Literary Style*. Kent: Kent State University Press, 128–140.

Stubbs, M. 2005. Conrad in the computer: Examples of quantitative stylistic methods. *Language and Literature, 14*(1): 5–24.

语篇语义学 DISCOURSE SEMANTICS

语篇语义学（discourse semantics）是 Halliday 开创的系统功能语法近年常用的一个术语。姜望琪（2008b）认为语篇语义学思想可以追溯到 Firth，因为 Firth（1930：7）提出“一个词的完整意义总是包括语境的。离开完整语境，就不可能有严肃的意义研究”。荷兰语言学家 Seuren 在 1994 年出版了《语篇语义学》（*Discourse Semantics*），2001 年出版了《一种语言观》（*A View of Language*），讨论了语篇语义学理论。Martin 在 1992 年出版的《英语篇章——系统与结构》（*English Text: System and Structure*）系统地阐述了语篇语义学理论，并将其用于文本分析。姜望琪（2009：1–5）分析说，Martin 和 White 所著的《评价语言——英语中的评价》（*The Language of Evaluation: Appraisal in English*，2005）的出版标志评价理论（Appraisal Theory）已经成熟，成为语篇语义学研究新阶段的旗帜。

语篇语义学认为句子 a 的意义使得句子 a 只能在某一类语境中使用，这类语境也被称作语篇域，建立在情景知识和世界知识的基础上。说话人 S 的一个有意义的话语（discourse）生产始于 S 的意图（intention），在一个公开场合表达一个命题——也就是说，在心智结构中，就一个给定的话语，S 在某种形式的社会约束力作用下，把一个特性分配给一个或多个对象。说话人的意图被输入语言机制中，语言机制将认知元素进行分类和结构，形成一个句子，然后实现为一个语篇（discourse）。语篇理解包括听者 L 对 S 的意图的重构。每一个新的话语所传达的意图都增加到话语 D，话语 D 也随着每一个新的话语的增加而变化。王振华（2008）提出，语篇本身是一个系统，语篇语义学研究的内容就是该系统中的生产者、文本 / 话语及语篇的消费者这三个要件以及三者之间的关系。

☙ 定义

"虽然 Halliday 在 1992 年也开始使用'语篇语义学'这个名称，但是他基本上把它等同于'语义学'，似乎其中的'语篇'这个修饰语没有任何意义。例如，他在 1985 年《功能语法导论》第一版的'前言'里说，'语言的平面，或层次，即从意义到表达的编码（encoding）过程中的不同阶段，是语义学、语法、音系学'。1992 年，他调整了这三个平面的名称。他在一篇文章中说，实现过程也把一个平面（层次）的范畴与其他平面的范畴联系起来。因此，词汇语法平面的范畴'向上'跟语篇语义学相连，'向下'跟音系学相连"（姜望琪，2008a：95）。

Martin 对语篇语义学的定义突出了"语篇"对语义（meaning）的重要性。他从 1979 年开始在悉尼大学讲授自己对语篇语义学的认识，

1992年他把有关讲稿整理出版，定名为《英语篇章——系统与结构》(*English Text*: *System and Structure*)。《英语篇章——系统与结构》以层次分类，分成语法（grammar）和语义学。Martin提出，这样一种以篇章意义为中心，而不是以小句意义为中心的语义学为语篇语义学。换言之，在Martin的用法里，"语篇语义学"中的"语篇"一词不再是可有可无的，而是必需的，有特殊含义的。Martin把《英语篇章——系统与结构》的第1章命名为"语篇语义学——一个关于三层分节（triple articulation）的建议"。Martin沿用Hjelmslev对语言的二分法命名，"把第一层叫作'内容形式'（content form），第二层叫作'表达形式（expression form）'"（姜望琪，2008a：96）。他把内容层次一分为二，分成词汇语法与语篇语义学。语篇语义学比词汇语法更抽象，处理的语言单位更大。Martin讨论了语篇语义与词汇语法之间的互动。对应于词汇语法中的及物性角色（transitivity role）、主位（Theme）、新信息（New）、主语（Subject），Martin提出了语篇语义与之互动的四个概念：衔接和谐（cohesive harmony）、展开方式（method of development）、阐述要点（point）、语气责任（modal responsibility）。

☙ 语篇语义学研究方法

语篇语义学是在系统功能语言学基础上发展起来的以篇章意义为中心而不是以小句意义为中心的语义学思想，其核心是概念、识别、连接、评价（evaluation）等语篇系统。Martin和Rose在《研究话语：话语之外的意义》(*Working with Discourse, Meaning Beyond Discourse*, 2003）中基于系统功能语言学提出的语言的三个元功能（metafunction）：概念功能、人际功能（interpersonal function）和语篇功能（textual function），提出语篇语义学包括概念（ideation）、识别（identification）、连接

（conjunction）、评价（appraisal）和篇章格律（periodicity）等五个系统，将其用于分析长于句子的篇章。评价系统及其相关语篇语义结构是由人际元功能（interpersonal metafunction）组织而成的，发展了话语推进中有关话题转换的语义系统和语义结构理论。识别性语篇语义范畴及其相关语篇语义结构是由语篇元功能（textual metafunction）组织的，与信息的已知性有关。连接系统是由逻辑元功能组织的，视语篇为一个动态过程，主要探讨英语语篇内的逻辑语义关系。该书将这五个系统用于分析三种体裁（genre）：叙事（story）、议论文（argumentation）和法规（legislation）。一个篇章的不同部分互相衔接，都围绕同一个语场（field / field of discourse），或分语场展开。语篇语义学是系统功能语法和语篇分析（discourse analysis）有机结合的产物。Martin 的《英语语篇—系统与结构》在系统功能语言学框架内做语篇分析，目的是提供一系列可以把英语语篇跟其他语境联系起来的语篇分析方法，为语篇分析提供一个综合性的分析框架。

王振华、石春煦（2016）指出，在国外，较有影响的语篇语义学研究学者群当数以 Martin 为代表的悉尼学派和以 de Beaugrande 为代表的欧洲大陆学派。近年来，国内不少学者引介了这两个学派的理论，但缺乏系统和全面的对比性分析。王振华、石春煦（2016）从研究范式、研究目标和研究内容上对两大学派在语篇语义学研究方面的异同进行对比研究，探索它们的研究优势和发展空间。通过对比发现，悉尼学派的代表人物 Martin 引领该学派将 Halliday 的横组合、纵聚合的概念应用到语篇层面，扩展了 Halliday 的语境观和 Halliday 及 Hasan 的衔接理论，并解析了语境、语类和意识形态（ideology）的关系，为自然语篇提供了系统的、操作性强的分析工具。欧洲大陆学派的语篇语义学不仅研究语篇的表层形式，而且在宏观意义上强调语篇互动的交际语境，指出语篇的实质是人类活动，并将其视为一种与语境相关联的操作过程，在语言使用者的交际事件中不断地维持稳定。

☙ 语篇语义学分析实例

张佩雯（2011：33–36）运用语篇语义学理论框架，以其五个语篇系统为工具，重点研究了叙述体裁中概念意义的构建。张佩雯（2011：33–36）通过分析叙述体裁文本中概念系统的分类关系、核心关系、活动序列发现概念意义和语场、体裁阶段以及语步的构建是密切相关的。核心关系显示了人物（character）和事物在活动序列中担当的角色，分类关系则显示了不同语步中活动序列的经验过程模式及其变化。

王品（2018）也是从语篇语义学理论中的概念系统角度分析了所选文本。王品（2018）从经验意义的角度探讨《心经》的梵语原文、玄奘汉语译文和孔兹英语译文各自的特点，并比较梵语原文与汉英两种译本之间的异同。王品（2018）的分析主要着眼于原文本及两种译本中核心关系与活动序列的组织方式，尝试为译文与原文之间、汉英两种译文之间存在的差异提出解释。研究表明，三种文本在经验意义方面的差异主要来自三种语言的本体特征差异；另外，汉译重在弘扬佛理，英译重在重现原意，不同的翻译目的也对译作呈现方式产生影响。

☙ 讨论

从系统功能语言学到语篇语义学，这不是一个偶然的、随意的发展，两者之间有着自然的、必然的联系。实际上，西方一直存在篇章语法。Plato 的语言理论也可以称为“篇章语法”。此后的两千多年中，西方的篇章语法也一直在发展，只是因为句子语法长期占据统治地位，才不为人们熟知。进入 20 世纪以后，随着现代语言学的发展，句子语法、篇章语法研究都取得了很大的进步。布拉格学派实际上就是研究篇章语法的，不过更明确的口号是由 Chomsky 的老师 Harris 在 1952 年提出来的。1952 年他在美国《语言》（*Language*）杂志上发表了《语篇分析》（“Discourse Analysis”）一文，明确提出要把语言研究扩展到连续话语的研究。以 Firth 为代表的英国语言学家则历来重视语义研究和篇章分析。Halliday 追随他的老师，早在 20 世纪 60 年代初期就开始从事语篇分析。如果我们把语言研究思路分成“句子取向”和“语篇取向”两大派，语篇语义学，连同其基础理论——系统功能语言学，就像中国的语言研究传统，属于语篇取向。

参考文献

姜望琪. 2008a. Martin 的语篇语义学思想 . 北京科技大学学报，（4）: 95–104.

姜望琪 . 2008b. Firth 的语篇语义学思想 . 外国语言文学，（1）: 1–8.

姜望琪 . 2009. 语篇语义学与评价系统 . 外语教学，（2）: 1–5.

姜望琪 . 2010. 中国语言研究传统与语篇语义学 . 北京科技大学学报，（2）: 97–102.

王品 . 2018.《心经》梵语原本及其汉、英译本的经验意义对比研究——语篇语义学视角 . 外文研究，*6*（2）: 75–83.

王振华 . 2008. 作为系统的语篇 . 外语学刊，*142*（3）: 50–57.

王振华，石春煦 . 2016. 悉尼学派与欧洲大陆学派在语篇语义研究上的异同 . 外国语（上海外国语大学学报），*39*（1）: 64–70.

杨红 . 2011. 论语篇语用学与语篇语义学的相通之处 . 信阳师范学院学报（4）: 84–86.

张佩雯 . 2011. 叙述体裁概念意义个案研究：语篇语义学视角. 外语教学，（1）: 33–36.

Firth, J. R. 1930. *Speech*. London: Ernest Benn.

Halliday, M. A. K. 1992/2002. How do you mean? In J. J. Webster (Ed.), *Collected Works of M. A. K. Halliday: On Grammar*. London & New York: Continuum, 352–368.

Halliday, M. A. K. & Hasan, R. 2003. *Cohesion in English.* Beijing: Foreign Language Teaching and Research Press.

Martin, J. R. & Rose, D. (Eds.). 2003. *Working with Discourse: Meaning Beyond the Clause*. New York: Continuum.

Seuren, P. A. M. 1994. *Discourse Semantics* In R.E. Asher & J. M. Y. Simpsor (Eds.), *The Encyclopedia of Language and Linguistics* (Vol. 2). Oxford: Pergamon Press, 982–993.

Seuren, P. A. M. 2001. *A View of Language*. Oxford: Oxford University Press.

语言学文体学 LINGUISTIC STYLISTICS

语言学文体学（linguistic stylistics）是现代文体学（modern stylistics）的别称，也是一个容易引起歧义的概念。因为有一部分学者，特别是语言学阵营的文体学家，在提及文体学（stylistics）和现代文体学时，倾向于采用语言学文体学这一名称（申丹，2008：296），导致几个名称能指不同，但所指（reference）相同。因此，要真正理解语言学文体学，需要对文体学、文学文体学（literary stylistics）和语言学文体学的概念加以区分。

☙ 定义

语言学文体学是以语言学理论作为文体分析工具或者以语言学理论

研究为目的的文体学研究的统称，它与文体学和文学文体学有不同的研究对象和研究目的。正如胡壮麟、刘世生（2004：306）所说，“文体学有时被混乱地称为文学文体学或语言学文体学。称为文学文体学，主要是因为它倾向于将研究兴趣集中在文学语篇上；称为语言学文体学，是因为它使用的模式均来自语言学”。我们暂且不讨论这里又涉及的一个新问题，即文体学与文学文体学和语言学文体学的关系。仅就文学文体学和语言学文体学的关系而言，这种把两者等同起来的做法就容易引起混乱。这里的文学文体学和语言学文体学的划分采用的是不同标准，文学文体学是以文体研究对象作为划分标准的，以文学语篇为研究对象的文体研究，而语言学文体学是以是否采用语言学模式为划分依据的，采用语言学的理论框架和分析方法的文体研究。Carter & Simpson（1989）在划分现代文体学流派时，区分了文学文体学、语言学文体学、形式文体学（formal stylistics）、功能文体学（functional stylistics）、话语文体学、社会历史文化文体学。它们的分类虽然没有混淆文学文体学和语言学文体学，但是这个分类也涉及两个标准（申丹，2008：293），形式主义文体学、功能主义文体学、话语文体学的分类依据是文体学家所采用的语言学模式，而语言学文体学、文学文体学、社会历史文化文体学的区分则参考的是研究目的。就研究目的而言，语言学文体学的研究目的或者说其“兴趣焦点不完全是研究文学语篇，而是提炼和完善一种语言学模式，以便进行进一步的语言学或文体学分析”（胡壮麟、刘世生，2004：306）。此外，以上分类中的形式主义文体学、功能主义文体学和话语分析文体学都采用了不同的语言学理论，也可以为语言学研究服务。从这个角度讲，它们都是语言学文体学的不同分支。综上所述，把语言学文体学和其他文体学流派区分的关键是强调语言学与文体学两个学科的相互作用，即语言学理论为文体分析提供理论依据的作用，和文体分析为语言学理论和语言学模式提供检验场所的作用，而语言学文体学的侧重点恰恰是后者。

☙ 语言学文体学研究方法

语言学文体学的研究方法包括理论方法和操作方法。现代文体学是利用语言学理论对文本的语言特色进行分析的科学，所以文体学研究首先应该解决的问题就是确定文体分析使用的语言学理论。但是能够用于文体分析的语言学理论庞杂而丰富，而且不同的语言学理论从不同的视角研究语言，Saussure 的结构主义语言学理论是文体描述和分析的基础；Chomsky 的转换生成语法从句法的深层结构和表层结构出发研究语法（grammar）选择产生的文体效应 / 文体效果（stylistic effect）；系统功能语法在三个语言元功能理论基础上利用及物性系统、语气、情态系统和主位系统分析语言的意义潜势和意义选择在特定语境中产生的文体效果；语用文体学（pragmatic stylistics）使用语用学理论，如言语行为理论、合作原则、礼貌原则和关联理论（relevance theory）等研究不同文本的文体特色；语料库语言学借用语料库语言学的理论模式，通过量化和对比分析验证一个文本的语言使用特色；认知文体学（cognitive stylistics）使用认知语言学的图式理论（schema theory）、概念隐喻（conceptual metaphor）理论、概念整合理论（conceptual blending theory）等研究不同文体特征在读者大脑中的加工过程。所以，进行文体分析首先要选择语言学理论模式，并清楚了解该理论的基本构架，区分这一语言学理论与其他理论的不同，以确保文体分析顺利进行。

就操作方法而言，科学化是语言学文体学研究方法的重要特征。从形式主义文体学开始，语言学文体学把实证性作为与其他文学研究的重要区别。文体学在开始阶段主要采用定性的实证研究方法，利用语言学理论工具对文本进行分析，得出数据，解释其文体效应/文体效果。分析中采用的主要方法是观察法、直觉印象法、描述法、调查法和推理法。随着科学技术的发展，统计方法和语料库语言学方法在文体研究中得到应用，深化了文体分析的实证性本质，也大大提升了文体研究的科学性。随着认知科学的发展，文体学家开始关注读者如何在文学文本中找到意义，以及文体分析的假设和框架是否能够在真实读者那里找到充分的证据。心理语言学和认知神经科学中常用的心理实验方法、认知神经实验方法和自然阅读实验等都成为文体学的研究方法，不仅为文体特征读者认知提供了科学依据，还能进一步揭示人类语言的生成及认知奥秘。

☙ 语言学文体学分析实例

由于现代文体学的普遍特征是以语言学理论作为文体分析工具，这里不再举例证明。下面重点使用例子展示文体分析如何为语言学理论服务。功能文体学的创始人 Halliday 在其论文《语言的功能与文学文体：对威廉·戈尔丁〈继承者〉语言的探究》（“Linguistic Function and Literary Style：An Inquiry into the Language of William Golding's *The Inheritors*”）中首先回顾了系统功能语言学理论中提出的语言的概念功能（ideational function）、人际功能（interpersonal function）和语篇功能（textual function）。然后，提出了为实现语言功能而产生的语言形式突出现象，包括语言的突出（prominence）和前景化（foregrounding）。然后通过对 Golding 的小说《继承者》（*The Inheritors*，1955）三个选段的及物性使用特征进行详细文体分析，发现小说中某些及物性过程及其参与者的使用明显偏离了现代语言的常规（norm），与作者的创作意图相关，构成小说的前景化文体特征，生动地再现了原始人观察世界的异常眼光，对小说主题的揭示起着决定性作用（Halliday，1971），完美地检验了论文中提出的语言形式的突出和前景化理论。简而言之，尽管Halliday的功能文体分析对小说主题意义的理解有帮助，但不能简单地认为这是一篇文学作品的文体分析，因为该研究的初衷是检验语言的功能在文学语篇意义建构中的作用，不仅利用文体分析的方法证明了功能是连接形式和意义的桥梁，而且系统地提出了功能文体学理论，为语言学理论的发展做出了重要贡献，是语言学文体学的典型案例。

☙ 讨论

以语言学理论为依据的文体学流派包括形式文体学、功能文体学、认知文体学、话语/语篇文体学、语用文体学、语境文体学和多模态文体学（multimodal stylistics）等。形式文体学特指以Saussure的结构主义语言学和Chomsky的转换生成语法等形式主义语言学理论指导文体分析的流派。形式文体学是20世纪60年代以前的文体分析主流，其理论基础是内容和形式二元的文体分析模式，最典型的代表是认为文体（style）是“附加在思想上的外衣”，也就是说同一意义可以选择不同的语言形式表达，这些不同的语言表达形式就构成不同的文体风格。例如，Ohmann（1964）根据Chomsky早期转换生成语法理论，提出深层结构是意义的源泉，文体风格的差异是同一深层结构通过不同转换规则产生的。功能文体学是以Halliday的系统功能语言学为理论基础的文体学理论。Halliday（1971）功能文体学理论把文体视为“前景化”，即“有动因的突出”（motivated prominence）。Halliday认为语言结构是在交际过程中根据其使用功能发展而来，并将语言的功能归纳为三个元功能，所有的语言结构都可以从这三大功能上给予解释。功能的思想把语言形式和情景语境（context of situation）联系起来，有利于我们从更深层次上把握语篇（discourse）的文体特点。对情景语境的关注是系统功能语言学的另一重要思想。与语言的三个元功能相对应，Halliday 认为情景语境包括三个组成部分：话语范围、话语基调和话语方式。功能语言学理论的系统性为我们从系统上进行文体分析提供了很好的语言学理论框架，这也与系统功能语言学的创建目的有关，因为功能语法是“为那些以语篇分析（discourse analysis）为目的的语法学习者而编写的”，“与从功能体现的角度解释语法结构和语篇分析有着更为直接的关系”（Halliday，1994：x），而语篇分析是文体分析的第一步。认知文体学是以认知语言学理论为基础的文体学分支，兴起于 20 世纪 90 年代。认知文体学不仅注重分析文本中的语言，同时注重考察语言产生和接收过程中的认知结构和认知过程，对文本分析有较强的解释力，是进行文学阐释的有力工具（Semino & Culpeper，2002）。Fish 的感受文体学是认知文体学的早期形式。Fish 认为，“文体分析的对象应为读者在阅读时头脑中出现的一系列原始反应，包括对将要出现的词语（word）和句法结构的种种推测，以及这些推测被证实或被修正时各种形式的瞬间思维活动。读者所有的原始反应都有意义，它们的总和构成话语的意思”（申丹，2009）。Semino & Culpeper（2002）探讨了认知语言学的核心概念，如概念整合、隐喻（metaphor）、类比和讽喻、思维和语言体验；介绍了语言学理论和其他理论方法在文体分析中的应用，如反映认知过程的句法结构、否定以及概念隐喻、图形和背景理论、思想风格、语篇语言模式等。话语 / 语篇文体学是 20 世纪 80 年代初以来随着语用学和篇章语言学（text linguistics）的发展而出现的，采用话语分析模式进行文体分析的文体学派别。话语 / 语篇文体学以语篇作为分析对象，主要研究句子间的衔接（cohesion）、话轮间的关系和规律、语篇组成成分之间的语义结构关系等。因为语篇是一个交际单位，所以话语 / 篇章文体学注重交际双方相互作用的过程，即话语（discourse）是如何产生的。主要的理论模式有 Birmingham 话语分析法以及 Halliday 的衔接理论等（Toolan，1990：273–274）。语用文体学是以语用学理论为基础的文体学理论。语用文体学主张在文体分析上把语言语境化，即分析者的兴趣不仅放在说话人所谈论的事物上，而且放在他所做的事情上，言语所达到的效应是讲话者正在履行话语所做的事情（作一个许诺、发布一条命令或声明等）（Pratt，1977）。语用文体学的研究对象是会话交流、话轮转换、语句衔接、话题转移等为完成交际任务使用的言语方式。20世纪80年代以来，语用文体学家对文学语篇中的交际过程、会话层次（Toolan，1989）、礼貌策略（Simpson，1989）及合作原则和会话含义理论（Short，1989）的应用都进行了深入研究，并取得了引人注目的成果。语境（情景）文体学是文体学的一个新兴分支（Mills，1992）。以往的文体学都致力于研究文本或语篇的内在特征，属于文本内在批评。语境文体学在理论上更关注文本以外的因素。语境文体学强调文本特征（如词汇）同语境的联系（Enkvist，1964），Spencer & Gregory（1964）、Gregory（1967）及 Gregory & Carroll（1978）更注意对情景语境的探讨。生活中的言语情景数不胜数，每一个言语情景都能按无数的语境特征加以描写。文体学家的任务是从中提取在文体学上显著的特征。胡壮麟（2000）提出文体学中显著的语境特征研究方法有两种：一种是从公认的文体学上显著的语言形式出发，记录它所出现的语境，然后识别所有这些语境共有的特征；另一种是从某语境开始，记录它们所出现的语言形式。前一种方法使我们能看到一些文体标记（如礼貌语言或代词的称呼形式）在语境中的使用范围。后一种方法对我们研究文学文体和探讨语言中主要文体范畴时如何着手有启示。

语言学文体学分支众多，也取得了丰富的成果。但是，语言学文体学也受以下几个问题的困扰。首先是概念区分问题。初学者需要区分语言学文体学与现代文体学、语言学文体学与文学文体学，甚至语言学文体学与其分支，例如，形式文体学和功能文体学等之间的关系。我们建议读者从以语言学理论工具为指导和以语言学理论检验为目的两个参数来理解语言学文体学，强调语言学和文体学两个学科间的相互作用。其次，语言学文体学各分支间的融合有待深入。由于语言学文体学分支众多，每个分支都有自己的语言学理论工具。从各个分支的发展来看，它们之间有一定的继承和发展关系，因此关注不同分支之间的关系，对语言学文体学的宏观理解大有裨益。同时，各分支理论间关系的深化也能为不同理论的融合带来契机，例如，语料库语言学方法的发展不仅催生了语料库文体学（corpus stylistics），还能够为形式文体学、功能文体学、多模态文体学的发展带来文体分析模式的改变。正如语言学家 Jakobson 所言："任何一个对语言诗学功能（poetic function）不了解的语言学家和对语言学问题和语言学方法不熟悉的文学工作者都是过时的"（Weber，1996：33）。语言学和文体学的融合发展既是语言学家对文学语篇的重视，也是文学工作者对语言学理论的认可。从这个意义上讲，语言学文体学对两个学科之间相互作用和贡献的强调非常重要。

参考文献

胡壮麟. 2000. 语境与文体. 山东外语教学，(4)：1–7.

胡壮麟，刘世生. 2004. 西方文体学辞典. 北京：清华大学出版社.

申丹. 2008. 再谈西方当代文体学流派的区分. 外语教学与研究，(4)：293–298，321.

申丹. 2009. 谈关于认知文体学的几个问题. 外国语文，(1)：1–5.

Carter, R. & Simpson, P. 1989. Introduction. In R. Carter & P. Simpson (Eds.), *Language, Discourse and Literature: An introductory Reader in Discourse Stylistics*. London: Unwin Hyman, 1–20.

Enkvist, N. E., Spencer, J. & Gregory, M. 1964. *Linguistics and Style*. London: Oxford University Press.

Gregory, M. 1967. Aspects of varieties differentiation. *Journal of Linguistics*, (3): 177–198.

Gregory, M. & Carroll, S. 1978. *Language and Situation*. London: Routledge & Kegan Paul.

Halliday, M. A. K. 1971. Linguistic function and literary style: An Inquiry into the language of William Golding's *The Inheritors*. In S. Chatman (Ed.), *Literary Style: A Symposium*. Oxford: Oxford University Press, 330–365.

Halliday, M. A. K. 1985. *An Introduction to Functional Grammar*. London: Edward Arnold.

Halliday, M. A. K. 1994. *An Introduction to Functional Grammar* (2nd ed.). London: Edward Arnold.

Mills, S. 1992. Knowing your place: Towards a Marxist feminist contextualised stylistics. In M. Toolan (Ed.), *Language, Text and Context: Essays in Stylistics*. London: Routledge, 182–207.

Ohmann, R. 1964. Generative grammars and the concept of literary style. *Word*, (20): 423–439.

Pratt, M. 1977. *Towards A Speech Act Theory of Literary Discourse*. Bloomington: Indiana University Press.

Semino, E. & Culpeper, J. 2002. *Cognitive Stylistics: Language and Cognition in Text Analysis*. Amsterdam: John Benjamins.

Short, M. 1989. Discourse analysis and the analysis of drama. In R. Carter & P. Simpson. *Language, Discourse and Literature: An introductory Reader in Discourse Stylistics*. London: Unwin Hyman, 139–170.

Simpson, P. 1989. Politeness phenomena in Ionesco's *The Lesson*. In R. Carter & P. Simpson (Eds.), *Language, Discourse and Literature: An introductory Reader in Discourse Stylistics*. London: Unwin Hyman, 171–193.

Spencer, J. & Gregory, M. 1964. An approach to the study of style. In N. E. Enkvist, J. Spencer & M. Gregory (Eds.), *Linguistics and Style*. Oxford: Oxford University Press, 59–105.

Toolan, M. 1989. Analysing conversation in fiction: An example from Joyce's portrait. In R. Carter & P. Simpson (Eds.), *Language, Discourse and Literature: An Introductory Reader in Discourse Stylistics*. London: Unwin Hyman, 194–211.

Toolan, M. J. 1990. *The Stylistics of Fiction*. London: Routledge.

Weber, J. 1996. *The Stylistics Reader*. London: Arnold.

语用文体学 PRAGMATIC STYLISTICS

由于早期的文体学家主要关注诗歌，对包含对话和互动的虚构 / 文学文本的文体研究到了 20 世纪 80 年代才出现。在 20 世纪 60 年代末，语用主义的方法确实存在，但在文体框架内延迟应用它们可能是口语对话的特征，因为与书面说明文或文学文本相比，口语对话在很长一段时间内被视为是低等的。此外，文体学（stylistics）必须习惯于研究比诗歌更大的文本。现代语用学最初建立和后续发展的驱动力是对字面和语言上的意义与特定话语在语境中所能传达的意义之间的区别找出一个系统的解释。在语用学领域工作的个人，在不同程度上受到哲学、语言或社会学兴趣的驱动，一直在寻求这样一种解释。但是语用主义者的共同目标一直是确定单词字面意思与说话者可能会用它们来表达不同意思的方式，用一些语言使用的原则或规范来解释这些差异，解释为什么这样的差异常常发生在各种交际场合。

迄今为止，对文学戏剧文本或（建构的、虚构的）对话文体的研究并不像对叙事小说或诗歌的研究那样频繁。然而，特别是自 20 世纪 90 年代以来，人们对戏剧语篇进行了更广泛的语用文体研究，并广泛拓宽了语用文体工具，这些工具与语料库、认知和多模态文体方法相互结合。

2010年诗学和语言学协会成立了语用文体学特殊兴趣小组，此后连续举办了三届研讨会。此前，米德尔塞克斯大学（Middlesex University）曾于2008年举办过一次研讨会，之后还举办过大量研讨会和会议，包括2011年在曼彻斯特的国际语用学协会（International Pragmatics Association，简称IPRA）的一个专家小组会议，2008年和2013年在尼特拉召开的会议，以及2012年在苏塞克斯大学举办的一个研讨会。Morini（2009）利用语用理论对一个作者做了持续性的分析。一份重要的文体学期刊《文学语义学杂志》（Journal of Literary Semantics）专门出了一期专刊，探讨文学解读中的推理和隐含意义（Caink & Clark，2012）。

☙ 定义

语用文体学（pragmatic stylistics）方法结合语用学和文体学的方法，主要回答如何在语境中使用语言，以及语言如何在文学作品中塑造人物（character）或权力结构是如何形成的等问题。语用文体研究从共时性和历时性两个维度影响了一般的语用学方法和理论。特别是在包括语用语言学和历时语用分析的历史语用研究中，文学文本一直是一个经常被引用的来源，因为没有可用于研究历史时期的口语数据，而戏剧文本是探索“口语”的重要来源，尽管公认这是“构建”的口语。语用学和文体学之间的其他交叉点包括对语境的关注以及在语境中使用的互动策略的影响。

此外，语用文体学强调对会话互动整体的分析，包括规范与偏离（deviation）、形式（form）与意义之间复杂的相互作用。基于自然语言使用的规范和惯例建立在文学对话假设的基础上，这些语用—文体研究发现可以说明一般礼貌策略的语言实现。文学文本中的言语行为（speech act）或话语标记的实现也是如此。语用文体学方法和多模态文体学（multimodal stylistics）也使得人们注意为了说明电影等体裁（genre）中语言和视觉之间的相互作用，需要包括其他符号模态（Busse，2006；McIntyre，2008）。

☙ 语用文体学研究方法

最近的方法将语用文体研究与语料库文体方法结合起来，并将语言模式的识别与互动特征联系起来。此外，在对历史文本进行语用分析的广泛而全面的框架内，语用文体学关注作为交流的语言，语言的语境特征也包括对虚构叙事段落的分析，例如，叙事段落和话语（discourse）呈现之间的关系，或语用文体和认知文体研究的结合。Black 所著《语用文体学》（*Pragmatic Stylistics*，2006）是目前唯一一本语用文体学专著。其中 Black 不仅总结了经典的语用学理论，如言语行为理论、合作原则、礼貌原则以及关联理论（relevance theory），在小说阐释中的重要作用，还对隐喻（metaphor）、反讽（irony）、戏仿以及象征等修辞手法从语用学角度进行了解读，创造性地把关联理论中的回声话语和 Bakhtin 的多声理论（heteroglossia）联系起来，对小说文体中的叙述声音的复合及其文体效果进行了分析。

在对话的语用文体研究背后是一些文体分析的中心问题：戏剧文本/对话为什么和如何表达意义？会话交流的具体风格是什么？如何分析？语言选择的效果是什么？这些选择如何表达人物/说话者的人际关系和他们固有的权力结构？幽默是如何产生的？为什么我们认为互动交流是不礼貌的？语用语言学的概念和工具及严格的应用有助于回答这些问

题。Short（1989，1996，2007）阐述了对戏剧文本的系统研究，戏剧文本的具体风格以及戏剧文本与表演的关系。Short（1989）开发了一套探索会话交流风格的工具，并借鉴了语用学和话语分析的领域（例如，这些领域在诗歌分析中没有发挥主要作用）。语用—文体分析工具的主要关注点是语言使用的语境特征和将对话视为交换。语境的概念包括多个方面，例如，Schiffrin（1987）所描述的物理、个人和认知语境，或者我们通常理解的生产和接受的社会、文化、语言、作者或编辑语境。

真实的日常交流的规范和惯例可以被视为解释虚构人物言语使用的基础。否则，就不可能察觉到说话人使用的有标记的（marked）礼貌用语、讽刺、过于庄重的问候或喜剧构成前景化特征。戏剧中的对话或叙事小说中的对话片段显然是“构造的”（或目的明确地构建）对话，因为作者一直在控制对话，并成为对话的中介人。然而，语用学的发现可以应用到它的分析，因为社会互动的原则被应用。“戏剧行为，正如Herman（1995：6）所指出的，与从嵌入戏剧活动的更广泛的事务世界中抽取的‘认证惯例’相关，从而变得有意义”（Simpson，1998：41）。这种识别过程在历史文体学（historical stylistics）的研究中当然变得更加复杂，例如，英语语言较早阶段的戏剧文本。

戏剧文本的语用文体分析需要解决的另一个基本问题是戏剧作为文本和作为表演之间的关系。语用文体的观点强调对戏剧的敏感分析可以通过对文本的分析来实现，这种文体分析为分析者提供了一个分析文本应该如何表演的框架。戏剧的生产被视为同一种解读的变体（variety），而不是新的解读（戏剧作品的每次表演都是一系列不同的实例）（Short，1998：8）。

除了研究字形信息、声音结构、语法结构或词汇模式的经典文体工具，语用模型（如言语行为理论），Grice（1975）的“合作原则”、礼貌、含义或话轮管理等语用文体方法经常被用于戏剧文本中的语言分析。对这些话语领域理论的单个或多个应用解决了诸如对话如何履行交换功能以及它如何揭示参与者之间的（权力、社会或人际）关系等问题。关于世界的背景知识也经常被安排在图式中，在戏剧文本的语用文体分析中扮演着重要的角色，就像社会语言学惯例或戏剧（文本）被设定的各种语境（社会、文化、政治、生产、语言、编辑）的知识一样。

“话轮”是互动的核心概念之一，民族方法学学派的会话分析人士已经表明，与我们的预期不同，在普通的会话中，话轮管理是系统的（Sacks et al.，1978）和规则控制的。戏剧中说话的顺序使人想到对话轮管理的分析。接下来要问的重要问题是，谁对谁说话，谁打断谁的话，谁的话轮最长 / 最短（Short et al.，2006）。

另一个用于戏剧文本语用文体分析的重要概念是 Grice（1975）的合作原则，这也解释了为什么作为读者，我们能够做出推论。对话被认为是目标导向的。这些目标通常能够实现，因为我们在交谈中合作，遵循数量、质量、方式和关系的准则。没有遵守其中的一条准则（例如，违反或蔑视它）是因为说话者经常间接地说一些事情。为了理解戏剧《哈姆雷特》（*Hamlet*，1599–1602）中 Hamlet 回答“I'm too much in the sun.”的讽刺性，有必要解释一下，当从 Claudius 的角度来看时，质量的准则是如何在作家和观众的话语层面上遭到蔑视，在角色—角色层面上遭到违背的。叔叔 Claudius 一定认为 Hamlet 的回答“I'm too much in the sun.”（我受的阳光太多了）是不合作的（违反了质量和数量以及相关性的准则），因为 Hamlet 最初没有确认他是在哀悼他父亲的死。相反，他提到的“太阳”表面上是指他精神很好。但是，如前所述，他也模糊地批评 Claudius 篡夺王位和父亲的身份，这是由名词“太阳”

表示的。然而，观众们知道 Hamlet 父亲的鬼魂已经展示了 Claudius 谋杀 Hamlet 父亲的过程。因此，观众会理解“sun”表示的“太阳”和“儿子”的双关。

Grice（1975）的合作原则的文体应用通常与礼貌策略的确定密切相关。Brown & Levinson（1987）关于礼貌的研究是常用的模型之一。Claudius 对呼语形式的选择可以看作一种针对 Hamlet 正面和负面面孔的称呼策略，而 Hamlet 对“陛下”这一呼语的选择是相当没有标记的，因为这种称呼形式是现代英语早期使用最频繁的形式之一（Busse，2006），它也经历了一个语义泛化的过程。因此，它不是针对 Claudius 的社会地位，或旨在建立他们之间的联系。

礼貌策略的识别还涉及话语的语言实现与其言外力量的关系的能力。换句话说，它涉及言语行为的知识。对言语行为进行语用文体分析并通过语言实现的方式确定其言外之力并不是一件容易的事情，尤其是如果观察的并非当代戏剧。历史文本中的礼貌现象不能在一对一的基础上与现在的言语行为的实现进行比较，例如，在早期现代英语的请求中，有较少的模棱两可和较少的间接表达（Culpeper & Archer，2008）。此外，需要仔细考虑实现言语行为的合适条件。在《哈姆雷特》的例子中，我们必须认识到“太阳”和“儿子”的谐音，同时也要知道“太阳”作为皇室地位的标志的意义。否则，Hamlet 的话语在作者—观众话语层面上就不能被认定为侮辱，而在人物—人物层面上，至少在一开始，也无法理解为什么 Hamlet 的话语在赞美和侮辱之间是模棱两可的。

礼貌理论已被证明是一个可以分析不同体裁的文学作品的分析框架。这个领域的研究一般考虑对文学作品中各种类型的面子相关行为的意识和反应，及其如何影响这些文本的结构、叙述或构造。其中一些研究关注叙述者和读者之间的关系，以及在交流互动中这两个参与者的面子需求如何得以满足（Sell，1985；Simpson，1989）。其他的研究用礼貌理论来描述和解释人物之间关系的发展，往往是变化和情节驱动的。

☙ 语用文体学分析实例

Chapman 和 Clark 的论文集《语用文学文体学》（*Pragmatic Literary Stylistics*，2014）全面地展示了语用文体学分析文学文本的实例。他们指出，尽管语用文体学出现在一些文体学著作中，但是专门探讨语用文体学并展示其各种研究方法的文集还很少，在其之前只有一部专门探讨文学语用学的论文集（Sell，1991），而他们的这部论文集是要展示出近年这个领域日益增加的研究。

《语用文学文体学》收录的第一篇文章是 Caink 的《穆丽尔·斯巴克讲述的重复艺术》（"The Art of Repetition in Muriel Spark's Telling"，2014），探讨了散文小说中不同类型的重复的功能和可能的解释。Caink 分析了三段 Spark 的小说：《佩克姆黑麦民谣》（*The Ballad of Peckham Rye*，*1960*）、《简·布罗迪小姐的青春》（*The Prime of Miss Jean Brodie*，*1961*）和《有意图的游荡》（*Loitering with Intent*，*1981*）。他从三个不同的层面讨论了重复，即单个词汇的重复、句子的重复和更大篇幅文本的重复，包括有变化的重复，Caink 把该特点与口头讲故事的传统联系起来。在关联理论的框架下，他关注两组问题。第一，他考虑了一些具体的问题，比如重复在塑造 Spark 的独特风格、构建叙事以及操纵读者对她的小说的反应、从小说中得出推论方面所起的作用。第二，从语用的角度思考如何理解和解释叙事美学的问题。在这两种情况下，Caink 都关注读者对扩展叙事结构的贡献以及它所达到的美学效果。Caink 还通过对 Spark 小说的分析，结合语用学理论，探讨了再次阅读的非自发反应在文学阅读和解释中的作用。

☙ 讨论

语用文体学应用语用学的各种理论和方法对文本做出分析，对语言的字面意义和语境意义之间的差别给予最多的关注，使其有别于其他文体学流派。语用文体学对作品中的会话含义、合作原则的表现、关联理论的分析挖掘出文学评论和其他文体学流派的方法难以揭示的方面，从而对文本的阐释（interpretation）作出新的贡献。但是，语用文体学自 Black 的专著《语用文体学》和 Chapman 与 Clark 的论文集《语用文学文体学》出版后，发展速度有所减缓，有待和其他文体学流派甚至其他学科结合对作品中的语用现象做出创新性的探讨。

参考文献

Black, E. 2006. *Pragmatic Stylistics*. Edinburgh: Edinburgh University Press.

Brown, P. & Levinson, S. C. 1987. *Politeness: Some Universals in Language Usage*. Cambridge: Cambridge University Press.

Busse, B. 2006. *Vocative Constructions in the Language of Shakespeare*. Amsterdam & Philadelphia: John Benjamins.

Caink, A. 2014. The art of repetition in Muriel Spark's telling. *Pragmatic Literary Stylistics*. London: Palgrave Macmillan, 16–35.

Caink, A. & Clark, B. (Eds.). 2012. Special issue on inference and implicature in literary interpretation. *Journal of Literary Semantics, 41* (2): 99–103.

Chapman, S. & Clark, B. 2014. *Pragmatic Literary Stylistics*. New York: Palgrave Macmillan.

Culpeper, J. & Archer, D. 2008. Requests and directness in Early Modern English trial proceedings and play texts, 1640–1760. In A. H. Jucker & I. Taavitsainen (Eds.), *Speech Acts in the History of English*. Amsterdam & Philadelphia: John Benjamins, 45–84.

Grice, H. Paul. 1975. Logic and conversation. In P. Cole & J. Morgan (Eds.), *Syntax and Semantics, 3*. New York: Academic Press, 41–58.

Herman, V. 1995. *Dramatic Discourse: Dialogue as Interaction in Plays*. London: Routledge.

McIntyre, D. 2008. Integrating multimodal analysis and the stylistics of drama: A multimodal perspective on Ian McKellen's *Richard III*. *Language and Literature, 17*(4): 309–334.

Morini, M. 2009. *Jane Austen's Narrative Techniques*. Farnham: Ashgate.

Sacks, H., Schegloff, E. & Jefferson, G. 1978. A simplest systematics for the organization of turn-taking for conversation. In J. Schenkein (Ed.), *Studies in the Organization of Conversational Interaction*. New York: Academic, 7–55.

Schiffrin, D. 1987. *Discourse Markers*. Cambridge: Cambridge University Press.

Sell, R. 1985. Tellability and politeness in *The Miller's Tale*: First steps in Literary Pragmatics. *English Studies*, (66): 496–512.

Sell, R. (Ed.). 1991. *Literary Pragmatics*. London: Routledge.

Short, M. (Ed.). 1989. *Reading, Analyzing and Teaching Literature*. London: Longman.

Short, M. 1996. *Exploring the Language of Poems, Plays and Prose*. London: Longman.

Short, M. 1998. From dramatic text to dramatic performance. In J. Culpeper, M. Short & P. Verdonk (Eds.), *Exploring the Language of Drama: From Text to Context*. London: Routledge, 6–18.

Short, M. 2007. How to make a drama out of a speech act: The speech act of apology in the film *A Fish Called Wanda*. In D. Hoover & S. Lattig (Eds), *Stylistics: Retrospect and Prospect*. Amsterdam & Philadelphia: John Benjamins, 169–189.

Short, M., Busse, B. & Plummer, P. 2006. The web-based language and style course, e-learning and stylistics. *Language and Literature, 15*(3), 219–233.

Simpson, P. 1989. Politeness phenomena in Ionesco's *The Lesson*. In R. Carter & P. Simpson (Eds.), *Language, Discourse and Literature*. London: Unwin Hyman, 171–193.

Simpson, P. 1998. Odd talk: Studying discourses of ambiguity. In J. Culpeper, M. Short & P. Verdonk (Eds.), *Exploring the Language of Drama: From Text to Context*. London: Routledge, 34–53.

关键术语篇

编码 ENCODING

编码（encoding）是符号学和交际学的术语，指发话人在信息交际过程中通过一套规则或一组代码将信息转为文本的过程。编码对应的过程是解码（decoding），即受话人对信息的接受和解读。通常来说，每一个言语社团都是通过其语言系统来记录和编码周围世界的，正如 Fiske 所说，对现实的感知本身就是一个编码的过程[1]。因此，任何交际都离不开对想要表达的信息的编码。更具体地说，发话人通过口语编码他们的信息，作家通过写作编码他们的思想。除了字面意义外，发话人编入语言的信息还包括其价值观、信仰、假设等信息。当前的文学批评（literary criticism）更多关注的是文本的解码而非编码。事实上，读者在阅读过程中对意义的编码或重新编码（创造）的程度，也一直备受争议。同样，现代文体学（modern stylistics）也有更多关注读者对文体特征解读的趋势。

变体 VARIETY

变体（variety）在社会语言学中很常见，尤其是作为一个通用术语，用来描述将一群人与另一群人，或将一种功能（function）与另一种功

1 Fiske, J. 1982. *Introduction to Communication Studies*. London: Routledge.

能区分开来的任何语言系统，无论是区域的还是职业的或者情境的（参见【语域】）。“变体”可包含亚变体，在英国，英格兰东北部所讲的方言在纽卡斯尔、达勒姆和达灵顿具有不同的特征；电视解说的语言在体育报道和皇室婚礼之间不同，在足球、摔跤和斯诺克比赛间也不同。

变异 VARIATION

在古典修辞学（classical rhetoric）中，变异（variation）是同一思想在不同词汇中的重复。“换词求雅”是散文风格的一个显著特征，是避免平淡的手段，也是强调的手段，沿用至今。许多语域（register）有简单的词汇变异，是衔接（cohesion）和避免重复的手段。追随 Labov 的社会语言学家关注语言的变化，以及语言如何随性别、地区、阶级、种族、同伴群体、年龄等语境或网络发生系统的变化，并以相应的语言变量作为这种变化的标记，包括语音的、语法的或词汇的等。这样，在文体学（stylistics）中就出现了对同一件事有多种表达方式的现象。

表情功能 EMOTIVE FUNCTION

表情功能（emotive function）指语言表达情感的功能（function）。Bühler 认为语言有三种基本功能：表情功能（expressive function）、

意动功能（conative function）和指称功能（referential function）。[1] Jakobson（1960）在此基础上发展了包含表情功能（emotive function）、意动功能、指称功能、寒暄功能（phatic function）、元语言功能（metalingual function）和诗学功能（poetic function）的语言功能模型。其中，表情功能对应的是说话人，特指说话人用语言表达自己情感、态度和立场（stance）的功能，也就是 Bühler 的“expressive function”。受交际目的影响，表情功能在某些体裁（genre）的语篇（discourse）中更加重要。例如，在广告、演讲和文学作品中，对语言表情功能的成功驾驭有助于实现语篇的修辞效果。在文体学（stylistics）中，饱含情感色彩的语言的使用也能构成重要的文体特征。随着认知科学的发展，语篇的情感表达和认知成为现代文体学（modern stylistics）的新话题之一。

阐释 INTERPRETATION

阐释（interpretation）在文学批评（literary criticism）和文体学（stylistics）中非常重要。文学批评和文体学两门学科的重点是研究作家的某部或全部作品。阐释理论和哲学已经在阐释学和解构主义理论（Deconstruction Theory）中得以研究。它的基本意思是“理解”，即理解一个文本的语言、意义和主题。在文体学中，对语言的阐释源于对形

1 Bühler, K. 1934. *Sprachtheorie: Die Darstellungsfunktion der Sprache*. Jena: Fischer.

式（form）和语义模式的分析，从而评价所发现的语言模式对于阐释文本整体意义的重要性。这一层次的阐释取决于我们的文化知识、我们作为文学读者的能力，以及我们关于诸如体裁（genre）等文学传统的了解。

常规 NORM

常规（norm）是语言学和文体学（stylistics）广泛使用和讨论的概念，指语法制定者假设有一套规则，存在于英语的每个语言层面：语音（sound）、语法（grammar）、词汇（lexis）和语义（meaning）；违反这些规则将构成偏离（deviation）。该概念不是没有问题，无论它的应用领域是什么，它很快被赋予标准的内涵，与其相对的就成为非标准、不正常和非典型。在对文学语言的分析中，一直有对规范和偏离的假设。规范通常是非文学语言，文学语言是对这种规范的偏离。该观念存在于布拉格学派的前景化（foregrounding）概念、20 世纪 60 年代早期的诗学语法和大部分语料库文体学（corpus stylistics）研究中。

词丛 / 词簇 CLUSTER

词丛 / 词簇（cluster）是语料库语言学的术语，指由两个或两个以上词构筑的连续序列[1]。按所含词的多少，词丛可以分为两词词丛、三词词丛、四词词丛等。词丛可以通过语料库软件自动提取，并自动计算出现频率，其原理和单个词的词频计算相似。词丛所反映的是一种词与词之间的紧密关系，因为词通常都有与其他词成群出现的趋势。词丛对类联接（colligation）、搭配（collocation）以及语义韵（semantic prosody）的研究有重要价值。词丛也是语篇文体分析的重要参数，因为文体学家可以通过统计文学作品中重复出现的词语序列统计多种语篇（discourse）之间的相似度和差异程度，也可以研究作家在词语使用方面的文体风格[2]，例如，按照功能进行分类的词丛更能体现作品的文本特征，如语言词丛可以突出对人物（character）的描写，推动故事情节的发展。

词汇 LEXIS

词汇（lexis）来自希腊文，意为单词，在现代词汇研究中产生了许多派生词（如 lexicology，词汇学）。这个词汇常被用作表示词汇或措辞（diction）的更加技术性的术语。在对语言的描述中，这个词有时与语法（grammar）联系在一起作为语言的成分，构成形式层次。Halliday

1 Baker, P. 2006. *Using Corpora in Discourse Analysis*. London & New York: Continuum.

2 Mahlberg, M., Conklin, K. & Bisson, M. J. 2014. Reading Dickens's characters: Employing psycholinguistic methods to investigate the cognitive reality of patterns in texts. *Language and Literature*, *23*(4): 369–388.

和 Matthiessen 在词汇语法这一术语中把词汇和语法两者结合在一起。[1] 词汇是我们对思想和经验进行编码（encoding）的最重要的手段。该术语也被用于对文学和非文学文本的文体学分析中，不同语域（register）的词汇密度大小不同，例如，科学论文与普通谈话。

词语索引 CONCORDANCE

词语索引（concordance）是语料库语言学的术语，也是语料库文体分析的基本手段之一。词语索引的基本规则是把搜索词或词组按照字母或者频率顺序排列并与其所在的语境一同展示。词语索引最常见的形式是 KWIC（key word in context），即"语境中的关键词"。KWIC 技术为每一个搜索到的关键词提供所在行固定数量的语境词，并以该关键词为中心在屏幕上显示出来。因此，词语索引是词语搭配和词丛/词簇（cluster）研究的重要手段之一。常见的语料库软件如 TACT、Concordance、AntConc、WordSmith Tools 都有词语索引功能。在文学批评（literary criticism）和语言学中，词语索引主要用于分析文学作品中的搭配特征、主题特征、语音特征、词素特征、语义（meaning）和话语特征等。在文体学（stylistics）中，词语索引也是重要的文体分析因子，因为它可以为作家风格和作品风格研究提供可靠的量化依据。

---

1 Halliday, M. A. K. & Matthiessen, C. M. I. M. 2004. *An Introduction to Functional Grammar* (3rd ed.). London: Edward Arnold.

措辞 DICTION

措辞（diction）是一个文学术语，指词汇使用特征，主要用于讨论文本的风格。措辞可以用来指文本或者作者使用的所有词汇项，如“莎士比亚十四行诗的措辞”和“香烟广告的措辞”；更加具体地说，措辞是一个文本或者作品在词汇使用方面的特点或者个人风格，例如，“哈代小说的词汇使用风格”“诗学措辞”（主要指诗歌词汇和短语特征）等。从这个角度来讲，一个作家在小说（fiction）中的措辞和他在诗歌中的措辞是不同的。这里值得注意的是，文体学（stylistics）的措辞与系统功能语言学的措辞需要区分。与文体学的措辞不同，系统功能语言学的措辞指语言词汇语法层的组织结构，包括词语（word）的句子结构，小句结构或其他语法结构；词语承担的概念意义（ideational meaning）、人际意义（interpersonal meanings）和语篇意义（textual meaning）；以及词语由语音（sound）和字形两种编码（encoding）形式的实现。

搭配 COLLOCATION

搭配（collocation）是词汇学的常用术语，最早来源于 Firth“通过与词相伴使用的词语（word）了解词本身”[1] 的著名论断。搭配指词汇

1 Firth, J. R. 1957. A synopsis of linguistic theory 1930–1955. In J. R. Firth (Ed.), *Studies in Linguistic Analysis* (Special Volume of the Philological Society). Oxford: Blackwell, 1–32.

项或词汇单位习惯性或者可预测的组合，相当于成语或类似于成语的固定组合。Sinclair 把搭配定义为文本中短距离的两个或更多词语的共现。[1] 随着计算机科学的发展，搭配目前是计算语言学（computational linguistics）和语料库语言学的重要术语。在语料库语言学中，观察最多的搭配是四词或者五词搭配。从统计学的角度讲，如果有足够的语料，我们可以观察一个词的搭配范围和词群。Hoey 认为搭配的频率需要从心理学的角度给出解释。[2] 因为一个词语的使用，会不自觉地让使用者联想到它的搭配词，也就是说，词语有自动激活搭配词的功能。作为语篇（discourse）的重要词汇特征，搭配也有突出的文体价值，例如，Louw 通过观察词汇的搭配研究语篇的语义韵（semantic prosody）。[3]

动因 MOTIVATION

在符号学中，在 Saussure 等的作品发表后[4]，动因（motivation）被用于描述符号之间，或符号的所指（referent）与能指之间的关系。在语言中，符号和所指事物的关系大多是武断的、无动因的，即单词和它的所指无直接关系。但是，即使专业上武断的符号，也会因为一种"民

1 Sinclair, J. 1991. *Corpus, Concordance, Collocation*. Oxford: Oxford University Press, 170.

2 Hoey, M. 2005. *Lexical Priming: A New Theory of Words and Language*. London: Routledge.

3 Louw, W. E. 2006. "Literary worlds as collocation." In G. Watson and S. Zyngier (Eds), *Literature and Stylistics for Language Learners: Theory and Practice*. London: Palgrave, 91–105.

4 Saussure, F. 1995. *Course in General Linguistics*. R. Harris, trans. London: Duckworth.

间”或“创造性”的词源，在使用它们的社会中显得“有动因”。我们期望诗歌语言，甚至所有文学语言都是有动因的，即被有意识地设计来服务于特定的主题，这是俄国形式主义者非常关注的。

副语言特征 PARALINGUISTIC FEATURE

对副语言特征（paralinguistic feature）的定义差别很大。一般来说，人们认为，在口头媒介中的交流不仅包括实现语言（口头）的话语（discourse），还包括非口头的符号系统。典型的副语言特征是不作为音素的声音，但在讲话中传达意思或态度，如傻笑、喷鼻息，表示厌恶、不赞成、厌倦等，也包括韵律特征[1]；还有一些非声音符号，如面部表情和手势，因此是非语言交流的同义词[2]。在口语中，副语言与语言相互作用，其作用方式是对话和语篇分析家热衷的。

1 Elam, K. 1980. *The Semiotics of Theatre and Drama*. London: Methuen.

2 Lyons, J. 1977. *Semantics*. Cambridge: Cambridge University Press.

功能 FUNCTION

功能（function）是语言学中的术语，指语言在交际中发挥的作用。对于语言基本功能的分类，学者们各抒己见。Bühler 认为语言有三种基本功能：表情功能（expressive function）、意动功能（conative function）和指代功能（referential function）。[1] Jakobson 在 Bühler 情感功能、意动功能和指称功能的基础上增加了寒暄功能（phatic function）、元语言功能（metalingual function）和诗学功能（poetic function）。[2] 系统功能语言学创始人 Halliday 使用“元功能”（metafunction）概括人类语言的基本功能。他认为人类语言同时履行传递信息的概念元功能（ideational metafunction）、表达社会和个人关系的人际元功能（interpersonal metafunction）和把口头或书面语组织成连贯统一语篇的语篇元功能（textual metafunction）。在功能文体学（functional stylistics）中，功能是核心概念，因为一个突出的语言特征是否构成前景化特征，取决于其在语境中表现出的功能，也就是说看它是否对语篇整体结构和主题表达作出贡献。

---

1 Bühler, K. 1934. *Sprachtheorie: Die Darstellungsfunktion der Sprache*. Jena: Fischer.

2 Jakobson, R. 1960. Closing statement: linguistics and poetics. In T. A. Sebeok (Ed.), *Style in Language*. Cambridge: MIT Press, 350–377.

宏大文体 GRAND STYLE

宏大文体（grand style）也称为高雅文体，是一种持续使用高贵、庄严和雄辩艺术的文学创作风格。宏大文体与中性文体（middle style）和简朴文体（simple style）一起构成古典修辞学（classical rhetoric）的三种文体（style）。宏大文体在文艺复兴时期及文艺复兴之后对文学创作和公众口头演讲产生了深刻影响。根据得体原则，文体风格需与作品主题、体裁（genre）、人物刻画和语境相匹配。因此，宏大文体常用于史诗体裁，与英雄事迹及宏大情感相联系。宏大文体常用复杂的圆周句、深刻的史诗比喻、强化和强调等修辞手法，以此对读者和听众产生移情效果。Milton 的《失乐园》（*Paradise Lost*，1667）和 Chaucer 的《骑士的故事》（*The Knight's Tale*，1400）就是宏大文体的典型代表。20 世纪 40 年代英国首相 Churchill 的演讲也是此种风格，其目的是鼓舞士气和激发爱国情怀，但现代政客对此类风格不再青睐。

互文性 INTER-TEXTUALITY

互文性（inter-textuality）于 20 世纪 60 年代被引介到法国文学批评，出现于 Kristeva 对俄国语言学家兼哲学家 Bakhtin 的讨论[1]，特别是后者

1 Kristeva, J. 1969. *Semiotics*. Paris: Seuil.

的一般对话性原则，现已成为文学理论、批评性话语分析、后殖民主义等领域常见的概念。互文性意为"与其他话语 / 语篇（discourse）相关的话语 / 语篇"。因此，即使在一个文本中，也可以存在该文本与其他文学和非文学文本之间的持续"对话"，这些文本可以是同一时期，也可以是早期创作的。

话语 / 语篇 DISCOURSE

话语 / 语篇（discourse）是语言学、文体学（stylistics）、文化和批评理论中的术语。在语言学领域，话语 / 语篇是任何在特定语境中能够表达连贯意义的语言单位（如词、短语、句子、段落、语篇等）。因此，话语 / 语篇可以指一定语境中的日常对话，也可以指作者与读者之间的书面交流，如我们常说的文学话语 / 语篇、戏剧话语 / 语篇和叙事话语 / 语篇。从交际的角度看，任何话语 / 语篇都有内在的组织结构和交际目的，又与语境密切相关。话语 / 语篇分析（discourse analysis）就是研究语言形式及其语境间关系的学科，话语 / 语篇分析的研究对象既包括口头话语，也包括书面语篇。部分学者习惯使用话语 / 语篇指口头交际，例如，话语分析和会话分析（conversation analysis）的研究目的就是揭示不同种类口头交际（如课堂话语和医生与患者会话）的结构，而篇章语言学（text linguistics）是专门对书面语言结构进行研究的学科。话语 / 篇章文体学是在 20 世纪 90 年代流行的现代文体学（modern stylistics）分支。话语文体学的出现使文体研究的方法从形式分析转向了语境化的方法，包括社会语言学方法、语用学方法和女性主义方法。实际上，话语 / 篇章文体学以篇章语言特征作为文体分析对象，致力于揭示和批判话语 / 语篇中蕴含的意识形态（ideology）和权力关系（Fairclough，1989，1995，2000；Fowler et al.，1979）[1]。

节奏 RHYTHM

押韵和节奏（rhythm）都来源于同一个希腊单词，意为“流动”。在语音学和韵律学中，节奏通常被描述为对语言中重音或非重音音节的感知模式。即使在即兴讲话中，和有准备的发言一样，节奏也是相当有规律的，重音音节以大致相等的间隔重复出现；在诗歌和韵文中，规律性被增加以产生韵律模式。在许多文学散文作品中也有明显的节奏规律性，在 18 世纪像 Johnson 这样的散文家对排比和对句的规律性应用得到发展。

1 Fowler, R., Hodge, R., Kress, G. & Trew, T. 1979. *Language and Control*. London: Routledge & Kegan Paul.
Fairclough, N. 1989. *Language and Power*. London: Longman.
Fairclough, N. 1995. *Critical Discourse Analysis: The Critical Study of Language*. London: Longman.
Fairclough, N. 2000. *New Labour, New Language*. London: Routledge.

解码 DECODING

解码（decoding）是交际理论（communication theory）和符号学的术语。与编码（encoding）相对应，解码指接收者或受话人对以一定符号规则编码的（口头、书面、视觉）信息的解读。20 世纪 60—70 年代，语码（code）及其相关术语（如编码和解码）在文体学（stylistics）与文学批评（literary criticism）中频繁使用，主要是从符号学角度阐释文学交流，把文学作品看作作者和读者交流信息的中介。然而，这些术语仅仅是一些常用词语（word）的术语化同义词。例如，解码就是“理解”或“解读”的意思。编码与解码的理论模式以及信息独立于这些过程的程度都曾饱受质疑，因为读者在阅读语篇（discourse）/ 文本的过程中会对文本意义进行“再编码”（recoding）或“创造”，因此解码的过程和结果是因人而异的。也正因为这样，现代文体学（modern stylistics）有更关注解码的趋势。

经典 / 典范 CANON

在文学批评（literary criticism）中，经典 / 典范（canon）指得到认可的权威文学作品。它的形容词形式“经典的”（canonical）指“得到承认的，权威的，规范的”。俄罗斯形式主义与布拉格学派的学者所使用的“经典”一词指那些得到承认的、能代表某种（主要）文学或诗歌传统的著作。经典有固化（harden）或自动化（automatized）的趋势，而革新则是对经典的反叛。革新可以是语言上的，如对诗歌用语（poetic diction）的反叛；也可以是形式（form）上的，如将一些“低级”或通俗的体裁（genre），如书信体、游记、恐怖故事，融入小说体裁之中。这些革新随后也会被经典化（canonized），提升为一种（新的）文学标准（norm）。[1] 在语言学中，“经典的”是“标准的”“非偏离的”或者“理想的”的同义词。字典给出的词义都是“经典的”，并不是词语（word）在真实语境中的用法。从语言交流的角度讲，经典的会话语境是面对面的会话，而书面交流是非经典的。

立场 STANCE

立场（stance）通常被认为是在说话和写作中用语言表达个人的感情、态度或对命题的判断，也叫情态，已成为评价理论（Appraisal Theory）的重要术语。Biber 和 Finegan 自 20 世纪 80 年代末用计算方法研究跨语域的词汇（lexis）和句法“立场”标记（如副词、形容词、动词和情态动词）。他们识别出六种立场风格，包括“情感的强调表达”（言情小说、私人信件和电话交谈）、“面无表情的立场”（学术散文）、“对怀疑的说明性表达”（新闻报道）。[2]

1 Shklovsky, V. 1925. *Theory of Prose*. B. Sher, trans. Elmwood Park: Dalkey Archive Press.

2 Biber, D. & Finegan, E. 1989. Styles of stance in English: Lexical and grammatical marking of evidentiality and affect. *Text-interdisciplinary Journal for the Study of Discourse*, *9*(1): 93–124.

媒介 MEDIUM

媒介（medium）通常与渠道（channel）作为同义词使用，尽管二者是可以区分的。语言在时间中传递主要通过口语或语音媒介，沿着空气中的声波渠道；语言在空间传递，通过书写或字形媒介，沿着书写或打印页面的渠道。语言受媒介影响很大：重音或语调在口语中传达，而不是通过书面媒介；书面媒介，可以跨越时间和空间反复阅读，在结构和意义上往往比口语更正式、更复杂。人体作为一种自然的交流媒介，通常使用手势、面部表情和动作，即通常所说的表现媒介。

陌生化 DEFAMILIARIZATION

陌生化（defamiliarization）是俄国形式主义文论家 Shklovsky 提出的文学理论。[1] 简单地说，它是一种使熟悉的东西变得陌生的创作技巧。Shklovsky 认为当我们对事物变得熟悉时，我们就不再留意它们了，而艺术的功能就是使熟悉的事物变得陌生，以便于让人们从一个新的角度重新感知它们。因此，在文学作品中，作者可以通过改变传统表达形式和使用变异性语言的方法增加感觉的难度，或者通过拉长感受的时间长度，从而深化阅读效果。简而言之，陌生化其实是一种通过创造新奇使

1 Shklovsky, V. 1917 /1965. Art as technique. In L. T. Lemon & M. Reis (Eds.). *Russian Formalist Criticism*. Nebraska: University of Nebraska Press.

人从对生活的漠然或麻木状态中警醒过来的文学技巧，能让读者重新感知因为长期习惯而不再关注的东西，最终帮助读者更好地理解文学作品的主旨和领悟语言的创造性。陌生化理论是后来 Mukařovský 前景化理论的基石，也是形式主义文体学的理论根据。[1]

谋篇功能 TEXTUAL FUNCTION

在 Halliday 的系统功能语法中，谋篇功能（textual function）是语言的三个主要（元）功能或成分之一，与语言被构建为语篇的方式有关。谋篇功能是讲话者作为组织者的功能（function），根据情景语境（context of situation）把概念功能和人际功能（interpersonal function）在语篇（discourse）中组织成一个整体，共同在语境中起作用。在词汇语法层，谋篇功能主要由主位结构、信息结构和语篇内部成分之间的衔接（cohesion）来体现。谋篇功能和概念功能、人际功能一起赋予语篇某种特色，使其表现出某种整体意义。

1 Mukařovský, J. 1958. Standard language and poetic language. In P. L. Garvin (Ed.), *A Prague School Reader on Esthetics: Literary Structure and Style*. Washington, D. C.: Georgetown University Press, 17–30.

内涵 CONNOTATION

“内涵”一词源于希腊语“connotare”，原意是“附加”，指附加在词语（word）和其他传播形式上的文化含义。在语义学和文学批评（literary criticism）中，内涵（connotation）指一个词在特定语境中引发的一系列联想意义，与词的外延意义（denotative meaning）或者概念意义（conceptual meaning）相对应。内涵意义是词语外延意义的补充，反映了人们对于某个词汇的情感联系。例如，“人”这个词的内涵意义为“双足”“无毛”“有理性”等。从跨文化交际的角度看，内涵意义与个人的体验环境有关，不同的国家和地区，甚至处于不同历史发展时期的人们对同一个词的内涵意义的理解是不同的。由于符号的内涵和外延现象并不是永远固定不变的，而是一个非常具有能产性的生成过程，随着客观事物的发展变化，符号的意义也会随之发生相应的变化。与词语的外延意义相比，内涵意义随着时代的变迁变化得更快更活跃。

偏离 DEVIATION

偏离（deviation）指打破常规（norm）的语言使用现象。语言的层级性（hierarchy）决定偏离可以出现在语言的不同层级，如语音层、词汇层、语法层、语义层等。Leech 讨论了诗歌中常用的八种偏离：词汇偏离、语法偏离、语音偏离、字形偏离、语义偏离、方言偏离、语域偏离和历史时期偏离。[1] 在他的研究中，偏离指不符合常规的语言用法。然而，常规语言用法的超频率使用也能产生偏离效果。因此，偏离包括不合常规的语言使用和常规语言的超频率使用两种。由于形式文体学（formal stylistics）并不考虑语境和认知因素，偏离与功能文体学（functional stylistics）的前景化（foregrounding）是两个不同的概念。实际上偏离类似于功能文体学的突出（prominence）概念。由于常规本身就是一个相对概念，偏离以常规为标准本身就是复杂多变的。判断常规所参照的范围可以是不同的。这一标准可以是整体语言，也可以是一种体裁（genre）、一个文学流派、一部作品等。所以，一种语言表达在某一局部是常规的，而在更大的范围内可能就会成为偏离的。

评价 EVALUATION

“评价”（evaluation）是在众多人文科学领域广泛使用的一个术语。在语义学中，词语（word）的评价意义与情感意义密切相关。[2] 有些词能够影响我们的情感，是因为它们有赞成或反对的内涵意义。在会话分析中，评价是交际话语的一个功能语步，如课堂话语中教师对学生作答的评价。在文学批评（literary criticism）中，评价是读者对文本好坏的评定，尽管这种评价依据一定的标准，如真实性、情节的趣味性和主题

1 Leech, G. 1969. *A Linguistic Guide to English Poetry*. London: Longman.

2 Palmer, F. R. 1981. *Semantics*. Cambridge: Cambridge University Press.

的独特性等，但是，对文学作品的评价还是存在明显的主观性，也是备受争议的。在基于系统功能语言学的话语分析中，语篇（discourse）的评价意义在态度、介入和级差[1]的分析中得以揭示。在文体学（stylistics）中，对文本特征的系统描述需要与对语言特征的评价结合，因为文体学更加关注语言特征的文学效果及其对文本整体意义的贡献。这也是为何功能文体分析通常会包括突出语言特征分析、前景化特征确定和文体效果评价三个步骤的原因。

朴素风格 PLAIN STYLE

朴素风格（plain style）是古典修辞中确立的三个术语之一，对从那时起到文艺复兴时期的文学创作产生影响。朴素风格被认为适合下层阶级，适合喜剧、讽刺、说明文和叙事。朴素文体在语言特征和朴实性方面接近口语体，在修辞上可能比中性文体（middle style）和宏大文体（grand style）少，但在结构上通常比口语体更"巧妙"。Chaucer 的喜剧故事诗常常被说成朴素风格的典型，但也有人质疑，基于 Chaucer 对故事素材的常见处理方式，他的风格比作为他的故事基础的原材料要精致得多。

1 Martin, J. R. & White, P. R. 2005. *The Language of Evaluation: Appraisal in English*. Basingstoke: Palgrave Macmillan.

前景化 FOREGROUNDING

前景化（foregrounding）的概念最先使用于绘画艺术，指在绘画等艺术作品中处在前景位置的物体受到处在后面物体的衬托而显得更加凸显和重要。在形式文体学（formal stylistics）中，不同层级的语言模式在语篇（discourse）中的突出现象被称为前景化。实际上，文体学（stylistics）的前景化是一个相对概念，因为任何语言模式的突出（prominence）都以语言常规和复杂的语境因素为参照。功能文体学（functional stylistics）的创始人 Halliday 区分了突出和前景化，认为文体（style）不仅是突出（prominence），而且是“有动因的突出”（motivated prominence）。语言在形式（form）上的突出，需要在合适的语境中才能前景化。例如，排比、反衬、隐喻（metaphor）、拟人等，本身只是突出的语言特征。这些语言特征只有与情景语境（context of situation）相关，并对语篇的整体意义表达有用，才是前景化的特征，即语篇的文体特征。前景化不仅是语言形式的突出，而且是一个功能—认知概念。此前，已有认知文体学（cognitive stylistics）的实验证实了前景化的语言特征加工更慢，也更容易激发读者的情感。[1]

---

1 van Peer, W. 1986. *Stylistics and Psychology: Investigations of Foregrounding*. London: Croom Helm.
van Peer, W. 2002. Why we need empirical studies in literature. In S. Zyngier et al. (Eds.), Fatos & Ficções. *Rio de Janeiro: Universidade Federal do Rio de Janeiro*, 17–23.
van Peer, W. 2007. Introduction to foregrounding: A state of the art. *Language and Literature*, *16*(2): 99–104.

情景语境 CONTEXT OF SITUATION

情景语境（context of situation）是英国社会人类学家 Malinowski 于 1923 年在《原始语言的意义问题》（*The Problem of Meaning in Primitive Languages*）中提出的概念，指言语发生时的环境。[1] 从语言学的角度审视语篇（discourse），Firth 把语言使用时的语境分为语言语境（linguistic context）和情景语境，这里的情景语境包括参与者、参与者的行为、相关的事物，如周围的事物或者活动，还有言语活动的效果。[2]Halliday 认为情景语境是一个由语场（field / field of discourse）、语旨（tenor / tenor of discourse）和语式（mode / mode of discourse）三个部分组成的概念框架。[3] 语场指发生了什么事，包括参与者从事的活动和题材。语旨是谁参与了交际事件，以及交际者之间的各种角色关系。语式指语言在情景中的作用以及语篇的符号组织方式等。在功能文体学（functional stylistics）中，情景语境是文体（style）的制约性因素，因为突出的语言特征只有与情景语境相关，才能成为前景化特征。情景语境理论为意义的研究提供了一条新的途径，也为语篇的解读提供了更多的可能。

1 Malinowski, B. 1923. The problem of meaning in primitive languages (Supplement 1). In C. K. Ogden & I. A. Richards, (Eds.), *The Meaning of Meaning: A Study of the Influence of Language Upon Thought and the Science of Symbolism*. London: Kegan Paul, 266–306.

2 Firth, J. R. 1950. Personality and language in society. *The Sociological Review, 42*(1): 37–52.

3 Halliday, M. A. K. & Hasan, R. 1989. *Language, Context and Text: Aspects of Language in a Semiotic Perspective*. Victoria: Deakin University Press.

去自动化 / 非公式化 DEAUTOMATIZATION

去自动化 / 非公式化（deautomatization）是俄罗斯形式主义者和布拉格学派的常用术语。俄罗斯形式主义文学批评家 Shklovsky 认为，我们对一件事物越发熟悉，便越发不关注它，有时甚至不会意识到它的存在。[1] 究其原因，一种语言形式在日常交际中的广泛使用导致使用者对其过分熟悉，从而无法意识到其美学价值。文学文本能让读者从习以为常的惯性模式中跳出来，从全新或者不同的角度来认识世界，这就是去自动化 / 非公式化。实际上，新奇的语言表现形式也会逐渐自动化，因此，文学语言中，革新与常规化之间的冲突一直存在，这种持续的对抗也是文学语言的重要属性。

人物 & 人物塑造 CHARACTER & CHARACTERIZATION

在文学批评（literary criticism）中，人物（character）是作者根据现实生活创作出来的虚构人物形象。在结构主义叙事学中，人物从属于行动，为情节服务。然而，传统文学批评认为人物是小说（fiction）的核心要素。Forster 以人物的性格特征和内心活动等为标准，把文学作品

1 Shklovsky, V. 1917 /1965. Art as technique. In L. T. Lemon and M. Reis (Eds.), *Russian Formalist Criticism*. Nebraska: University of Nebraska Press.

的人物分为扁平人物（flat character）和圆形人物（round character）。[1] 扁平人物是性格单一且稳定不变的人物形象，圆形人物是性格复杂并多变的人物形象。人物塑造（characterization）是小说塑造典型人物形象的具体方法。Rimmon-Kenan 认为文学作品中的人物既可以直接塑造，也可以间接塑造。[2] 直接塑造指使用形容词、名词、喻词等直接勾勒人物特征的写作方法；间接塑造是一种凭借人物言语、行动、思想，甚至周围环境烘托人物特征和性格的人物塑造手法。

省略 ELLIPSIS

省略（ellipsis）指部分语法成分在不影响语义表达和理解情况下的缺省。省略不仅仅是句子结构成分的省略，也可以是出现在语言的各种层级的省略，如音系层和语篇层。通常状况下，省略的部分是可以复原的，这些省略的语法结构及其意义也能在语境或者上下文的帮助下被读者理解。由于口语交际的语境依赖性，省略在口语交际中最常见。省略是一种隐性衔接手段，可以有效避免交际中的不必要成分，也可以避免重复和冗余。同时，由于省略的部分往往是对话中的旧信息，省略也可以帮助读者更好地关注新信息，或者更加重要的信息。尽管省略的动因（motivation）是交际的省力原则，但过分省略也可能引发歧义。因

1 Forster, E. M. 2002. *Aspects of the Novel*. New York: Rosetta Books.

2 Rimmon-Kenan, S. 2002. *Narrative Fiction* (2nd ed.). London: Routledge.

此，在有的语篇（discourse）中省略是应该避免的，例如，法律语篇和商务语篇。在叙事语篇和戏剧中，省略同样是一种叙事手法。其实，被省略的事件和情节是假定发生的，作者只是为了加快叙事的进程不描写而已。

失衡 DEFLECTION

失衡（deflection）是功能文体学（functional stylistics）的术语。功能文体学把语言的突出（prominence）分为失衡和失协（incongruity）两种。其中，失衡指语言特征在“数量上的（quantitative）的偏离（deviation）”，即某个或某类语言特征的出现频率超过常规频率的现象。对失衡的判定离不开语言的常规（norm），分析者需要将某一文本中语言特征使用频率和常规文本中该语言特征的使用频率进行比较，以确定某一语言模式是否失衡，只有超出常规使用频率的语言特征才是失衡特征。然而，失衡的语言特征并不一定是前景化（foregrounding）的特征，只有与语境和作者的创作意图相关的突出特征，才是前景化的语言特征，即文本的文体特征。[1]因此，在功能文体学中，确定某一语言特征为失衡特征只走完了文体分析的第一步，接下来还需要联系语境确定这一语言特征是否被前景化。

1 Halliday, M. A. K. 1971. Linguistic function and literary style: An inquiry into the language of William Golding's *The Inheritors*. In S. Chatman (Ed.) *Literary Style: A Symposium*. Oxford: Oxford University Press, 330–365.

失协理论 INCONGRUITY

失协理论（incongruity）是一种心理学理论，认为人们以两种形式/概念创造关于世界的心理概念，如背景和系统复杂性。失协（incongruity）和冲突原则经常被提出作为大笑和幽默的解释，探索对于失协的欣赏和个人试图理解或解决失协现象之间的关系。如果一个孩子因为失协而哈哈大笑（他或她的期望和实际经历之间不一致或冲突），这个孩子也可能会试图解决这种失协，弄清楚它的意义。功能文体学（functional stylistics）的开创者 Halliday 用失协指语言使用偏离规范，用失衡（deflection）指统计上偏离了预期的频率模式。一般来说，这是突出（prominence）的两种形式，也是功能文体学为了进行主题阐释而主要分析的内容。

诗学功能 POETIC FUNCTION

20 世纪最初几十年俄国形式主义者和布拉格学派的语言学家的一个主要观点是，诗学功能（poetic function）在于在非文学语言的背景下，通过偏离（deviation）、重复或平行等手段，有意识地、创造性地使语言突出（prominence）和疏离。东欧批评家认为诗歌语言是自指的。Owen 和 Blake 等诗人认为诗歌履行重要的社会或伦理功能。[1] 在 Wordsworth 的《抒情歌谣集》(*Lyrical Ballads*, 1798)中，诗歌语言的情感功能受到重视，在 20 世纪 20 年代和 30 年代被 Richards 肯定，被新批评家接受。在一定程度上可以说，政治演讲和广告等宣传语域用修辞达到情感目的；相反，诗的语言和其他话语(discourse)一样具有指称意义。

思维风格 MIND STYLE

思维风格(mind style)由 Fowler 提出，后得以广泛应用，用于描述小说传统中对于人物(character)、叙述者或隐含作者的"个人心智自我"的语言表现。[2] 文体学家往往将注意力集中在小说(fiction)中异常或偏离的思维风格上，其中特殊的文体特征是指示性的，如隐喻(metaphor)、及物性、词汇不足、情态等。从广义上讲，思维风格可以用来描述作者个人对事件的概念化，无论这种概念化是有标记的(marked)，还是明显中性的。小说中思维风格反映出我们对存在的概念化都是不同的，并且在某种程度上受我们的语言的控制。

1 Owen, W. & Blake, W. 1988. *William Blake: Selected Poetry and Prose*. London & New York: Routledge.

2 Fowler, R. 1975. *Style and Structure in Literature: Essays in the New Stylistics*. Oxford: Blackwell.

所指 REFERENCE

在哲学和语义学中，所指（reference）指词语（word）与语言外现实之间的关系，即词语在外部世界或话语世界中代表或指的是什么。“大象”这个单词的所指是一种动物——大象。指称意义有时被用来指代概念意义、认知意义或外延意义，来描述一个词的意义中与它的语言外所指精确联系的方面。因此，所指本身常常与意义对立：分别是经验世界中的意义和语言意义。请注意，对于 Ogden 和 Richards 来说，“所指”更具体地指关于单词创造的所指物的心智形象，并与 Saussure 的所指相对应。[1]

体裁 / 语类 GENRE

“体裁”一词来源于法语，指“种类”或者“分类”。体裁（genre）是文学批评（literary criticism）、话语分析和语篇语言学中的常用术语。在文学批评中，体裁指不同的文学创作类型，最常见的文学体裁包括诗歌、散文和戏剧。每个文学体裁又有次类，如诗歌可以分为抒情诗、史诗、颂诗、叙事诗和十四行诗，戏剧可以分为喜剧和悲剧。语篇分析（discourse analysis）和文体研究对体裁的界定都强调其结构特征和社会

1 Ogden, C. K. & Richards, I. A. 1923. *The Meaning of Meaning: A Study of Influence of Language upon Thought and of the Science of Symbolism*. London: Routledge and Kegan Paul.

属性，常用“text type”一词。Swales 认为语类是具有相同交际目的的一组事件的集合。[1]Martin 认为语类是“讲话者以文化社团成员身份参与的有步骤、有目标和有目的的社会活动”。[2] 从以上定义可以看出，不同体裁的语篇（discourse）具有自身的结构特征和语言特征。功能文体学（functional stylistics）认为体裁和交际目的是文体分析的制约性因素，也就是说一个突出的语言特征是否构成语篇的前景化特征（语篇的文体特征）取决于它是否与体裁和交际目的一致，并且是否为语篇的意义建构作出贡献。

突出 PROMINENCE

Halliday 针对传统文体学的偏离研究过分强调语言变异的特点，提出用突出（prominence）的概念，并将突出分为失协（incongruity）和失衡（deflection）两种，前者强调质量上的偏离（deviation），后者强调数量上的偏离。[3]Halliday 继而指出失衡现象在文体分析中更有意

1 Swales, John M., and John Swales. 1990. *Genre Analysis: English in Academic and Research Settings*. Cambridge: Cambridge University Press.

2 Martin, J. 1984. Language, register and genre, In, F. Christie (Ed.). *Children Writing: Reader.* Geelong: Deakin University Press, 21–30.

3 Halliday, M. A. K. 1971/1973. Linguistic function and literary style: An inquiry into the language of William Golding's *The Inheritors*. In S. Chatman (Ed.), *Literary Style: A Symposium*. Oxford: Oxford University Press, 330–365.

义，可以通过统计数据来表达。[1]不过他指明数据只能潜在地揭示突出的存在，并非所有突出都有文体意义，只有有动因的突出（motivated prominence）才是前景化特征，才是语篇（discourse）的文体特征。判断突出的语言特征是否构成前景化特征参照的是相关性标准（criteria of relevance）。

外延 DENOTATION

外延（denotation）又名概念意义，指词语（word）或者符号的字面含义，与内涵（connotation）相对。词语的外延意义和内涵意义共同构成词语的完整意义。外延意义是字典通常提供的词语含义，如“人”这个词的外延意义即是李明和王林这样的任何人。由于一词多义现象，词语的外延意义有时候也需要依靠语境作出判断。如在一种情况下，词语“bank”指“人们可以借钱或存钱的金融机构”，而在另一种情况下，它的含义却是“河岸边凸起的土地”。外延意义是词语的基本意义，内涵意义是建立在外延意义之上的联想意义或者隐喻意义。尽管词语的外延意义相对稳定，但它并不是永远固定不变的。随着事物的发展，符号的外延意义都会发生相应的变化。从文体学（stylistics）的角度看，有些文体学家认为词语的外延意义是中性意义，但是所有的词语在不同的语境中都有不同的价值。

---

1 Halliday, M. A. K. 1971/1973. Linguistic function and literary style: An inquiry into the language of William Golding's *The Inheritors*. In S. Chatman (Ed.), *Literary Style: A Symposium*. Oxford: Oxford University Press, 100–102.

文化语境 CONTEXT OF CULTURE

文化语境（context of culture）是Malinowski于1935年提出的概念，指话语（discourse）产生的整个文化背景，也可以理解为说话者生活的社会文化环境。早在1923年，Malinowski就在《原始语言的意义问题》（*The Problem of Meaning in Primitive Languages*）中提出了情景语境（context of situation）的概念。1935年，Malinowski在《珊瑚园及其魔力》（"Coral Gardens and Their Magic"）一文中，系统阐述了他的语境观，并提出了文化语境的概念。Halliday进一步阐述了情景语境和文化语境的关系，他认为文化语境为整个语言提供了环境，要在具体的情景语境中得到实现。[1]Martin认为文化语境包括两个层次：意识形态（ideology）和体裁（genre）。[2]意识形态指言语社团共有的价值观和信仰等；体裁是依据交际目的而生成的做事方式、步骤和程序。在众多的文体学（stylistics）流派中，功能文体学（functional stylistics）重视语境对语言选择的制约作用，这里的语境指情景语境。然而，文化语境规约整个情景语境，并在情景语境中得以实现，所以，在功能文体学中，制约功能的因素包括情景语境和文化语境。

1 Halliday, M. A. K. 1978. *Language as Social Semiotic: The Social Interpretation of Language and Meaning*. London: Edward Arnold.

2 Martin, J. R. 1992. *English Text: System and Structure*. Amsterdam: John Benjamins.

文学性 LITERARINESS

Jakobson 提出的文学性（literariness）吸引了很多思想流派。人们经常从美学价值和效果讨论文学文本，特别是诗歌，因其结构模式，或是在表现意义和意象的质量上展示出的形式美而受到赞赏。形式主义者和布拉格学派语言学家强调，文学，尤其是诗歌，通常有意识地和创造性地突出语言和意义，超出了简单的信息表达功能。事实上，一些文学作品，特别是散文，没有用偏离的语言。文学的美学价值也来自它对读者情感的美学诉求，以及进入读者内心的能力。

衔接 & 连贯 COHESION & COHERENCE

衔接（cohesion）和连贯（coherence）是话语分析和篇章语言学（text linguistics）中两个重要的术语。衔接是指将句子连接成更大的单位（段落、章节等）的手段，包括连接（conjunction）、省略（ellipsis）、替换（substitution）和指代（reference）。[1] 衔接手段（cohesive tie/marker）有显性和隐性之分。连贯是语义关系或者言语行为（speech act）自然流畅的连接，是一种需要凭借读者感受的逻辑语义关系。因此，衔接是句子连接的表层特征，而连贯是深层次的连接关系。也可以理解

1 Halliday, M. A. K. & Hasan, R. 1976. *Cohesion in English*. London & New York: Routledge.

为，衔接是手段，连贯是目的。语篇（discourse）的连贯需要借助具体的衔接手段，例如，表原因的状语从句（adverbial clause）之前需要使用连词“because”。但是，除了衔接手段的帮助之外，读者还需要借助大量的推理和大脑活动才能建立起句子或者语篇的连贯。因此，使用了衔接手段的语篇不一定是连贯的，而有时候没有使用衔接手段的语篇也可以通过读者推理建立连贯。

小句 CLAUSE

小句（clause）是一个语法单位。在不同的语法体系中，小句有不同的所指（referent）。在传统语法中，小句是大于短语却小于句子的语法单位。根据小句在句意表达中的重要性，小句分为主句（main clause）和从句（subordinate clause）。主句是句子的主干部分，表达核心的意义；从句一般是主句的修饰限定成分，也可以作主句谓语动词的补语或者状语。根据小句功能，从句又分为名词性从句（nominal clause）、状语从句（adverbial clause）和关系从句（relative clause）等。在系统功能语言学中，小句是基本的语法单位，介于词组 / 短语和小句复合体之间。系统功能语法认为小句是概念意义（ideational meaning）、人际意义（interpersonal meaning）和语篇意义（textual meaning）的聚合体，并且小句的结构选择决定小句的意义。因此，具体的功能文体分析从小句的及物性结构特征、语气和情态特征、主位结构特征入手寻找语篇的语言突出特征，然后联系情景语境（context of situation）和文化语境（context of culture）确定语篇的文体特征。

小说 FICTION

小说（fiction）是通过对完整故事情节的叙述和详细的环境描写反映社会生活的一种文学体裁。因此，情节是小说的骨架，人物（character）是小说的灵魂，环境是小说的依托。小说的本质是详细全面地反映社会生活中各种角色的价值关系（政治关系、经济关系和文化关系）的产生、发展与消亡过程。小说中的故事情节大都来源于生活，但它比现实生活中发生的真实故事更集中、更完整、更具有代表性。小说的环境描写和人物塑造（characterization）与中心思想有极其重要的关系。在环境描写中，社会环境能揭示种种复杂的社会关系，如人物的身份、地位、成长的历史背景等。自然环境描写往往对表达人物的心情、渲染气氛也有重要作用。最后，由于所有的文学体裁（小说、诗歌、戏剧等）都包含想象成分，虚构性是文学的重要特征，有时候也是文学性（literariness）的重要特征。但是，我们需要认识到虚构文学并不全是虚构的。例如，有些小说可能会提到真实的事件或人物。

形式 FORM

在语言学中，形式（form）是介于语言的表达层和内容层之间的一个层级，包含表达内容和意义的词汇（lexis）、语法（grammar）、语音（sound）等模式。因此，语法通常被认为是对各种语言单位的结构和功能（function）做出的形式描写。现代文体学（modern stylistics）认为语言形式与意义之间是关联的。但是，就形式和意义的关系而言，文体学家持不同观点。一元论者（monolist）秉持形式和内容不可分的观点，也就是说改变形式就会产生不同的意义；二元论者（dualist）则认为相同的内容，可以使用不同的语言表达，这种表达方式的改变就是文体（style）的不同。俄罗斯形式主义文学流派和结构主义语言学流派为形式主义文体学奠定了理论基础。形式文体学（formal stylistics）把语篇（discourse）中不合常规（norm）的语言使用模式看作语篇文体特征。除了语言形式外，字体、布局、色彩等作品的创作形式也能参与作品的意义建构，具象诗和多模态小说是利用创作形式自身表达意义的文学作品的典型代表，而多模态文体学（multimodal stylistics）就是揭示不同形式特征（语言和非语言模态）在语篇意义建构中的作用的文体学（stylistics）分支。

修辞手段 RHETORICAL DEVICE

修辞手段（rhetorical device）虽然在中外不尽相同，但都是使语篇（discourse）达到修辞效果的方法，即语篇要使人感受。语言文字的固有意义原是概念的、抽象的，而要使人感受，却必须积极地利用一切感性因素，如语言的声音、形体等，同时又使语言的意义带有体验性、具体性。常用的修辞手段有比喻、夸张、排比、拟人、对偶、引用等。有些修辞手段可以细分为多种类型，比如比喻可以分为明喻和暗喻，近些年随着认知科学的兴起又出现了认知隐喻。

意识形态 IDEOLOGY

意识形态（ideology）是用于许多学科的流行词，有不尽相同但重叠的含义。意识形态通常与马克思主义批评联系在一起，意为具有阶级或政治经济制度特征的思想或思维方式，特别是声称自然的或普遍有效的思想。这种意义上的意识形态一定与社会中的某种霸权关系有关。意识形态常有一些否定的教义和学说的含义，在符号学中被用来指任何基于思想、偏见、文化和社会假设的价值体系。文体学家和社会语言学家经常解构语言中的意识形态。

音韵学 / 音系学 PHONOLOGY

音韵学 / 音系学（phonology）指语言的语音（sound）方面的技术研究，即语音及其如何产生（发音语音学）、传递（声学语音学）和感知（听觉语音学）；还有口语的韵律特征，如语调和重音。在我们的器官发出的无数声音中，只有有限的声音被大量使用以构成单词：这些独特的功能音被称为音素。语音学中研究语言中音素的数量、形态和分布的分支是音韵学 / 音系学。音韵学也描述语音系统或语言的一个层次。诗歌语言中常有对音韵的前景化（foregrounding），通过声音重复的衔接模式，如头韵、类韵、联觉、押韵等。

隐喻 METAPHOR

隐喻（metaphor）来自希腊语，意思是“延续”，指一个域的所指（referent）被投射到另一个域，依据是两个域有相似性，通常是用熟悉的经验帮助理解复杂、抽象或不熟悉的经验。隐喻把经验再概念化是陌生化（defamiliarization）的典型例子，在诗歌语言中尤其重要。语法隐喻自 20 世纪 80 年代在 Halliday 的作品中被用于系统功能语法，指语义功能从通常实现它的语法类别转移到其他类别。概念隐喻（conceptual metaphor）理论，又称认知隐喻理论，认为隐喻模式是人类思维过程中普遍存在的基本组成部分，而不仅仅是一种增强语言的语言手段，尤其是那些文学话语中的隐喻。

有标记的 & 无标记的 MARKED & UNMARKED

“有标记的”（marked）与“无标记的”（unmarked）之间的对立，在包括文体学（stylistics）在内的语言学各个领域都很常见。它出现在 20 世纪 30 年代布拉格学派的作品中，首先出现在音韵学，主要由 Jakobson 发展。标记性基本上是二元主义结构原则的延伸，即认为语言中在相互排斥的成分之间存在二元对立。在语言学和文体学中，有标记的被用来指示任何显著的、不寻常的或者在统计上偏离（deviation）的特征或模式。Dickens 的《荒凉山庄》（*Bleak House*，1853）开头几段话在句法上是有标记的，表现为缺少必要的动词，因而是偏离语言常规的。

有动因的突出 MOTIVATED PROMINENCE

有动因的突出（motivated prominence）是 Halliday 用于解释“前景化”（foregrounding）时创造的概念，指语篇（discourse）中的语音（sound）、词汇（lexis）和结构上的规则通过仔细阅读突出出来，并且对表达作者的整体意义有贡献，常使读者形成新的理解。[1] 也就是说，这些突出（prominence）必须对作者的整体意义有贡献，否则就缺乏动因（motivation），这种关系是一种功能关系。就文学语篇来说，突出只有与语篇整体意义相关才能前景化。对于实用语篇来说，突出的语言特征只有在情景语境（context of situation）中起突出作用，才是有动因的，才能产生文体效应 / 文体效果（stylistic effect）。

语场 FIELD / FIELD OF DISCOURSE

语场（field / field of discourse）是 Halliday 在语域（register）研究中提出的概念。Halliday 等认为语域由语场、语旨（tenor / tenor of discourse）和语式（mode / mode of discourse）构成。[2] 其中，语场指

1 Halliday, M. A. K. 1971/1973. Linguistic function and literary style: An inquiry into the language of William Golding's *The Inheritors*. In S. Chatman (Ed.), *Literary Style: A Symposium*. Oxford: Oxford University Press, 330–365.

2 Halliday, M. A. K., McIntosh, J. & Strevens, P. 1964. *The Linguistic Sciences and Language Teaching*. London: Longmans.

与交际话语相关联的具体社会活动，如新闻报道语篇的语场就是具体的新闻报道活动；语旨指交际参与人之间的关系，那么教学活动的语旨就是教师和学生之间的教学关系；语式指话语交际的表达渠道和方式，如演讲语式就是正式的口头讲述。在阐述语境与语篇意义（textual meaning）的关系时，Halliday 认为语场对应语篇的概念意义（ideational meaning），语旨对应人际意义（interpersonal meaning），而语式指向语篇意义。在不同的语场中，交际者的语言表达方式不同，就会产生不同的文体（style），因此，语场是制约语篇意义选择和文体选择的重要标准，也是功能文体学（functional stylistics）中语境分析的重要参数。

语法 GRAMMAR

在语言学中，语法（grammar）是处在语义（meaning）和语音（sound）之间的语言层级，由词、短语和从句（subordinate clause）及其组合规则构成。语法本身可以细分为句法和词法。在英语中，句法是语法结构最重要的方面，因此句法和语法有时在这个意义上可以互换使用。语法也指对语言结构、形式（form）和功能（function）的分类和系统描述。在这个层面，语法有规定语法（prescriptive grammar）和描写语法（descriptive grammar）之分。规定语法规定正确的语言使用规范，并要求使用者选择按照理想标准判定的正确用法，传统语法通常就是规定性语法。现代语法研究广泛涉及语言的各个层级，不仅关注语法普遍性和语言的一般理论，而且倾向于对语言的实际使用情况进行描述。实际上，语法也是文体分析必不可少的工具。例如，及物性系统可以被用来分析与语篇概念意义（ideational meaning）相关的文体特征，具体的分析步骤如下：首先，识别语篇（discourse）中突出的及物性动词、参与者和环境成分；然后，联系语境确定哪些突出特征是前景化特征。

语码 CODE

语码（code）是符号学、社会语言学和文学理论的术语。在符号学中，语码是赋予符号意义的一套系统的规则，如莫斯语码（Morse Code）。由于人类行为的方方面面都以符号的形式发挥作用，社会中到处都是结构和复杂程度不同的语码。以语言为例，人类的语言就是由不同层级的语码构成的一个复杂语码系统，例如，语音层、句法层和词汇层都有不同的语码及其使用规则。借助这些不同层级语码及其组合规则，我们的语言才能表达复杂的意义。在社会语言学中，语码也指社会系统生成的，由不同的语言类型实现并在特定的社会群体中传递意义或文化价值的体系。在文学理论中，语码是读者有意识或者无意识地理解特定文学或者文化框架、模型或代码的能力的一部分，[1] 如文学作品阅读需要的与行为顺序有关的行为码。

1 Barthes, R. 1970. *S/Z*. R. Miller, trans. New York: Hill & Wang.

语篇 & 组篇机制 TEXT & TEXTURE

语篇（text）在语言学、文体学（stylistics）和文学批评（literary criticism）中都广泛使用。从词源学上讲，text 是对拉丁文动词 textere（编织）的隐喻用法。从语言学角度来看，它是实现衔接特征如共指、连词和词汇对等的表层结构，这些特征交织构成系统功能语言学所说的“组篇机制”（texture）（也译为“纹理”）。与“语篇”同源，“纹理”不仅包括衔接特征，还包括个性化特征，如不同种类和密度的意象和修辞手段（rhetorical device）。Stockwell 不仅看到它的物质性，还看到读者心智的和创造性的参与。[1]

语式 MODE / MODE OF DISCOURSE

语式（discourse of mode）主要与 Halliday 提出的语域研究有关，是有助于确定不同变体（variety）的语言和语篇特征的三个情景因素之一。语场（field / field of discourse）指发生了什么事，基调（tenor）指谁是参与者，语式即话语方式，语言在情景中所起的作用，语言的符号组织方式及其在情景中的地位和功能（function），包括渠道和修辞方式。一般来说，话语方式分为口头交际和书面交际两种。如果从交际双方是

1 Stockwell, P. 2009. The cognitive poetics of literary resonance. *Language and Cognition*, *1*(1), 25–44.

否见面的角度来看，又可分成见面与不见面两种。交际双方选择的话语方式很可能会影响谈话的内容。1964 年，Halliday 还在语式中包含了交际目的和功能（如说明文、说教体），尽管后来这些也在语场范畴中讨论。

语文学 PHILOLOGY

如果语文学（philology）这个术语仍被使用，那么它是保留在高等教育和研究水平的语言比较或历史研究，基于书面文本的证据，建立在 19 世纪学术性和科学性基础之上。但是这个术语（来自希腊，意为“热爱学习”）传统上也被用于文学研究和批评。在某种意义上，Spitzer 的“语文学循环”概念反映了文体学家分析和解释文本时的过程：在假设、语言分析和批判解释之间不断移动。然而，Spitzer 的最终目标是找到“内在的生命中心”，即文本的创作原则。

语言层次 LEVEL OF LANGUAGE

系统功能语言学认为，语言由三个层次组成：语义层、词汇语法层和音系字系层。语义学是对语言的意义系统的研究，词汇语法学指对词汇系统和语法系统的研究；音系学研究语音系统，字系学（graphology）

研究书写系统。三个层次之间是体现关系：语义层由词汇语法层体现；词汇语法层（在讲话中）由音系学体现；（在写作中）由字系学体现。语言学的主要研究对象是语义学、词汇语法和音系学与字系学。

语义韵 SEMANTIC PROSODY

语义韵（semantic prosody）这个概念首次由 Lowe 公开阐述，核心意思是如果几个具有相同语义特征的词汇经常与另一词汇一起使用，那么随着时间的推移，这个词汇的语义就会传递给另一个词汇。Sinclair 的研究，以及 Louw 的研究[1]，都使用语料库，强调语义韵的重要性，既有积极的，也有消极的。例如，与动词短语 set in（开始，到来）搭配的主语往往是不理想的或不吸引人的，如 rot（腐烂）、despair（绝望）、infection（感染）。动词 cause（引起）也同样和有消极含义的词语共现，如 accident（事故）、damage（破坏）、trouble（麻烦）。显然，在文学语言中，语义韵律会影响诗歌或段落的"基调"。

1 Louw, W. E. 1993. Irony in the text or insincerity in the writer? The diagnostic potential of semantic prosodies. In M. Baker, G. Francis & E. Tognini Bonelli (Eds.), *Text and Technology: In honour of John Sinclair*. Amsterdam: John Benjamins, 157–176.

语域 REGISTER

自 19 世纪早期以来，音域被用于音乐研究，指声音可产生的音调范围，后被纳入语音学，描述语音（sound）中潜在的音高范围。在英国，更广为人知的是语言人类学、社会语言学和文体学（stylistics）的语域（register），指根据语境（而不是语言使用者）定义的各种语言。该词于 20 世纪 50 年代首次出现，保留了一些音乐内涵，表明适用于不同社会语言的差异和正式程度（degree of formality），区分了三个主要变量：语场（field / field of discourse）、语式（mode / mode of discourse）和语旨（tenor / tenor of discourse）。不同语域在各变量上会重叠，因此许多语言特征对几个语域来说是共同的。然而，相当一部分语言特征仍来自共核语言。

语旨 TENOR / TENOR OF DISCOURSE

语旨（tenor / tenor of discourse）用于社会语言学，特别是在 Halliday 的著作中，是对决定不同语域（register）的语义特征具有重要意义的三个变量之一。Halliday 在 1964 年先用“文体”（style）这一术语，但由于其广泛的用途，后来改用“语旨”。语旨涉及情境中参与者之间的关系，包括他们的角色和地位。这将影响所选语言的类型，特别是语言的正式程度（degree of formality）。例如，恋人争吵中的亲密和口语的词汇，与学术研究文章中高度专业性的语言形成对比。语旨在系统功能语言学中与人际功能（interpersonal function）有关，反映在语气、情态和语调的选择上。

韵律 RHYME

韵律（rhyme）是诗歌中的语音（sound）呼应，更确切地说，是音素匹配。在英语中，尾韵是最常见的一种类型：两个单位通过从元音（通常是重音）延伸到单词末尾的相同序列的音得以匹配，而首音不同。这种韵脚通常出现在格律行末尾；如果出现在行间，叫作内韵。在全韵模式上还有其他变体（variety），特别是自 19 世纪以来流行起来的，如半韵、背韵或斜韵。头韵有时被称为首韵，因为被重复的是首音。词首声母和元音的重复称为反韵。自诺曼征服以来，韵律在法国的影响下传入英国，押韵一直是英国格律结构的主要特征。

正式程度 DEGREE OF FORMALITY

正式程度（degree of formality）是社会语言学和文体学（stylistics）的术语，指语言风格受社会语境影响发生变化的方式。实际上，语言风格在正式和非正式之间很难找到一个明确的界线，语言学家通常使用连续体的概念来阐释两者的关系。美国语言学家 Joos 把语言按照正式程度分为亲密（intimate）、随意（casual）、商榷（consultative）、正式（formal）和庄严（frozen）五个等级。[1] 亲密体用于非常亲密的关系，比如夫妻、家庭和好友之间，因为他们有最多的共同背景信息。随意体用于群体和同伴之间的非正式交流。随意体的特点是俚语的使用或表达，交际者不需要提供太多信息就能理解。商榷体是在半正式的交流中使用的，涉及合作但不一定需要参与。如果说话者提供的信息不充分或不清楚，听众可能会要求详细说明。正式体是直截了当的语言表达方式，并避免使用俚语，常用于公共演说。庄严体是最正式的交际风格，常在仪式和礼貌场合中使用，也常用于印刷、规范或宣言。Halliday 和 Hasan 认为正式程度、角色关系和情感因素等共同构成语旨（tenor / tenor of discourse）。[2] 因为语旨是情景语境（context of situation）的三个参数之一，这实际上也是肯定了语境对正式程度的制约作用。

指称功能 REFERENTIAL FUNCTION

人们曾多次尝试对语言的功能（function）进行分类。影响深远的是 Bühler[3]，基于什么被视为说话人、受话人和符号的基本元素将语言的功能划分为三类：表达说话者的感情［表情功能（emotive function）］；

1 Joos, M. 1962. *The Five Clock*. New York: Harcourt Brace and World.

2 Halliday, M. A. K. & Hasan, R. 1989. *Language, Context and Text: Aspects of Language in a Semiotic Perspective*. Victoria: Deakin University Press.

3 Bühler, K. 1934. *Sprachtheorie: Die Darstellungsfunktion der Sprache*. Jena: Fischer.

呼吁或影响受话人（吁求或使动功能）；表现真实世界［描述或指称功能（referential function）］。指称功能与 Halliday 的概念功能（经验的表达）相对应。有学者提出，指称功能或指称意义在某些类型的话语（discourse）中比在其他类型的话语中更为突出，如在技术性的、事实性的报道或诗意的语言中。

指示 DEIXIS

指示（deixis）源于希腊语，是指示（pointing）或者展示（showing）的意思。在语言学中，指示是使用语言指代时间、空间、社会和篇章等概念的现象。英语的常用指示词是指示代词，包括人称指示词（I、you、they 等）、地点指示词（here、there、this 等）、时间指示词（now、then 等）、社会指示词（Sir、Lady、Mr. 等）。除了指示代词，一部分动词，如 come、go、bring 等也有指示作用。实际上，指示词除了客观指示事物外，还能表达隐喻意义和情感的远近。例如，指示代词 this 比指示代词 that 从情感上来说就更加贴近交际者。指示词的这种外指功能使得读者必须依赖语境理解其意义。所以，语言中的指示现象充分说明了语言和使用该语言的语境之间的密切关系。由于指示词的所指（reference）与说话人的交际目的和语境紧密相关，指示词对语境的依赖使它成为认知语法的重要研究对象。[1]

---

1 Ronald, W. 2004. *Foundations of Cognitive Grammar* (Vol. 1). Beijing: Peking University Press.

指示转换理论 DEICTIC SHIFT THEORY

指示转换理论（Deictic Shift Theory）是一个揭示读者在阅读文学作品过程中认知位置变化的诗学理论。指示转换理论的核心是指示中心（deictic center），即说话人假定自己在交流中所处的中心位置。因此，指示中心是评价和理解其他指示（deixis）的参照。McIntyre 认为指示中心不仅仅是说话人或者听话人的空间和时间位置，还包括他们在社会阶级中的位置；指示中心是说话人和听话人理解其他指示语的始发位置。[1] 指示转换理论的核心机制是指示映射（deictic projection），即读者暂时放弃自己在现实世界中的指示参照，采用文本世界（text world）建构的指示中心理解故事的行为。[2] 指示转换是读者在构建语篇世界时采取的一种认知文本的方式。实质上，指示转换是从文本角度认知语篇，并建立语篇世界的一种能力。因此，指示转换理论不仅提供了一个从读者认知角度诠释文本生成和理解的理论，还为连贯（cohesion）的理解提供了依据。

1 McIntyre, D. 2006. *Point of View in Plays: A Cognitive Approach to Viewpoint in Drama and Other Text-types*. Amsterdam & Philadelphia: John Benjamins.

2 Stockwell, P. 2002. *Cognitive Poetics: An Introduction*. London: Routledge.

自由风格 / 自由文体 FREE STYLE

自由风格 / 自由文体（free style）指打破体裁规范的文学创作风格。自由风格 / 自由文体不需要刻意使用特定语言形式来体现作品的体裁特点，它灵活运用各种语言形式进行自由创作，表达作品的主题和思想。因此，自由风格 / 自由文体可以使作家的个性得到充分发散，进而发展成为独特的创作风格。自由诗（free verse）就是自由风格在诗歌创作中应用的产物。传统诗歌有相对固定的韵律模式和语音模式，构成了不同的诗歌形式，如无韵诗（blank verse）、四行诗（quatrains）、十四行诗（sonnet）等。自由风格 / 自由文体不仅打破传统的诗歌格律，也打破了句法结构和书写形式上的常规（norm），带来了非常规的句法结构和书写形式。自由诗的作者在创作上不受体裁规范的束缚，这使得读者也更容易进行个性化的解读。最具代表性的自由文体诗作是 19 世纪美国诗人 Whitman 的浪漫主义诗集《草叶集》（*Leaves of Grass*，1855）。

字系学 GRAPHOLOGY

字系学（graphology）来自希腊语 graphos，意为“书面的”，语言学已经产生了一整套与书面语研究有关的术语，大多数是与语音学和音位学中的言语研究相类比。因此，与音素相似，字素是语言书写系统中最小的可区分的单位，通常被称为“字母”或符号。研究一种语言中字素单位的学科被称为字系学。它也研究其他与书写和图案媒介相关的特征，如标点、分段、空格等。小说家偶在上述方面实验，以取得表达效果。

附 录

英—汉术语对照

act 行为

action chain 行动链

adverbial clause 状语从句

affective criticism 感受批评

affective fallacy 情感谬误

affective stylistics 感受文体学

ambiguity 歧义

apposition 同位现象

Appraisal Theory 评价理论

attenuation 衰减

automatized 自动化的

bi-Planary model 内容双分模式

blank verse 无韵诗

blending theory 概念整合理论

canon 经典 / 典范

canonical 经典的

canonized 经典化的

casual 随意的

catharsis 净化理论

character 人物

characterization 人物塑造

choice 选择

chronological order 时序

classical rhetoric 古典修辞学

clause 小句

cluster 词丛 / 词簇

code 语码

cognitive schema 认知图式

cognitive stylistics 认知文体学

coherence 连贯

cohesion 衔接

cohesive tie / device 衔接手段

collocation 搭配

communication theory 交际理论

competence 语言能力

computational linguistics 计算语言学

computational stylistics 计算文体学

conative function 意动功能

conceptual integration 概念整合

conceptual metaphor 概念隐喻

conceptual structure 概念结构

concordance 词语索引

conjunction 连接

connotation 内涵

construe 识解

consultative 商榷

content 内容

context of culture 文化语境

context of situation 情景语境

conversation analysis 话语分析和会话分析

corpus stylistics 语料库文体学

covert narrator 隐蔽的叙述者

criteria of relevance 相关性标准

Critical Discourse Analysis 批评话语分析理论

critical linguistics 批评语言学

critical stylistics 批评文体学

deautomatization 去自动化 / 非公式化

deautomatize 非自动化

decoding 解码

Deconstruction Theory 解构主义理论

dectic center 指示中心

dectic projection 指示映射

defamiliarization 陌生化

deflection 失衡

degree of formality 正式程度

Deictic Shift Theory 指示转换理论

deixis 指示

denotation 外延

denotative meaning 外延意义

descriptive grammar 描写语法

deviation 偏离

device 手法

diachronic linguistics 历时语言研究

diction 措辞

direct speech/thought 直接引语 / 思想

discourse 话语 / 语篇

discourse analysis 话语 / 语篇分析

discourse semantics 语篇语义学

dualism 二元论

dualist 二元论者

duration 时距

ellipsis 省略

embedding 嵌套

emotional/affective response 情感反应

emotive function 表情功能

empirical style 实证主义文体

empirical stylistics 实证文体学

encoding 编码

English for Science and Technology

English for Special Purposes 专门用途英语

ethos 取信度

evaluation 评价

event-related potentials, ERPs 事件相关电位法

exchange 交流

extra-diegetic 故事外叙事的

eye-tracking test 眼动追踪测试法

feminist stylistics 女性文体学

fiction 小说

fictive motion 虚拟位移

field / field of discourse 语场

flashback 闪回

flat character 扁平人物

focalization 视点

force dynamics 力动态

foregrounding 前景化

forensic stylistics 法律文体学 / 司法文体学

form 形式

formal 正式的

formal stylistics 形式文体学

form is meaning 形式就是意义

free direct speech/thought 自由直接引语 / 思想

free indirect speech/thought 自由间接引语 / 思想

free style 自由风格 / 自由文体

free verse 自由诗

frequency 频率

frozen 庄严

function 功能

functional stylistics 功能文体学

general stylistics 普通文体学

generative stylistics 生成文体学

genre 体裁 / 语类

genre-mixing 体裁混合性

grammar 语法

grand style 宏大文体

graphology 字系学

harden 固化

heteroglossia 多声理论

hierarchy 层级性

historical stylistics 历史文体学

iconicity 象似性

ideational function 概念功能

ideational meaning 概念意义

ideology 意识形态

image schema 意象图式

impersonal poetry 非个性化诗歌

impressionistic style 印象主义文体

incongruity 失协理论

indirect speech / thought 间接引语 / 思想

initation–respose–follow-up 发起—反应—跟进

intention 意图

intentional fallacy 意图谬误

interpersonal function 人际功能

interpersonal meaning 人际意义

interpersonal metafunction 人际元功能

interpretation 阐释

inter-textuality 互文性

intimate 亲密

intra-diegetic 故事内叙事的

irony 反讽 / 反语

key word in context 语境中的关键词

level of language 语言层次

lexis 词汇

linguistic context 语言语境

linguistic stylistics 语言学文体学

literariness 文学性

literary criticism 文学批评

literary stylistics 文学文体学

main clause 主句

marked 有标记的

meaning 语义

medium 媒介

mentalism 心理主义

mental space 心理空间

mental space theory 心理空间理论

metafunction 元功能

metalingual function 元语言功能
metaphor 隐喻
metaphysical poetry 玄学派诗歌
middle style 中性文体
mind attribution 心灵归属
mind style 思维风格
mini paragraph 微型段落
mirror neuron 镜像神经元
mode / mode of discourse 语式
modern stylistics 现代文体学
monism 一元论
monist 一元论者
Morse Code 莫斯语码
motivated prominence 有动因的突出
motivation 动因
move 话步
multimodal stylistics 多模态文体学
narrative gap 叙事空白
narrative report of speech/thought presentation 对引语 / 思想的叙述性报道
narratological stylistics 叙事文体学
new criticism 新批评
nominal clause 名词性从句
norm 常规
objective correlative 客观对应物
objective style 客观文体
outcome emotion 结果情感
overt narrator 公开的叙述者
paradox 矛盾
paralinguistic feature 副语言特征
pedagogical stylistics 教学文体学
performance 语言行为
phatic function 寒暄功能
philology 语文学
phonology 音韵学 / 音系学
plain style 朴素风格
poetic diction 诗歌用语
poetic function 诗学功能
poststructuralism 后结构主义
practical stylistics 实用文体学
pragmatic stylistics 语用文体学
pre-literary 文学预备
prescriptive grammar 规定语法
prevision 前叙
profiling 突显
projected world 投射世界

projection 投射
prominence 突出
quatrains 四行诗
reader reception 读者接受
reader-response theory 读者反应理论
real reader experiment 真实读者研究
recoding 再编码
reference 指代
referent 所指
referential function 指代功能
register 语域
relative clause 关系从句
relevance theory 关联理论
repetition 重复
rhetorical device 修辞手段
rhyme 韵律
rhythm 节奏
round character 圆形人物
scanning 扫描
schema theory 图式理论
semantic prosody 语义韵
sentence fragment 句片
sequential images 序列图像
setting 背景
shuttling process 穿梭运动
simple style 简朴文体
sonnet 十四行诗
sound 语音
source domain 源域
speech act 言语行为
stance 立场
statistical stylistics 统计文体学
story 故事
style 文体
stylistic effect 文体效应 / 文体效果
stylistics 文体学
stylostatisitcs/stylometry 计量文体学
subordinate clause 从句
substitution 替换
sustaining emotion 持续情感
synchronic linguistics 共时语言研究
target domain 目标域
tenor / tenor of discourse 语旨
tension 张力
terseness 简洁
text fragment 碎句

text linguistics 篇章语言学

text & texture 语篇 & 组篇机制

textual function 语篇功能 / 谋篇功能

textual meaning 语篇意义

textual metafunction 语篇元功能

textual trigger 文本触发

text world 文本世界

theme 主题

the empirical study of literature, ESL 文学实证研究

the naturalistic study of readers, NSR 自然阅读研究

transaction 交易

translation stylistics 翻译文体学

ungrammaticality 不合语法性

unmarked 无标记的

variation 变异

variety 变体

word 词语

cognitive model of the schema theory 图式理论认知模型

cohesive tie/device 衔接手段

self-referential 自指性

汉—英术语对照

背景 setting

编码 encoding

扁平人物 flat character

变体 variety

变异 variation

表情功能 emotive function

不合语法性 ungrammaticality

层级性 hierarchy

阐释 interpretation

常规 norm

持续情感 sustaining emotion

重复 repetition

穿梭运动 shuttling process

词丛 / 词簇 cluster

词汇 lexis

词语 word

词语索引 concordance

从句 subordinate clause

措辞 diction

搭配 collocation

动因 motivation

读者反应理论 reader-response theory

读者接受 reader reception

对引语 / 思想的叙述性报道 narrative report of speech/thought presentation

多模态文体学 multimodal stylistics

多声理论 heteroglossia

二元论 dualism

二元论者 dualists

发起—反应—跟进 initation–respose–follow-up

翻译文体学 translation stylistics

非个性化诗歌 impersonal poetry

非自动化 deautomatize

副语言特征 paralinguistic feature

概念功能 ideational function

概念结构 conceptual structure

概念意义 ideational meaning

概念隐喻 conceptual metaphor

概念整合 conceptual integration

概念整合理论 blending theory

感受批评 affective criticism

感受文体学 affective stylistics

公开的叙述者 overt narrator

功能 function

功能文体学 functional stylistics

共时语言研究 synchronic linguistics

古典修辞学 classical rhetoric

固化 harden

故事 story

故事内叙事的 intra-diegetic

故事外叙事的 extra-diegetic

关联理论 relevance theory

关系从句 relative clause

规定语法 prescriptive grammar

寒暄功能 phatic function

宏大文体 grand style

后结构主义 poststructuralism

互文性 inter-textuality

话步 move

话语 / 语篇 discourse

计量文体学 stylostatisitcs/stylometry
计算文体学 computational stylistics
计算语言学 computational linguistics
简洁 terseness
简朴文体 simple style
间接引语 / 思想 indirect speech / thought
交际理论 communication theory
交流 exchange
交易 transaction
教学文体学 pedagogical stylistics
节奏 rhythm
结果情感 outcome emotion
解构主义理论 Deconstruction Theory
解码 decoding
经典的 canonical
经典 / 典范 canon
镜像神经元 mirror neuron
句片 sentence fragment
客观对应物 objective correlative
客观文体 objective style
力动态 force dynamics
历时语言研究 diachronic linguistics
历史文体学 historical stylistics
立场 stance
连贯 coherence
连接 conjunction
矛盾 paradox
媒介 medium
描写语法 descriptive grammar
名词性从句 nominal clause
陌生化 defamiliarization
莫斯语码 Morse Code
目标域 target domain
内涵 connotation
内容 content
内容双分模式 bi-Planary model
女性文体学 feminist stylistics
批评话语分析理论 Critical Discourse Analysis
批评文体学 critical stylistics
批评语言学 critical linguistics
偏离 deviation
篇章语言学 text linguistics
频率 frequency
评价 evaluation
评价理论 Appraisal Theory

朴素风格 plain style
普通文体学 general stylistics
歧义 ambiguity
前景化 foregrounding
前叙 prevision
嵌套 embedding
亲密 intimate
情感反应 emotional/affective response
情感谬误 affective fallacy
情景语境 context of situation
取信度 ethos
去自动化 / 非公式化 deautomatization
人际功能 interpersonal function
人际意义 interpersonal meaning
人际元功能 interpersonal metafunction
人物 character
人物塑造 characterization
认知图式 cognitive schema
认知文体学 cognitive stylistics
扫描 scanning
闪回 flashback
商榷 consultative
生成文体学 generative stylistics
省略 ellipsis
失衡 deflection
失协理论 incongruity
诗歌用语 poetic diction
诗学功能 poetic function
十四行诗 sonnet
识解 construe
时距 duration
时序 chronological order
实用文体学 practical stylistics
实证文体学 empirical stylistics
实证主义文体 empirical style
视点 focalization
事件相关电位法 event-related potentials
手法 device
衰减 attenuation
思维风格 mind style
四行诗 quatrains
随意的 casual
碎句 text fragment
所指 referent
体裁混合性 genre-mixing
体裁 / 语类 genre

替换 substitution
同位现象 apposition
统计文体学 statistical stylistics
投射 projection
投射世界 projected world
突出 prominence
突显 profiling
图式理论 schema theory
外延 denotation
外延意义 denotative meaning
微型段落 mini paragraph
文本触发 textual trigger
文本世界 text world
文化语境 context of culture
文体 style
文体效应 / 文体效果 stylistic effect
文体学 stylistics
文学批评 literary criticism
文学实证研究 the empirical study of literature
文学文体学 literary stylistics
文学性 literariness
文学预备 pre-literary
无标记的 unmarked
无韵诗 blank verse
衔接 cohesion
衔接手段 cohesive tie/device
现代文体学 modern stylistics
相关性标准 criteria of relevance
象似性 iconicity
小句 clause
小说 fiction
心理空间 mental space
心理空间理论 mental space theory
心理主义 mentalism
心灵归属 mind attribution
新批评 new criticism
行动链 action chain
行为 act
形式 form
形式文体学 formal stylistics
修辞手段 rhetorical device
虚拟位移 fictive motion
序列图像 sequential images
叙事空白 narrative gap
叙事文体学 narratological stylistics

玄学派诗歌 metaphysical poetry
选择 choice
言语行为 speech act
眼动追踪测试法 eye-tracking test
一元论 monism
一元论者 monist
意动功能 conative function
意识形态 ideology
意图 intention
意图谬误 intentional fallacy
意象图式 image schema
音韵学 / 音系学 phonology
隐蔽的叙述者 covert narrator
隐喻 metaphor
印象主义文体 impressionistic style
有标记的 marked
有动因的突出 motivated prominence
语场 field / field of discourse
语法 grammar
语境中的关键词 key word in context
语料库文体学 corpus stylistics
语码 code
语篇意义 textual meaning
语篇语义学 discourse semantics
语篇元功能 textual metafunction
语式 mode / mode of discourse
语文学 philology
语言层次 level of language
语言能力 competence
语言行为 performance
语言学文体学 linguistic stylistics
语言语境 linguistic context
语义 meaning
语义韵 semantic prosody
语音 sound
语用文体学 pragmatic stylistics
语域 register
语旨 tenor / tenor of discourse
元功能 metafunction
元语言功能 metalingual function
圆形人物 round character
源域 cource domain
韵律 rhyme
再编码 re-coding
张力 tension
真实读者研究 real reader experiment

正式程度 degree of formality

正式的 formal

直接引语 / 思想 direct speech/thought

指称功能 referential function

指代 reference

指代功能 referential function

指示 deixis

指示映射 dectic projection

指示中心 dectic center

指示转换理论 Deictic Shift Theory

中性文体 middle style

主句 main clause

主题 theme

专门用途英语 English for Special Purposes

庄严 frozen

状语从句 adverbial clause

自动化的 automatized

自然阅读研究 the naturalistic study of readers

字系学 graphology

自由风格 / 自由文体 free style

自由间接引语 / 思想 free indirect speech/thought

自由诗 free verse

自由直接引语 / 思想 free direct speech/thought

自指性 self-referential